Jürgen Gerlach/Heinrich Nejedly

Kanuwandern in Nord- und Westdeutschland

40 ausgewählte Flusswanderungen

Inhalt

Übersicht der Touren

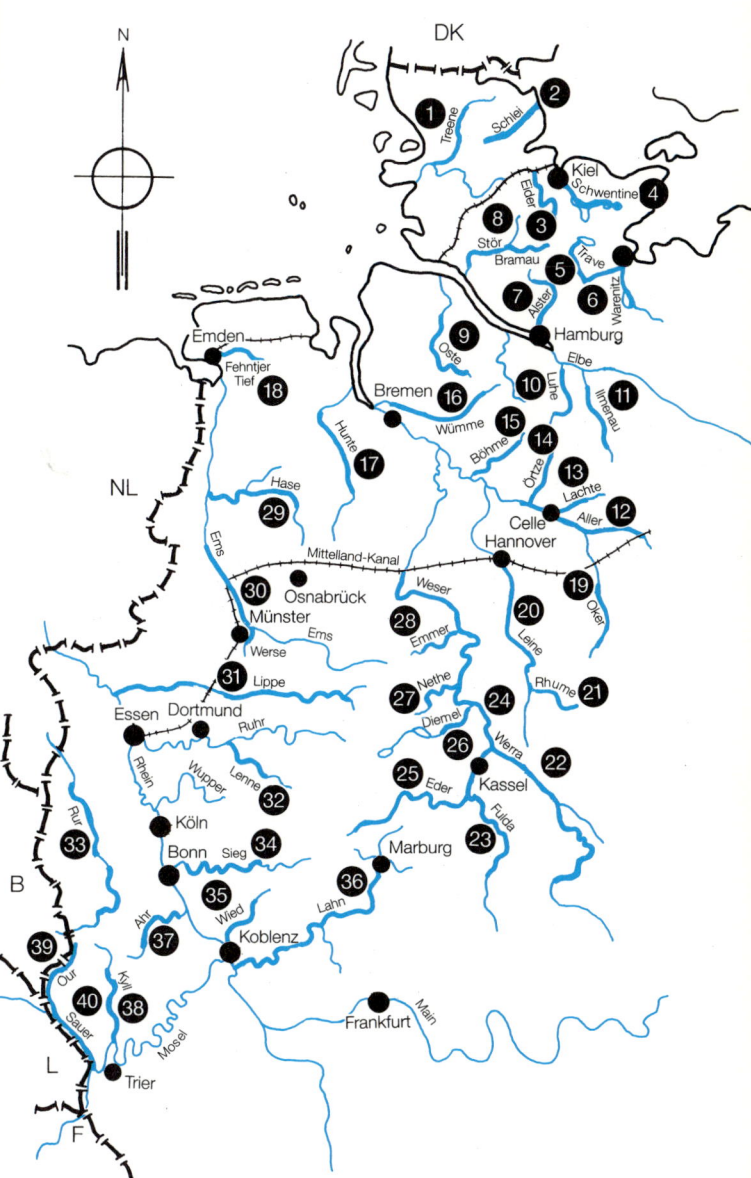

N

DK

Kiel

Hamburg

Emden

Bremen

Celle

Hannover

Osnabrück

Münster

Dortmund

Essen

Köln

Bonn

Marburg

Koblenz

Trier

Frankfurt

NL

B

L

F

Treene

Schlei

Eider

Schwentine

Stör

Bramau

Alster

Trave

Wakenitz

Oste

Elbe

Luhe

Ilmenau

Wümme

Böhme

Örtze

Lachte

Aller

Oker

Leine

Rhume

Okar

Fehntjer Tief

Hunte

Hase

Ems

Mittelland-Kanal

Weser

Ems

Werse

Lippe

Ruhr

Wupper

Lenne

Sieg

Emmer

Nethe

Diemel

Werra

Eder

Fulda

Lahn

Wied

Ahr

Rhein

Rur

Kyll

Our

Sauer

Mosel

Main

Einführung

Nun liegt endlich wieder die neu bearbeitete Ausgabe »Kanuwandern in Nord- und Westdeutschland« vor. In ihr werden 40 ausgesuchte Flusswanderungen zwischen Nord- und Ostsee sowie nördlich der Linie Main–Mosel in Text und Bild vorgestellt. Es handelt sich dabei um Flüsse, die naturnah geblieben sind und durch anziehende Landschaftsstriche fließen. Flüsse, deren Wasser noch relativ sauber und unbelastet ist und die noch nicht zu überfüllten Schifffahrtsstraßen geworden sind. Solche Flüsse zu finden, war trotz des dichten Gewässernetzes der nördlichen und westlichen Bundesrepublik kein leichtes Unterfangen.

Natürlich spielte auch der subjektive Eindruck bei der Auswahl der Wanderflüsse eine Rolle, und so entschieden wir uns für Flüsse wie Werra und Weser, deren landschaftliche Reize die mangelnde Wasserqualität aufwiegten. Übrigens, die Zeit gab uns Recht: Die Wasserbelastung mit Kalisalzen ging in den letzten Jahren stark zurück, und die Uferpflanzen beginnen sich zu regenerieren.

Wir sind im Kanadier, Kajak und Faltboot alleine oder mit Freunden an vielen Wochenenden und Urlaubstagen, mit Fotoapparat und Notizblock ausgerüstet, über hunderte von Kilometern gepaddelt, um Eindrücke und die neuesten Informationen zu sammeln. So entstand eine Auswahl von Kanu-wanderungen, die, wie wir meinen, einen charakteristischen Querschnitt durch die Flusslandschaften der nördlichen und westlichen Bundesrepublik bieten. Der anspruchsvolle, sportliche Wanderfahrer wie auch der Kanute mit wenig Erfahrung findet unter den 40 Touren sicher die ihm entsprechenden. Auch kann man zwischen kurzen Tagestouren, mehrtägigen Wanderungen und gemütlichen Ferienfahrten mit »Kultureinlagen« wählen.

Wie im Band »Süddeutschland« werden auch hier jeweils Flusslandschaften, wassertechnische und sportliche Charakteristika, Hindernisse, Zeltmöglichkeiten und historische Sehenswürdigkeiten beschrieben. Auch auf ergänzendes Kartenmaterial, Wanderführer und sonstige Kanuliteratur wird hingewiesen. Die Bilder entstanden alle »live« auf unseren Kanufahrten. Trotz der vielen praxisbezogenen Informationen in diesem Buch ist vor Antritt einer Kanuwanderung einiges zu berücksichtigen. Wichtig ist es, sich über den Wasserstand am jeweiligen Fluss zu erkundigen. (Siehe auch »Pegeldienst« im Anhang.) Jedes Hochwasser birgt in sich ein zusätzliches Risiko und macht manche harmlose Bootsfahrt zu einer lebensgefährlichen Angelegenheit. Auch Flussbeschreibungen verlieren mit der Zeit an Aktualität. Durch Verbauungen und Regulierungen ändern sich die

wassertechnischen Verhältnisse; es werden neue Wehre installiert, alte umgebaut oder geschleift. Kurzum, ein Fluss ist ständigen Veränderungen unterworfen und wartet bei jeder Befahrung mit neuen Überraschungen auf. Besondere Gefahren bergen auf Wanderflüssen die bereits erwähnten Wehre. Jedes Wehr, auch wenn es noch so niedrig ist, kann bei einem gewissen Wasserstand für den Kanuten lebensgefährlich sein.

Bei den leidigen Befahrungsregelungen auf unseren Flüssen scheint der Höhepunkt überschritten. Die durch den DKV vergebenen Gutachten bestätigen, dass der Kanusport mit den Belangen des Naturschutzes in Einklang steht. Eine Novelle zum Bundesnaturschutzgesetz sieht umfangreiche positive Regelungen für einen natur- und landschaftsverträglich ausgeübten Sport vor. Durch beispielhaftes Verhalten auf unseren Flussfahrten – wie Vermeidung von Lärm, Abstand von Schilfbeständen, kein unnötiges Betreten der Ufer außerhalb der Anlegestellen, Einsammeln jegli-

cher Abfälle, Verzicht auf Lagerfeuer in der freien Natur, Fahren in kleinen Gruppen und dergleichen – können wir dazu beitragen, das Verhältnis zwischen Sport und Natur zu entspannen und dem Kanuwandern seine Reviere zu erhalten. Über richtige Fahrtechnik, Bootskunde und Ausrüstung gibt es mehrere gute Lehrbücher, die im Literaturverzeichnis am Schluss des Buches angeführt sind. Vieles kann der Anfänger auch von erfahrenen Kanuwanderern lernen, und vor allem macht es natürlich mehr Spaß, zusammen mit Freunden eine Flusslandschaft zu entdecken. Solche Kontakte knüpfen sich am schnellsten in einem Wassersport- oder Kanuverein, der dem Deutschen Kanu-Verband (DKV) angeschlossen ist.

Einen Verein in Ihrer Nähe nennt Ihnen der DKV gerne unter der Telefonnummer 0203/99 75 90 oder im Internet unter www.kanu.de

Jürgen Gerlach
Heinrich Nejedly

⮌ 74 km

🕐 3–4-Tage-Fahrt

Am Tresssee, wo die Kielstau und Bondenau zusammentreffen, entsteht die Treene, die am Sankelmarker See vorbeifließt, ab Frörup in südlicher Richtung zuerst die wellige Geestlandschaft, ab Treia die flachen Marschwiesen in unendlich vielen Schleifen durchquert und in Kanälen, Grachten und Sielen aufgeteilt, sich durchs liebliche Friedrichstadt zur Eider durchzwängt.

Eine geeignete Einsatzstelle zu dieser reizvollen Kanuwanderung finden wir nach dem Mühlenwehr in Frörup. Kaum 4–5 m ist hier das saubere Flüsschen breit, und auch nach 20 km nimmt es noch nicht viel an Breite zu. Mächtige Wurzelstöcke der alten Erlen verengen beträchtlich das Flussprofil, und mehrere Holzstege überspannen bedenklich niedrig den Wasserlauf. In dem noch ziemlich schmalen Tal beginnt die Treene schon kurz nach Frörup ihre vielen, für sie so charakteristischen Schleifen zu ziehen. Wiesen und Weiden lockern den dichten Erlenbestand auf, und nach Unterqueren der Autobahnbrücke nähern wir uns dem reizenden Ort Tarp. Nach jeder Schleife wartet auf uns eine Überraschung: eine schöne Holzbogenbrücke, Pferde am Ufer, Gänse auf der Wiese, und an manchem Hang liegt ein sehenswertes Haus. Lange begleitet uns die Silhouette des Spitzturms der Tarper Kirche, und mit Zufriedenheit registrieren wir, dass Tarp auch eine Kläranlage besitzt. In unzähligen, weit ausholenden Mäandern pendeln wir im flachen Wiesental zwischen teilweise bewaldeten Geestrücken und steuern unsere Boote um die flachen Sandbänke durch die Spitzkehren.

Manche Kehre wurde schon durchgebrochen, und so finden wir auch kleine Inseln im Fluss. Nach einem verfallenen Wehr, kaum als Stufe bemerkbar, paddeln wir unter der Eggebeker Straßenbrücke hindurch. Links am nahen Gasthof sehen wir die Kanustation in Langstedt; ein Holzponton dient als Einsatzstelle. Nachher begleitet uns ostwärts der ausgedehnte Staatsforst, und kein Haus stört mehr die idyllische Flussfahrt.

Von den Wiesenufern her beäugen uns neugierig schwarz-weiße Holsteiner Kühe, manchmal auch Pfer-

△ *Die Treene mäandert in engen Kurven durch sattgrüne Marschwiesen zur Eider.*

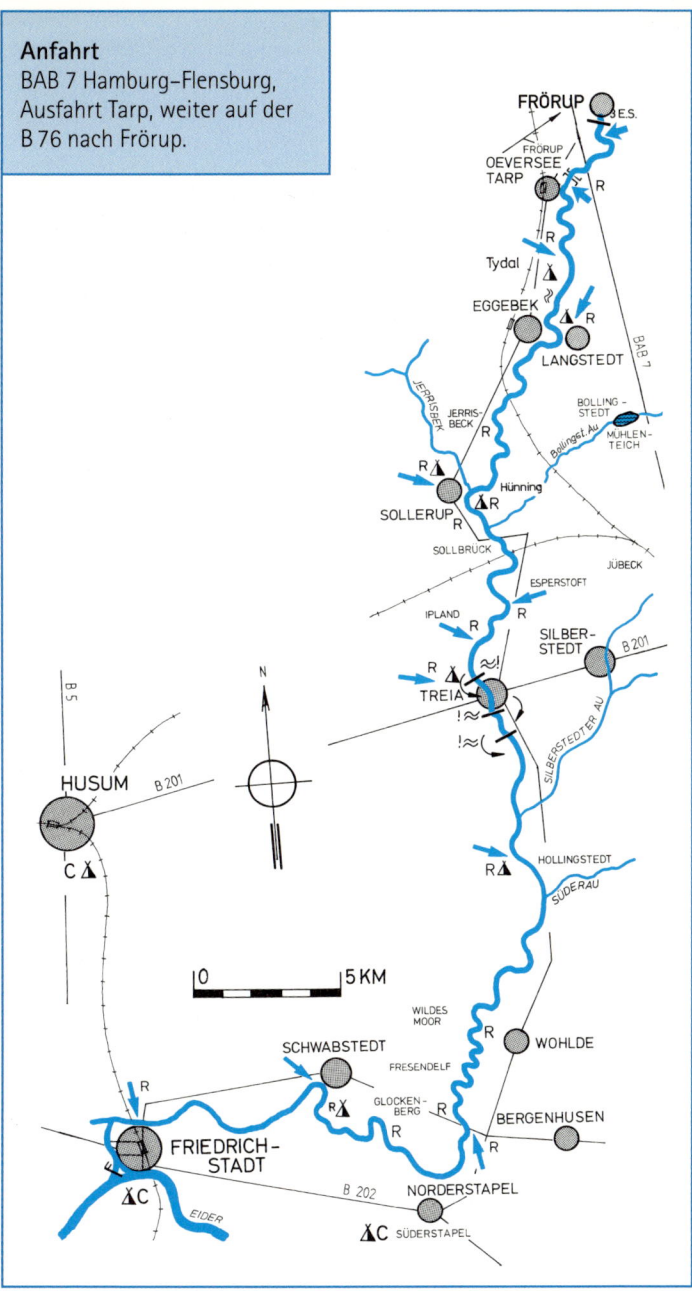

Anfahrt
BAB 7 Hamburg–Flensburg,
Ausfahrt Tarp, weiter auf der
B 76 nach Frörup.

FRÖRUP

OEVERSEE
TARP

Tydal

EGGEBEK

LANGSTEDT

JERRISBEK

BOLLING-
STEDT

MÜHLEN-
TEICH

JÜBECK

ESPERSTOFT

HÜNNING

SOLLERUP

SOLLBRUCK

IPLAND

SILBER-
STEDT

B 201

TREIA

SILBERSTEDTER AU

HUSUM

B 201

B 5

N

HOLLINGSTEDT

SÜDERAU

0   5 KM

WILDES
MOOR

WOHLDE

SCHWABSTEDT

FRESENDELF

GLOCKEN-
BERG

BERGENHUSEN

FRIEDRICH-
STADT

EIDER

B 202

NORDERSTAPEL

SÜDERSTAPEL

de. An der kleinen Brücke in Sollerup (übrigens eine gute Einsatzstelle) steht unter den Weiden ein
gemütliches, einladendes Bänk-
chen. In Sollbrück, einem lang gezogenen Ort mit niedrigen Häusern unter prächtigen Baumalleen,
überquert eine Eisenbahnbrücke
den Fluss. Das Tal wird noch flacher, und die begleitenden Sandhügel werden immer niedriger.
Rechts vor der Iplander Brücke zelten Kanuten.
Der Fluss trägt uns nun Treia entgegen. Hier erwarten uns die einzigen Wehre dieser Wanderfahrt. Vor
dem Feuerwehrhaus (hier Aussetzstelle mit Parkplatz und Zeltmöglichkeit) bewältigen wir das halb
zerfallene Wehr; wer sein Boot
liebt, trägt besser rechts um. Unter
der Straßenbrücke hindurch, am
Sportplatz entlang, erwartet uns
ein niedriges Stauwehr, an dem wir
die Boote kurz links umtragen, oder
wir lassen sie über die eingebaute
Rutsche hinabgleiten. Die gleiche
Situation folgt noch einmal 1$^1/_2$ km
flussabwärts.
Der Flusscharakter ändert sich, die
Treene wird zum langsam fließenden, baumlosen, teilweise einge-
deichten Wiesen- und Moorfluss.
Viele Entwässerungskanäle und
Bächlein sorgen für kräftigen Wasserzuschuss. Bald paddeln wir im
20–30 m breiten Flussbett. An der
Hollingstedter Kirche vorbei, erinnern wir uns, dass hier die Wikinger schon vor 1000 Jahren einen Hafen betrieben, wo sie ihre
schlanken Schiffe mit Ware belu-
den und auf der Treene und Eider in
Richtung Nordsee fuhren. Eine ein-

same, weite Landschaft breitet sich
um uns aus, nur ein paar Schafe am
Deich, manchmal ein Storch oder
ein Greifvogel beleben die Marschwiesen.
Die Strömung wird sehr träge; bis
hierher macht sich der Siel-Stau
von Friedrichstadt bemerkbar.
Langsam nähern wir uns nun den
»Sandbergen« – rechts der aus-
sichtsreiche Glockenberg, links die
Stapelholmer Hügelkette, auf deren Höhen das bekannte Storchendorf Bergenhusen liegt, wo noch
alljährlich mindestens zehn Stor-
chenpaare nisten. Bester Ausgangspunkt für eine Wanderung zu
den »Hoierboiern«, wie sie hier genannt werden, ist die Brücke zwischen Süderhöft und Holzkate, wo
wir an einer Rampe gut anlegen
können. Dann schwingt die Treene
in westliche Richtung.
Nach einer engen Flussschlinge
kommen wir unter der Eisenbahnbrücke hindurch und landen neben
dem Strand des Flussbades in
Schwabstedt. Die steinerne Wehrkirche diente in Kriegszeiten der
Bevölkerung als Fluchtstätte vor
feindlichen Soldaten; heute ist
Schwabstedt ein reizender Ferien-
ort, wo neben dem leiblichen auch
das geistige Wohl nicht zu kurz
kommt. Die Freilichtbühne bietet
alljährlich Theaterveranstaltungen.
Ab der Treenebrücke paddeln wir
auf der völlig freien, aufgestauten
Wasserfläche, die hier schon über
100 m breit wird. Oft wühlt ein fri-
scher Gegenwind den Fluss kräftig
auf. Vielleicht begegnen wir einem
der weißen Ausflugsschiffe, deren
Passagiere uns freundlich zuwin-

Charakter

In den ersten 40 km durch Moränenhügel, Wiesen und kleine Wälder herrlich mäanderndes, doch zügig fließendes Geestflüsschen, das sich hinter Treia in einen Moor- und Marschfluss umwandelt, nun teilweise eingedeicht und langsam strömend immer mehr an Breite gewinnt und bei Friedrichstadt bei fast stehendem Wasser die Eider erreicht. Ab Tarp fast ganzjährig mit Kanus und Kajaks befahrbar. Im Oberlauf ist gute Kurventechnik erforderlich, im Unterlauf häufig heftiger Gegenwind. Bis Treia ist der Fluss auch aufwärts fahrbar, da kaum Strömung.

Befahrungsregelungen

Vom 15. 4.–15. 6. oberen Flussabschnitt bis Langstedt nicht befahren – Vogelbrut! Bis Treia sind nur Boote bis 5,5 m Länge und 1 m Breite zugelassen (keine Schlauchboote). Ein- und Aussetzen, Rasten und Zelten nur an ausgewiesenen Plätzen erlaubt. An Einsetzstellen rot-grüne Pegelregelung; wenn Pegel rot anzeigt, nicht einsetzen, sondern die nächste stromabwärts liegende Einsatzstelle aufsuchen (8-Punkte-Regelung zwischen Gemeinden und dem Landessportverband Schleswig-Holstein).

Zeltmöglichkeiten

Sankelmarker See bei Frörup, Tydal (Anfrage bei Pfadfindern), Langstedt, Sollerup, Treia, Hollingstedt, Fresendelf, Schwabstedt, Friedrichstadt, Süderstapel an der Eider.
Jugendherberge in Friedrichstadt.

Sehenswertes

Tarp: Windmühle
Treia: Rathaus, Kirche
Schwabstedt, Umgebung: Wehrkirche, NSG Hude, Glockenberg, Bergenhusen – Storchendorf, Norderstapel – Binnenlanddüne, Süderstapel – St.-Katharinen-Kirche.
Friedrichstadt: Grachten, herrliche Giebelhäuser, Alte Münze, Paludanushaus, Marktplatzbrunnen mit Pumpe, kath. und ev. Kirche, remonstrantisch reformierte Saalkirche, Mennonitenfriedhof u. v. a.

Auto nachholen

Bahn-/Busverbindung von Friedrichstadt nach Tarp (von dort 4 km nach Frörup) etwas umständlich, aber machbar.

Karten, Kanu–Literatur

Generalkarte 1:200 000, Blatt 1; amtliche Karten 1:100 000: Blatt Kreis Nordfriesland (ab Tarp), Blatt Schleswig (bis Sollerup); Kanuwanderbuch für Nordwestdeutschland; Kanuwandern in Schleswig-Holstein und Hamburg.

ken. Nach 2-stündiger Fahrt ab Schwabstedt laufen wir in Friedrichstadt ein. Eine Kanufahrt durch die Grachten und Gräben der Anfang des 17. Jh. von holländischen Siedlern gegründeten Stadt ist ein krönender Abschluss unserer Treene-Wanderung.

▽ *Eine Kanufahrt durch die Grachten von Schwabstedt vor der Architektur des 17. Jahrhunderts.*

Eigentlich beginnt unsere Kanuwanderung schon mit dem Besuch im Schleswig-Holsteinischen Landesmuseum – im Inselschloss Gottorf, wo wir uns bei einer Besichtigung der Sammlung und Funde aus der Altgermanen- und Wikingerzeit so richtig in Expeditionsstimmung versetzen. Befuhren doch die mutigen und geschäftstüchtigen Wikinger bereits um die Jahrtausendwende mit ihren schlanken, eleganten Holzschiffen neben den Weltmeeren auch die Schlei und die Treene und unterhielten somit einen regen Warenaustausch zwischen der Ost- und Nordsee, wobei die dem heutigen Schleswig gegenüberliegende, sagenhafte Siedlung Haithabu eine wichtige Rolle als Umschlagplatz spielte.

40 km

3-Tage-Fahrt

Hier lassen auch wir unsere Boote aufs Wasser, genauer gesagt nicht weit von der ehemaligen Wikingersiedlung, am kanufreundlichen Campingplatz in Haddeby, gegenüber des hochragenden Turmes des Schleswiger St.-Petri-Doms. Zuerst wollen wir noch den Wikingerhafen vom Wasser aus besuchen. Ein paar hundert Meter ostwärts am südlichen Ufer entlangziehend, finden wir im Schilf versteckt die tunnelartige Durchfahrt unter der B 76 zum Haddebyer Noor. Etwas Gegenströmung macht uns zu schaffen, doch nachher weitet sich das ruhige, zwischen niedrigen Hügeln liegende Noor weit aus. Aus dem Schilf heraussteuernd, erkennen wir am rechten Ufer den halbkreisförmigen Erdwall, der die wichtige Handelssiedlung umschloss, und nicht weit vor dem Wald das neue archäologische Museum, das in Form alter Wikingerhäuser gebaut und 1986 der Öffentlichkeit übergeben wurde. Eine Besichtigung ist unbedingt zu empfehlen.

Danach paddeln wir noch zum Holzsteg, über den der Wanderweg zwischen dem Selker und Haddebyer Noor herüberführt.

Wieder zurück durch die Straßendurchfahrt, steuern wir am südlichen Schleiufer entlang zur Stexwiger Enge, die die Wasserflächen der Kleinen und Großen Breite trennt. Hier bläst der Wind manchmal wie durch eine Düse, und man kann froh sein, ihn im Rücken zu

△ *Gegenüber dem Schleswiger St.-Petri-Dom beginnt unsere Schleiwanderung.*

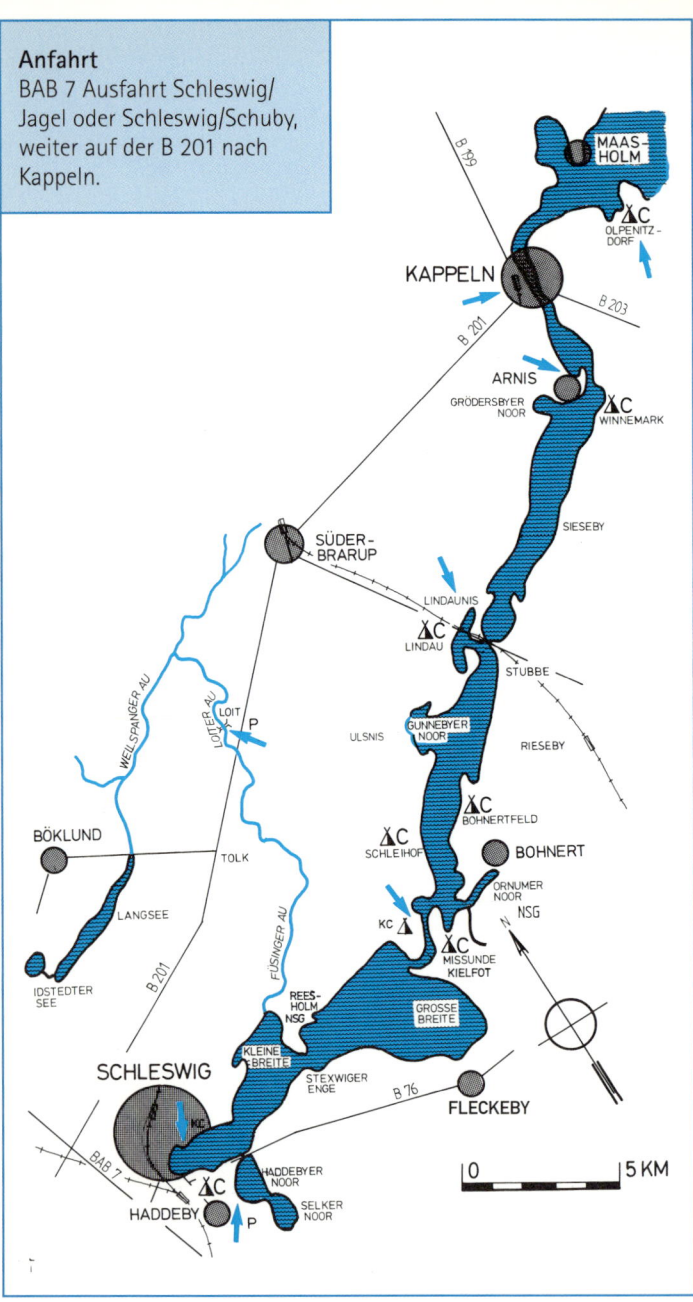

Anfahrt

BAB 7 Ausfahrt Schleswig/ Jagel oder Schleswig/Schuby, weiter auf der B 201 nach Kappeln.

MAAS-HOLM

OLPENITZ-DORF

KAPPELN

B 199

B 203

B 201

ARNIS

GRÖDERSBYER NOOR

WINNEMARK

SIESEBY

SÜDER-BRARUP

LINDAUNIS

LINDAU

STUBBE

RIESEBY

LOIT

P

LÜTJER AU

WEILSPANGER AU

ULSNIS

GUNNEBYER NOOR

BOHNERTFELD

BÖKLUND

SCHLEIHOF

BOHNERT

TOLK

ORNUMER NOOR

NSG

LANGSEE

KC

MISSUNDE KIELFOT

B 201

FÜSINGER AU

REES-HOLM NSG

IDSTEDTER SEE

GROSSE BREITE

KLEINE BREITE

SCHLESWIG

STEXWIGER ENGE

B 76

FLECKEBY

HC

BAB 7

HADDEBYER NOOR

HADDEBY

SELKER NOOR

P

0   5 KM

haben. Je nach Windrichtung und Erfahrung wechseln wir die Uferseite, um besser vor den Wellen geschützt zu sein, oder steuern entlang der vertonnten Schifffahrtslinie zu der nur schwer erkennbaren Einfahrt in die Missunder Enge, einem ca. 100 m breiten Hals der Schlei.

Wie schon vor vielen Jahrhunderten verbindet noch heute eine Fähre die beiden Schleiufer. Im netten Fährhaus können wir uns stärken und queren nachher das Brodesbyer Noor, wo uns breite Streifen gelb blühender Rapsfelder entgegenleuchten. An den gewundenen Ufern haben sich mehrere gut besuchte Campingplätze angesiedelt. Die kleine bewaldete Insel Kieholm, die sich in Privatbesitz befindet, betreten wir nicht, sondern landen, links vorbei, in der Ortschaft Ulsnisland. Um die etwas vernachlässigten Beinmuskeln in Bewegung zu setzen, wandern wir nach Ulsnis zur malerisch gelegenen Kirche, die mit ihrem hölzernen Glockenturm und dem romantischen Portal zu den schönsten an der Schlei gehört.

Ein Ausblick über das Gunnebyer Noor und den je nach Wetter tiefblauen Wasserspiegel der Schlei rundet den Eindruck ab. An der breiten Bucht des Noors vorbei ziehen wir langsam mit den Kanus zur Klappbrücke bei Lindau, die zusammen mit der Kappelner die einzige Brücke über diese fast 40 km lange Förde ist. Links versteckt sich das enge Lindauer Noor, wo ein schöner Campingplatz liegt. Vielleicht bleiben wir einen Tag hier, besich-

tigen die Lindauer Windmühle, baden und beobachten die vielen Segelboote und Schiffe, die unter dem aufgeklappten Brückenarm hindurchfahren. Ausgeruht geht es am nächsten Tag nach Sieseby, einem kleinen Ort mit einer alten, zwischen hohen Laubbäumen versteckten Wehrkirche.

Nun folgt eine lange, offene Paddelstrecke, auf der bei frischem Wind die Wellen eine beträchtliche Höhe erreichen. Wie ein Anhängsel liegt am Nordufer das schilfreiche Grödersbyer Noor, das dann in die Arniser Enge übergeht. Hier finden wir auf einer Halbinsel die kleinste deutsche Stadtgemeinde. Es ist das kaum 350 Jahre alte Arnis mit seiner genauso alten, sehenswerten Schifferkirche und den verspielten Fassaden der kleinen, freundlichen Fischerhäuser.

Nach dem Austritt aus der Enge erreicht die Schlei nicht mehr ihre vorherige Breite. Wie ein großer, strömungsloser Fluss trägt sie unsere Kanus nach Kappeln, dessen Silhouette vom Glockenturm der spätbarocken Kirche beherrscht wird. Außer einer ausgedehnten Fußgängerzone, die uns durch die Altstadt führt, kann Kappeln noch den einzigen europäischen Heringszaun vorweisen.

Wir können schon hier die Fahrt beenden; die gute Busverbindung nach Schleswig nutzen wir zum Abholen der abgestellten Autos. Doch wer weiter in die Schleimündung paddeln will, sollte auf keinen Fall einen Besuch in dem schönen Fischerort Maasholm vergessen; eine Besichtigung des großen

Yachthafens weckt in uns die Sehnsucht nach einer langen Reise unter weißen Segeln.

Zurück zum südlichen Ufer steu-ernd, finden wir Aufnahme am Olpenitzdorfer Campingplatz, wo wir schließlich unsere Wikingerfahrt beenden.

Charakter, Tipps

Seenartiges Gewässer, ohne Strömung und ohne Hindernisse, für Kanufahrer mit etwas Erfahrung. Die Fahrtrichtung ist der momentanen Windrichtung anzupassen. Überwiegend Westwinde; bei starkem Wind ist es angebracht, in der Nähe des schützenden Ufers zu paddeln. Wildwasserboote sind hier nicht geeignet, am besten ist man mit einem Faltboot, einem schlanken Zweier oder Einer mit Steuerung beraten. Sehr schöne Befahrungszeit in der zweiten Maihälfte, wenn die umliegenden Rapsfelder blühen. Achtung auf größere Schiffe, rechtzeitig den betonnten Weg freigeben. Die vielen Campingplätze ermöglichen auch eine Ferienfahrt. Loiter Au: Ab Loit lohnende Kanufahrt (Länge ca. 16 km); NSG Reesholm Betretungsverbot!

Zeltmöglichkeiten

Camping Haddeby gegenüber Schleswig, Missunde (auch SKC), Schleihof, Bohnertfeld, Lindau, Winnemark, Olpenitzdorf. Die Schlei mit ihren Ufern ist LSG, freies Zelten am Südufer ist untersagt, am nördlichen Ufer sind nur Einzelzelte (bis zu 5) mit Erlaubnis der Grundstückseigentümer zulässig.

Sehenswertes

Schleswig: Ehemalige Herzogsresidenz und Bischofsstadt, Schloss Gottorf (Schlossinsel) mit Landesmuseum, Dom St. Petri mit Bordesholmer Schnitzaltar, Kreuzgang, Gruftkapellen, St.-Johannes-Damenstift, Bürgerhäuser in der Langen Straße, Rathaus, Stadtteil Holm – Fischersiedlung, Friedhof, Haddeby (Haithabu) Wikinger-Museum, Ausgrabungen.
Ulsnis: Malerische Kirche mit Holzturm.
Arnis: Kleinste Stadt Deutschlands, Kirche mit Renaissancekanzel (16. Jh.), hübsche kleine Fischerhäuser.
Kappeln: Spätbarocke Kirche, schöne Giebelhäuser, Mühlenmuseum, Drehbrücke über die Schlei, Heringszaun (alter hölzerner Fangzaun aus den Zeiten, wo noch große Heringsschwärme in die Schlei zogen).

Auto nachholen

Bahn-/Busverbindung Schleswig-Kappeln über Flensburg oder Eckernförde bzw. Direktbus. An Sonntagen wenige Verbindungen.

Karten, Kanu-Literatur

Generalkarte 1:200 000, Blatt 1; amtliche Karte 1:100 000 Blatt Flensburg; Kanuwanderbuch für Nordwestdeutschland.

⮌ 36 km

🕐 2-Tage-Fahrt

Nur wenige Flüsse in Norddeutschland zeigen so unterschiedliche Landschaftsbilder wie die Eider auf ihrem fast 190 km langen, recht seltsamen Weg zwischen den Landesteilen Schleswig und Holstein, bevor sie bei Tönning die Nordsee erreicht.

Von ihrem Quellengebiet im Hügelland südöstlich von Bordesholm speist sie, vom Süden als Drögen Eider ankommend, den im Privatbesitz befindlichen Bothkamper See, um diesen dann als schmalen Abfluss am Dorf Bissee in südlicher Richtung zu entwässern. Vor der Ortschaft Brügge stößt das bis jetzt flotte Bächlein auf Widerstand und wendet sich erneut nach Norden, um im ausgeprägten Moränental der Hafenstadt Kiel entgegenzufließen. Doch kurz vor den städtischen Toren, auf der Wasserscheide zwischen der Nord- und Ostsee, ändert die Obereider ihre Absicht und steuert als Ausfluss vom Schulensee in westlicher Richtung zu den stillen Buchten des einsamen Westensees. Diesen im Naturschutzgebiet liegenden See verlässt sie bei Sandfeld und beendet ihr vorläufiges Dasein nördlich von Achterwehr im Nord-Ostsee-Kanal, der einen Teil des Flussbetts verfolgt.

Bei Rendsburg nimmt die Eider wieder ihren ursprünglichen Lauf an und pendelt als Untereider in vielen breiten Schleifen durchs flache Marschland der Nordsee entgegen. Bei Friedrichstadt schluckt sie die von Norden zufließende Treene, um endlich als breiter und behäbiger, vom neuen Eidersperrwerk beeinflusster Gezeitenfluss am Wesselburener Watt die Nordsee zu erreichen. Beide Eider, die Ober- wie auch die Untereider, haben ihre eigenen, gänzlich verschiedenen Reize. Am Oberlauf bestimmt das wellige, teilweise bewaldete, bäuerlich geprägte Moränenhügelland mit einer Kette von silbrigen Seen das Flussbild.

Die Untereiderlandschaft ist flach und weit, und das unendliche Himmelszelt sowie der oft wehende Westwind bestimmen das Geschehen am Fluss. Unser Wandervorschlag betrifft die abwechslungsreiche Obereider, die wir ab Brügge praktisch ganzjährig problemlos befahren können. Keine 4 km westlich davon liegt auf einer Halbinsel

△ *Eine geschwungene Holzbrücke überspannt die Obere Eider.*

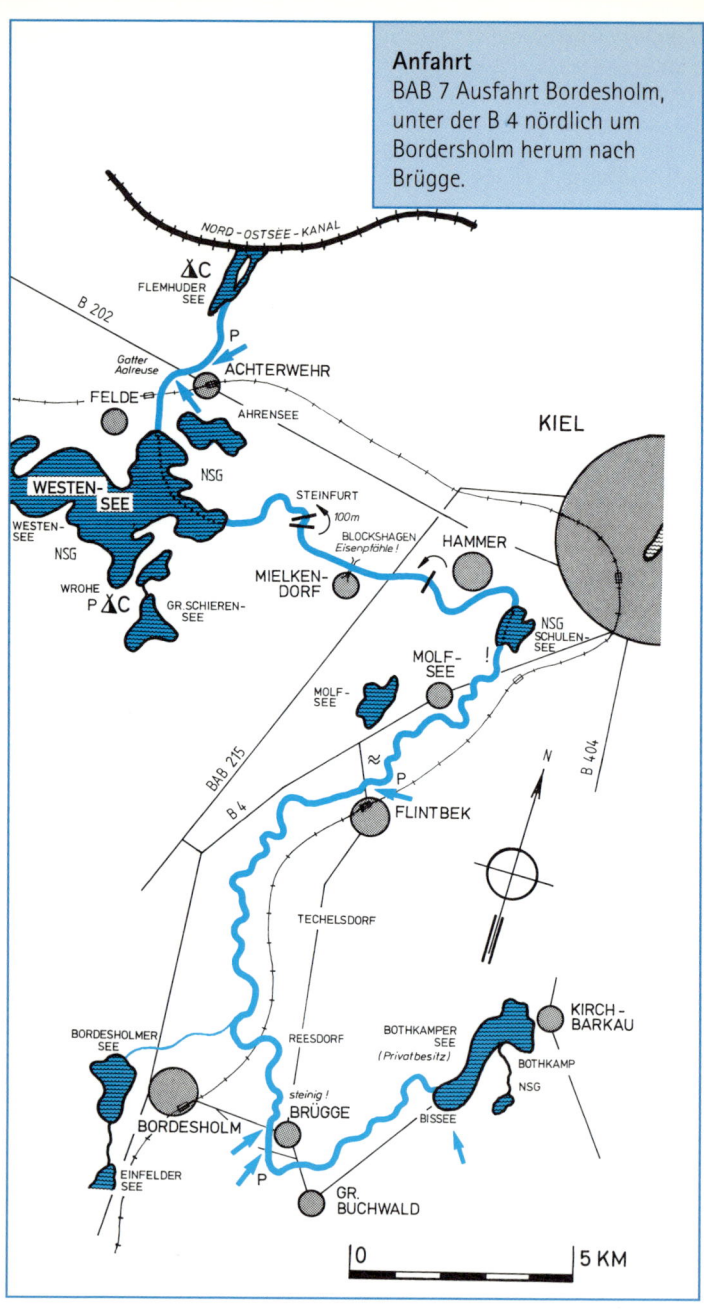

Anfahrt
BAB 7 Ausfahrt Bordesholm,
unter der B 4 nördlich um
Bordersholm herum nach
Brügge.

NORD - OSTSEE - KANAL

FLEMHUDER
SEE

B 202

Gatter
Aalreuse

P

ACHTERWEHR

FELDE

AHRENSEE

KIEL

WESTEN-
SEE

NSG

STEINFURT

100m

BLOCKSHAGEN
Eisenpfähle !

HAMMER

WESTEN-
SEE

NSG

MIELKEN-
DORF

WROHE

P

GR.SCHIEREN-
SEE

MOLF-
SEE

NSG
SCHULEN-
SEE

MOLF-
SEE

!

BAB 215

B 4

≈

P

FLINTBEK

N

B 404

TECHELSDORF

BORDESHOLMER
SEE

REESDORF

BOTHKAMPER
SEE
(Privatbesitz)

KIRCH-
BARKAU

BOTHKAMP

NSG

steinig !

BRÜGGE

BISSEE

BORDESHOLM

EINFELDER
SEE

P

GR.
BUCHWALD

|0 |5 KM

des waldumsäumten Bordesholmer Sees ein Juwel der norddeutschen Backsteingotik – die ehemalige Klosterkirche, deren berühmter Schnitzaltar aus dem 16. Jh. heute den Schleswiger Dom schmückt. Eine Besichtigung der Kirche sowie der uralten, mächtigen Thing-Linde versetzt uns um Jahrhunderte zurück in die Vergangenheit.

Doch zunächst zum Einsatzplatz in Brügge. An der Brücke beim Feuerwehrhaus lassen wir die Boote in das anfangs nur ca. 3 m schmale Bächlein. Im Frühling, bei gutem Wasserstand, können wir 2 km flussaufwärts neben dem Parkplatz zwischen Brügge und Groß Buchwald einsetzen.

Zuerst trägt uns die Obereider als mäanderfreudiger Bach unter die alte Steinbogenbrücke von 1803, am großen Bauernhof vorbei durch blühende Wiesen. Hie und da spüren wir im Sommer den steinigen Untergrund, doch bald wird der Fluss tiefer, etwas reguliert, mit guter Strömung. Im breiten Tal zwischen zwei Moränenrücken entwässert die Eider ausgedehnte Feuchtwiesen, an denen wir mit etwas Glück noch einem Storch oder Reiher begegnen. Nur zwei Eisenstege überbrücken den Fluss. Danach sägt sich dieser durch die niedrigen Hügel. Bald sehen wir die Häuser von Flintbek, das teilweise auf einer Terrasse über dem Fluss liegt. Eine parkähnliche, ansprechende Strecke führt an gepflegten Gärten vorbei, wo manches Boot am Steg verankert im Wasser schaukelt. Unter den weißen Holzbrücken hindurch eilt die Eider mit kurzen Schnellen durch den Park. Weiter flussabwärts wird es dann wieder ländlicher. Gelb leuchtet hier der Hahnenfuß auf den Wiesen, und das zarte Rosa der blühenden Apfelbäume belebt im Frühling das Grün der niedrigen Hänge. Vor uns am Horizont taucht bald der Kieler Fernsehturm auf, und es sieht fast so aus, als würden wir unsere Fahrt in der Kieler Förde beenden.

Am flachen Schulensee steuern wir links zur großen Weide beim Gasthof Eiderkrug, wo wir den Seeausfluss in der offenen Schiebetür der interessanten Aalreuse finden. Es folgen eine Brücke, ein Schwall und eine traumhafte Waldstrecke, wo uns der Fluss zwischen überhängenden Bäumen und schönen Gartenanlagen nach einer scharfen Rechtsbiegung zu einem kleinen Betonstufenwehr führt. Dieses ist bei gutem Wasserstand in der Mitte mit etwas Rumpelei befahrbar; vielleicht tragen wir kurz rechts um. An der großzügig angelegten Badeanstalt von Hammer vorbei kommen wir weiter im nun schnurgerade regulierten, mit Teichrosen verwachsenen Flussbett zu der weit sichtbaren Autobahnbrücke und anschließend durch den kleinen Ort Blockshagen (Einsatzstelle links an der Brücke) bis zur Steinfurter Mühle, wo wir dem dort ansässigen Bildhauer bei der Arbeit zusehen können.

Am Mühlenwehr heben wir die Boote rechts an der Rampe aus dem Wasser, tragen sie ca. 100 m über die Straße und setzen links ein. Nachher behindert nichts mehr unser Weiterkommen.

Nach einer ausgeprägten Links-schleife erreichen wir den wunder-schönen Westensee, den wir leider, ohne irgendwo am Ufer anzulegen, durchpaddeln müssen – der ganze See liegt in einem Naturschutzge-biet. Bei frischem Westwind, der hier oftmals bläst, erreichen die Wellen am Westensee ganz be-trächtliche Höhen und sind schon in der Eidermündung spürbar.

Vorbei an bewaldeten und ver-schilften Ufern der weit in den See reichenden Halbinseln peilen wir den gut sichtbaren Hochspan-nungsmast im Norden an; in seiner Richtung liegt der Seeabfluss bei Sandfeld. Unter der Holzbogen- und der Eisenbahnbrücke hindurch (der Bahnhof ist in Privatbesitz) kommen wir nach Achterwehr, wo wir rechtsufrig ca. 200 m nach der Straßenbrücke am Getreidespei-cher einen guten Aussetzplatz mit Parkmöglichkeiten finden.

Große Ferienfahrt mit dem Faltboot, Bootswagen und Hund auf der Eider.

Charakter

Landschaftlich ein sehr abwechslungsreicher Fluss, der vom schmalen Bächlein zwischen Erlenbeständen zum mäandernden Wiesenbach, etwas regulierten Moor- und Waldfluss bis zu einer Binnenseebefahrung alles bietet. Ohne Schwierigkeiten ab Brügge ganzjährig paddelbar, doch in den ersten 2 km bis Reesdorf ist im Sommer mit Grundberührungen zu rechnen. Im oberen Bereich teilweise flotte Strömung, sonst langsam fließendes, dunkles Moorwasser, mäßig sauber.
Drei leicht zu umtragende Wehre. Am Fluss keine offiziellen Zeltplätze, doch bei Flintbek Zeltmöglichkeiten auf gemähten Wiesen. Pkw-Kontakt nur an wenigen Brücken möglich.

Befahrungsregelungen

Der Schulensee darf nur auf kürzestem Weg durchfahren werden, ebenso der Westensee. Ausfahren der Buchten ist verboten.

Zeltmöglichkeiten

Kein offizieller Zeltplatz in Flussnähe. Der Campingplatz in Wrohe am Westensee darf nicht mit dem Boot angefahren werden.

Sehenswertes

Bordesholm: Gotische Stiftskirche (Russenkapelle, bronzezeitliches Freigrab u.a.), 600-jährige Thing-Linde, Konzerte.
Flintbek: 1400-jährige Eibe im Pfarrgarten.
Molfsee: Schleswig-Holsteinisches Freilichtmuseum mit Häusern und Mühlen aus fünf Jahrhunderten.

Auto nachholen

Keine akzeptablen öffentlichen Verkehrsmittel.

Karten, Kanu-Literatur

Generalkarte 1:200000, Blatt 1; ADAC Freizeitatlas Schleswig-Holstein 1:100000; Karte »Wandern und Erholen im Kreis Rendsburg-Eckernförde, Blatt Süd« (Landesvermessungsamt) 1:50000; Kanuwanderbuch für Nordwestdeutschland; Kanuwandern in Schleswig-Holstein und Hamburg.

⊇ 50 km

🕐 3–4–Tage–Fahrt

Auf ihrem Weg zur Kieler Förde durchfließt die Schwentine, die in der Nähe des 168 m hohen Bungsbergs entspringt, zwischen Eutin und Preetz die landschaftlich einmalige Ostholsteiner Seenplatte, ein geologisches Überbleibsel des dahingeschmolzenen Eiszeitgletschers.

Nördlich von Preetz zwängt sich die bisher sehr zahme Schwentine unverhofft durch die enge Waldschlucht von Raisdorf, springt dabei wie ein Wildwasser von Stein zu Stein (hier nicht befahrbar, weil NSG), um wieder sichtlich beruhigt die moderne Landeshauptstadt Kiel anzusteuern und dort im Fischerhafen in die Ostsee zu münden.

Sportlich lässt sich dieser Wandervorschlag in zwei Tagen bewältigen. Die faszinierende Seenlandschaft und die vielen Sehenswürdigkeiten in den nahen Städtchen jedoch verlangen viel mehr Zeit; eine kleine Ferienfahrt ist hier schon angebracht.

In Eutin, wo uns außer dem roten Backsteinschloss der kunstsinnigen Fürstbischöfe noch die Kirche und die verzierten Bürgerhäuser am Marktplatz beeindrucken, setzen wir unsere Faltboote oder Kanus nicht weit vom Schloss ins Wasser (hier Parkplatz). Noch ein Blick über den Eutiner See zum behelmten Schlossturm, und bald paddeln wir unter die schwebende, weiße Holzbogenbrücke, am gepflegten Gelände des Rudervereins

Germania vorbei (nach Anfrage sehr günstige Einsatzstelle) zur Neumühle. Der Europäische Wanderweg E 6 überquert die verschilfte Schwentine, die uns zum Wehr der Fissauer Mühle führt. Rechtsufrig erleichtert eine Anlegestelle das Aussteigen aus den Booten, die wir anschließend ca. 80 m um die Mühle umtragen. In nördlicher Richtung steuern wir nun unter der nächsten Straßenbrücke hindurch zum Kellersee. Alte, mächtige Buchenbestände säumen das rechte Ufer, an dem entlang wir bis nach Sielbek kommen und von hier einen kleinen Spaziergang zum verträumten, sagenumwobenen kleinen Ukleisee mit dem reizenden hölzernen Jagdschlösschen unternehmen. Wieder zurück, paddeln wir in westlicher Richtung, vielleicht im Windschatten der hohen

△ *Alte Baumbestände säumen die Schwentine auf ihrem Weg nach Kiel.*

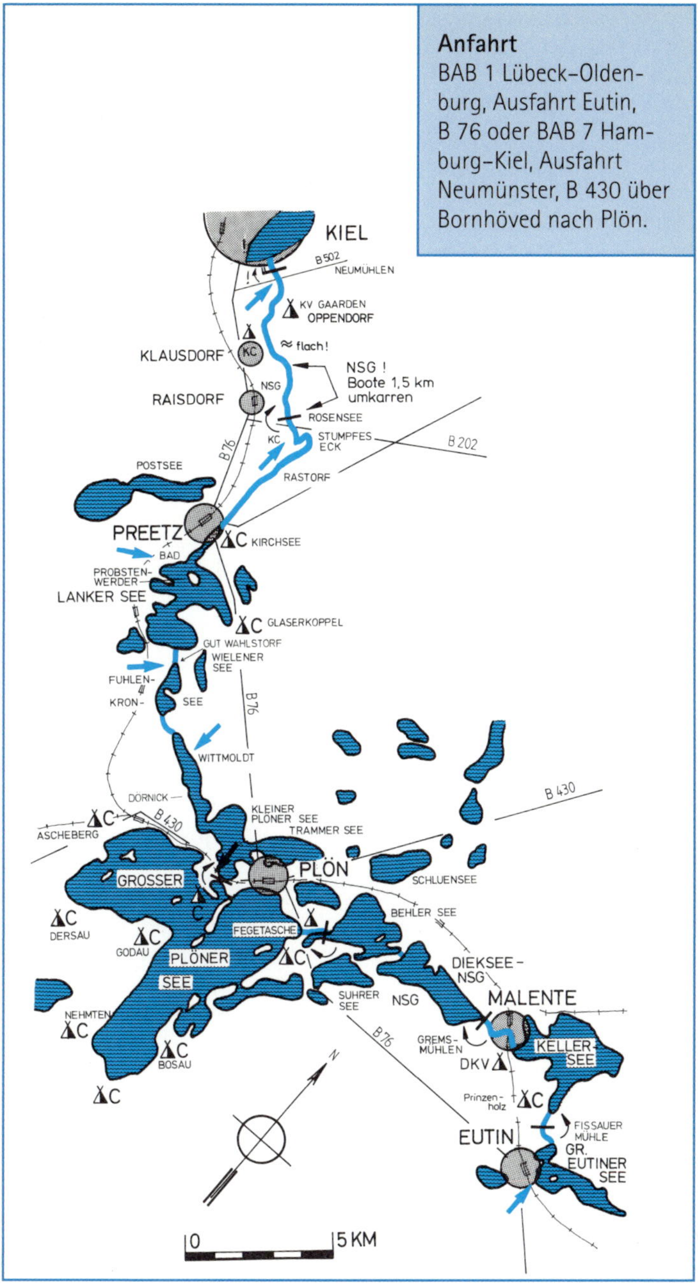
KIEL
B502
NEUMÜHLEN
KV GAARDEN
OPPENDORF
≈ flach!
KLAUSDORF
KC
NSG !
Boote 1,5 km
umkarren
RAISDORF
NSG
ROSENSEE
KC
STUMPFES
ECK
B 202
B76
POSTSEE
RASTORF
PREETZ
C KIRCHSEE
BAD
PROBSTEN-
WERDER
LANKER SEE
C GLASERKOPPEL
GUT WAHLSTORF
WIELENER
SEE
FUHLEN-
KRON-
SEE
B76
WITTMOLDT
DÖRNICK
B 430
C
ASCHEBERG
B 430
KLEINER
PLÖNER SEE
TRAMMER SEE
GROSSER
PLÖN
SCHLUENSEE
C
BEHLER SEE
C
DERSAU
FEGETASCHE
C
GODAU
PLÖNER
SEE
DIEKSEE-
NSG
SUHRER
SEE
NSG
MALENTE
NEHMTEN
C
B76
GREMS-
MÜHLEN
KELLER-
SEE
C
BOSAU
DKV
C
N
Prinzen-
holz
C
FISSAUER
MÜHLE
EUTIN
GR.
EUTINER
SEE
0
5 KM

Anfahrt
BAB 1 Lübeck–Oldenburg, Ausfahrt Eutin, B 76 oder BAB 7 Hamburg–Kiel, Ausfahrt Neumünster, B 430 über Bornhöved nach Plön.

Nordwestufer, und erreichen bald die Halbinsel Ohlenhof, wo aus dem dunklen Grün der Buchenwälder ein hübscher Pavillon zum See herüberleuchtet. Doch die Schwentine liegt am Südufer; also steuern wir das Gut Rothensande, bekannt von der Filmserie Immenhof, an. Hier finden wir den etwas im Schilf versteckten Flusslauf. Nach ein paar Windungen grüßt der kanufreundliche Campingplatz »An der Schwentine«. Malente als Etappenziel ist sicher lohnend, in dem hübschen Kneipp-Kurort gibt es allerhand zu sehen.

Am nächsten Tag, unter mehreren Brücken hindurch, legen wir linksufrig am Holzsteg vor der wuchtigen Gremsmühle an und bewältigen die lange Umtragestelle am besten mit dem Bootswagen. Über die Straßenbrücke erreichen wir in der Parkanlage vor dem modernen Hotel Intermar die Einsatzstelle im Unterwasser.

Weiter geht die Fahrt auf dem Dieksee, der gänzlich im Naturschutzgebiet liegt. Zwei Inseln (Warder sagt man hier) unterbrechen die fast 4 km lange Paddelstrecke, die an der engen Durchfahrt zum Behler See endet. Abwechslungsreich mit vielen Einbuchtungen und Halbinseln zeigt sich der See. Wir steuern am Großen Warder, der uns die ganze Sicht auf die Seefläche versperrt, links vorbei, lassen die Jugenderholungsstätte Adlerhorst und das Militärgelände hinter uns und finden den Hals zum Höftsee und, über diesen weiterpaddelnd, die Anlegestelle der weißen Passagierschiffe. Links daneben befinden

sich der Bootssteg und die Gleislore der Umtragestelle an der Fegetasche. So nannte der Volksmund die frühere Zollstation am Schwentine-Einlauf in den Großen Plöner See.

Das alte Jagdhaus an der Mühleninsel dient heute dem Wassersportverein als Bootshaus. Wir fahren weiter. Langsam öffnet sich vor uns die weite, silbrig blendende Wasserfläche des Großen Plöner Sees (30 km^2). Rechtsufrig dehnt sich die ehemalige Residenzstadt Plön mit ihrem vielgiebeligen weißen Schloss aus. Langsam ziehen wir am Yachthafen und an der Parkanlage entlang zur Prinzeninsel, die vom Land nur durch einen engen, doch mit dem Kanu befahrbaren Kanal getrennt ist. Von hier sind es wenige Paddelschläge zum herrlich auf einer schmalen Halbinsel liegenden, für Bootsfahrer idealen Campingplatz »Am Spitzenort«, wo wir unsere Zelte aufschlagen.

Die zweite Hälfte dieser Wanderung ist nicht weniger schön und abwechslungsreich. Beim Campingplatz setzen wir am Nordufer die Kanus wieder ins Wasser, um kurz danach unter der Straßenbrücke die Boote auf die bereitstehende Gleislore aufzuladen und sie dann langsam in den Kleinen Plöner See hinabzulassen. Den Gleiswagen sollten wir wieder zur Rampe zurückbringen. Vom leicht gerundeten Koppelsberg schaut die spitztürmige Kirche herüber.

Am rechten Ufer entlang steuern wir zuerst unter der etwas versteckten Eisenbahnbrücke hindurch und nachher nördlich durch

Mit vereinten Kräften ziehen wir den Mannschafts-Kanadier aus dem Wasser.

den Durchschlupf zum offenen See. Anschließend orientieren wir uns an der kleinen Bauminsel vor uns. Noch lange leuchtet in unserem Rücken das weiße Plöner Schloss am südlichen Seezipfel. Bei günstiger Windrichtung erreichen wir bald die Halbinsel mit den großen Häusern des Wittmolder Guts und fahren mit etwas gemischten Gefühlen unter den niedrig über dem Wasserspiegel hängenden Drahtseilen der Hochspannungsleitung hindurch. Runde grüne Kuppen umrahmen die seeartige Schwentine, und sandige Ufer locken mit schönen Badeplätzen. Nur wenige rot gedeckte Häuser liegen eingesprenkelt in der ruhigen Landschaft.

Als wirklicher Fluss offenbart sich die Schwentine erstmals vor dem Kronsee. Schilfufer wechseln mit dem Wurzellabyrinth mächtiger Erlen, auf deren Ästen manchmal Graureiher sitzen. Vor unseren Booten tauchen Enten, und am Ufer entlang schwimmt ein Teichhuhn mit seinen rotköpfigen, wie kleinen Teufelchen aussehenden Küken. Eine sehr schmale Enge trennt den Kronsee vom nachfolgenden Fuhlensee, an dessen Ufer das schöne Herrenhaus des über 380 Jahre alten Guts Wahlstorf liegt. Wir bewältigen vorsichtig die Reusenklappe unter der Straßenbrücke. Kurz nach dem reetgedeckten Bootshaus öffnet sich vor uns der südliche Teil des Lanker Sees.

Die kleine, fast in der Mitte liegende Sonneninsel ist Vogelschutzgebiet. Ein kaum 100 m breiter Hals trennt den südlichen Seeteil vom nördlichen; nun zeigt sich der See in seiner ganzen Breite. Bei frischem Westwind ist eine Überquerung recht anstrengend, umso mehr, wenn wir in drehfreudigen Wildwasserkajaks ohne Steuerung sitzen. Ein kleines Fernglas hilft beim Anpeilen des Kurses (Richtung Freibad-Rutsche).

An der Möwenschutzinsel und am Probstenwerder vorbei laufen unsere Boote wieder in die Schwentine ein, wo wir links am Doppelsteg der Preetzer Ruderer und Kanufahrer eine wohlverdiente Pause einlegen dürfen. Am Kirchsee, der anfänglich wie ein großes Bassin aussieht, begegnen wir trainierenden Rudersportlern, die in ihren Vierern mit oder ohne Steuermann oder superschlanken Skiffen wie riesige Wasserläufer an uns vorbeiflitzen. Links lugt zwischen mächtigen Weiden die rote, etwas geduckte Stadtkirche von Preetz hervor, rechts finden wir den netten Campingplatz »Am Kirchsee«. Bei einem ausgedehnten Spaziergang durch die liebliche »Schusterstadt« entdecken wir eine Reihe von Sehenswürdigkeiten – unter anderem befindet sich hier auch das einzige deutsche Zirkusmuseum.

Nördlich der Stadt verliert die Schwentine endgültig ihren seeartigen Charakter, fließt zuerst geradeaus zwischen flachen Schilfufern, später durch ein leicht hügeliges Tal in sanften Bögen an der prächtigen Gutsanlage Rastorf vorbei. Das leuchtende Gelb und Rot des spätbarocken Herrenhauses sowie die weißen Giebel der gepflegten Wirtschaftsgebäude lassen etwas von der Erhabenheit und dem Reichtum früherer Besitzer ahnen.

Das Brücklein und die Flussgabelung – wir nehmen den linken Arm – signalisieren den Anfang einer wunderschönen Waldstrecke mit mächtigen Eichen, Buchen, Erlen und Kastanienbäumen. Auf der Halbinsel »Stumpfes Eck« finden wir einen oft genutzten Rastplatz und gegenüber auf einer Waldwiese mehrere uralte, knorrige Eichen. In der Mitte des künstlich gestauten Rosensees wachsen aus überschwemmten Weidenstümpfen junge Triebe.

Die B 202 überquert hier mit der »blauen« Brücke den aufgestauten Fluss, links davor finden wir eine gute Aussetzstelle mit kleinem Parkplatz. Wir können aber auch weiterfahren, unter der weißen Bogenbrücke hindurch, bis zum idyllisch liegenden Bootshaus der Raisdorfer Kanuten und hier die Reise beenden. Unweit befindet sich der große Parkplatz des Sportzentrums am bekannten Schwentinepark. Natürlich könnten wir auch mit dem Boot die Landeshauptstadt Kiel erreichen. Dabei erwartet uns die 1,5 km lange Umtragestelle durch das NSG Alte Schwentine. Nach dem Einsetzsteg begegnen wir auch Linienbooten, umpaddeln Klausdorf im rechten Flussarm und landen an der Hochbrücke der B 502 (Busverbindung zur Stadtmitte).

Charakter, Tipps

Herrliche Wanderfahrt auf überwiegend stromlosem Gewässer, ganzjährig mit allen Kanu- und Kajaktypen befahrbar. Wie auf allen großen ungeschützten Wasserflächen kann auch hier ein starker Wind hohe Wellen aufwühlen, kurze Wildwasserkajaks sind dann im Nachteil. Für die Umtragestellen in Malente-Gremsmühlen (ca. 400 m) und Raisdorf Bootswagen notwendig. Umrundung Plöner See 18 km (ca. 1 Tag).

Befahrungsregelungen

Ausgewiesene und durch Schwimmbojen gekennzeichnete Vogelschutzgebiete nicht befahren! Plöner See: Betretungsverbot der Inseln (Warder) – Ausnahme tagsüber Langeswarder, Lanker See: Westliche Buchten und Inseln sind NSG! Dieksee-NSG: Durchfahrt erlaubt, Zelten verboten!

Zeltmöglichkeiten

Camping Eutin, Rotengrund, Malente – An der Schwentine, Plön-Spitzenort, weitere Campingplätze am Großen Plöner See, Camping Lanker See, Glaserkoppel, Preetz, Kirchsee, Postsee, KV Gaarden (Kiel).
Jugendherbergen am Wasser: Malente, Plön.

Sehenswertes

Eutin: Kleine Residenzstadt, ehemaliges fürstbischöfliches Schloss, Kapelle, Kavaliershaus, englischer Park, Hospital, fürstliches Stadtpalais, Rathaus (18. Jh.), Geburtshaus von Carl Maria von Weber.
Malente: Gremsmühlen – Feldsteinkirche (13. Jh.), Räucherkate mit Heimatmuseum, Arboretum, Wildgehege, Mahnmal der Heimatvertriebenen am Krützen.
Plön: Dreiflügeliges Schloss, Schlosskapelle mit Sarkophagen, Prinzenhaus, Prinzeninsel mit Bauernhaus, St.-Nikolai-Kirche, Hofapotheke mit Museum, Pastorat am Marktplatz; Bosau – feldsteinerne Vizelinkirche.
Preetz: Klosterkirche mit Nonnenchor, ehemaliges Benediktinerinnenkloster, Stadtkirche, St. Lotharius, Plastik Schusterjunge, Zirkusmuseum.
Raisdorf: Schwentinepark (Zoo).
Kiel: Rathaus mit 106 m hohem Turm, spätgotische Nikolaikirche, Kieler Schloss, Schlossgarten, viele Museen, Zentrum »Pumpe«, Opernhaus u. v. a.

Auto nachholen

Regelmäßige Bus- und Bahnverbindungen zwischen Eutin und Kiel.

Karten, Kanu-Literatur

Generalkarte 1:200 000, Blatt 1 und 2; amtliche Karte 1:75 000 Blatt Kreis Plön; Kanuwanderbuch für Nordwestdeutschland; Kanuwandern in Schleswig-Holstein und Hamburg.

⊵ 63 km

🕐 3-Tage-Fahrt

Nur wenig südöstlich vom Gro-ßen Plöner See, irgendwo unter dem fast 90 m hohen Mühlenberg, entspringt die Trave, mit 120 km Länge der größte holsteinische Ostseeküstenfluss. Zuerst bahnt sie sich ihren Weg als kleiner Wiesenfluss durch die holsteinische Knicklandschaft in südlicher Richtung und durchquert dabei den lang gestreckten, in Privathand befindlichen Warder See. Von hier aus fließt sie im großen Bogen um Bad Segeberg herum, durchbricht nachher einen Moränenwall, um weiter in leicht hügeliger Landschaft Bad Oldesloe anzusteuern. Im ausgedehnten Salzmoor vor der Stadt wendet sich der Fluss nach Osten und erreicht in guter Strömung durch ein immer breiter werdendes Trogtal die Tore Lübecks. Die Hansestadt hinter sich lassend, erweitert die Trave ihr Flussbett seenartig und mündet nach 20 km als Seeschifffahrtsstraße beim bekannten Erholungsbad Travemünde in die Ostsee.

Weil die Flussstrecke oberhalb des Warder Sees nur im Frühling mit Einern zu paddeln und wegen Begradigung reizlos ist, wählen wir für unsere Kanuwanderung den unteren, ganzjährig möglichen Abschnitt vom Warder See nach Lübeck. In sehr trockenen Sommern müssen wir trotzdem nach so manchem Wehr mit Grundberührung rechnen.

Nicht weit vom Campingplatz in Warderbrück beginnt unsere Wanderung. Eine leicht hügelige Landschaft mit Wiesen, Weiden, Feldern und Büschen begleitet die Boote bis zum Waldrand des Naturschutzgebietes Ihlsee bei Bad Segeberg. Unterhalb des klotzigen Möbelmarktes (gute Einsatzstelle) können wir die Kanus zurücklassen, um der Karl-May-Stadt einen Besuch abzustatten. Der mächtige Gipsberg, auf dem in früheren Jahrhunderten die fast unbezwingbare Siegesburg thronte, wurde später halb abgetragen und beherbergt heute ein 10000 Zuschauer fassendes Freilichttheater und ein interessantes Kalkhöhlensystem, das besichtigt werden kann.

Auch bauhistorisch bietet Segeberg allerhand, am herausragendsten ist sicher die romanische Marienkirche, eine der ältesten Backsteinkirchen des Landes.

△ *Auf der Trave unterwegs nach Bad Oldesloe.*

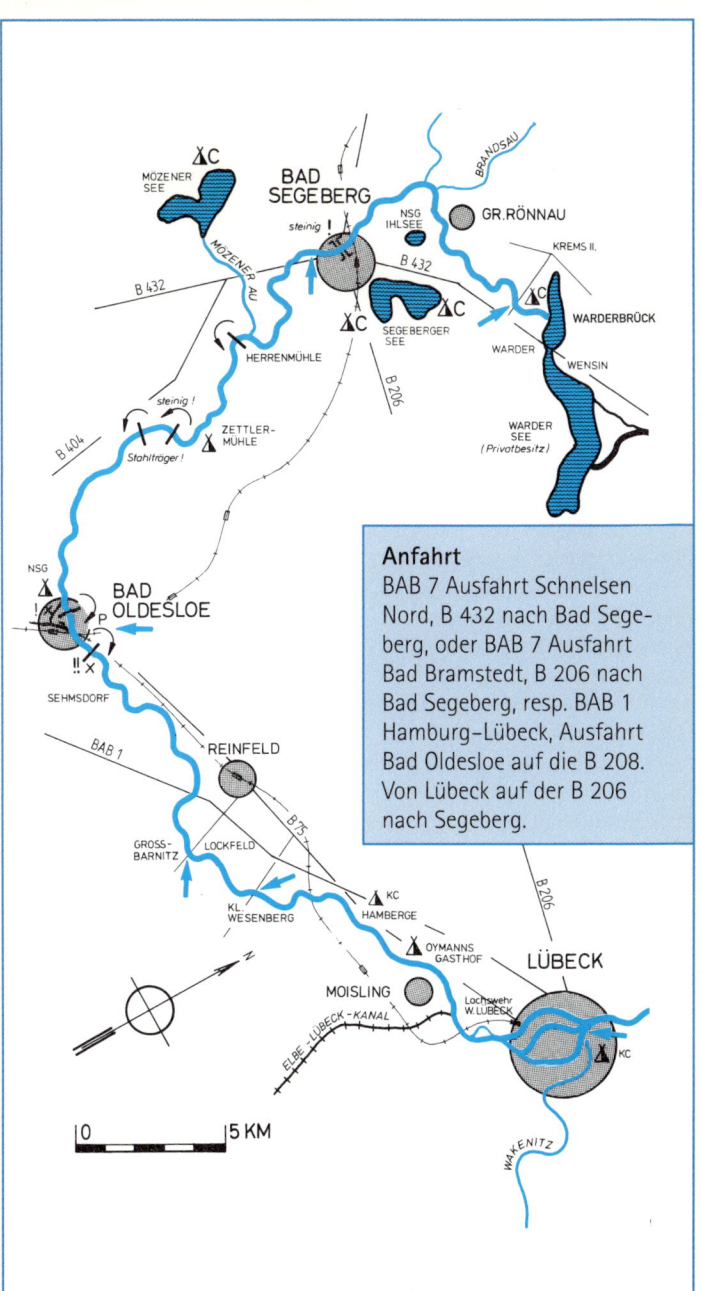

Anfahrt

BAB 7 Ausfahrt Schnelsen Nord, B 432 nach Bad Segeberg, oder BAB 7 Ausfahrt Bad Bramstedt, B 206 nach Bad Segeberg, resp. BAB 1 Hamburg–Lübeck, Ausfahrt Bad Oldesloe auf die B 208. Von Lübeck auf der B 206 nach Segeberg.

Äußerst lohnend ist eine Paddeltour entlang der Lübecker Stadtkulisse.

Zwei Moränenzüge begleiten bis Nütschau den nur wenig schwingenden Travelauf. Dort bricht der Fluss durch einen der Höhenzüge. Rechts oben finden sich noch Reste einer altgermanischen Befestigung und nicht weit entfernt das Benediktinerkloster Nütschau mit hübschem, kleinem, Schlossgebäude. Ein ausgedehntes Moorgebiet blieb nördlich von Bad Oldesloe erhalten. Hier im Brennmoor quillt noch immer Solewasser aus dem Boden, auch hat sich eine seltene Salzbodenflora erhalten. Langsam paddeln wir unter die »grüne Brücke«, über die ein Wanderweg zum Naturschutzgebiet führt. Nach wenigen Mäandern, unter einem Steg hindurch, vorbei an der gepflegten Kleingärtneranlage, legen wir am Bootssteg beim Klubhaus des Bootsvereins »Obertrave« an, wo wir nach Anmeldung zelten dürfen. Am Abend bleibt genügend Zeit, die Altstadt von Bad Oldesloe zu besichtigen.

Anderntags geht es am Grillplatz vorbei und an der Flussgabelung links. Wir setzen die Boote am Wehrbalken über. Nur ein Wehr – unbefahrbar! – kurz nach der Eisenbahnbrücke versperrt den freien Flusslauf. Treppchen erleichtern das Umtragen auf dem linken Ufer. Bei hohem Wasserstand Vorsicht beim Anlegen, es herrscht starker Sog! Nach Klein-Wesenberg, wo eine interessante rote Kirche über den Fluss ragt, schwingt die Trave in sanften Bögen zwischen Pappelreihen durch Wiesen und Weiden, das Teil weitet sich und wird flacher. Bei der Strommeisterei zeigen sich schon die ersten Häuser der Stadt, von rechts mündet der Elbe-Lübeck-Kanal.

Nach der Eisenbahnbrücke können wir links zur Anlegestelle des Wassersportvereins »Lachswehr Wasserfahrer Lübeck« steuern oder weiter zur Possehlbrücke paddeln. Danach teilt sich die Trave; der linke Arm ist der schönste, vorbei an der Lübecker Stadtkulisse und dem Holstentor. Im Klughafen, gegenüber der Wakenitz, geht unsere Wanderung zu Ende. Ein Holzponton erleichtert das Anlanden der Boote.

Charakter, Tipps

Mit allen Kanutypen leicht befahrbarer, teilweise regulierter, bis kurz vor Lübeck gut strömender Wanderfluss, reizvoll, obwohl durch stark erschlossene Agrarlandschaft fließend.

Die wenigen vorhandenen Wehre sind unbefahrbar, doch ohne Schwierigkeiten zu umtragen. Am Oldesloer Stadtwehr – hier steht ein großes ausgedientes Mühlengebäude – in das links abfließende Unterwasser leicht umtragen (der rechts weiterführende Wasserlauf erfordert eine umständliche Umtragerei in der Altstadt).

Äußerst lohnend ist eine Fahrt durch die Lübecker Stadt-Trave und die Stadtgraben, dabei öffnen sich herrliche Blicke aus ungewohnter Perspektive auf die alte Hansestadt. Pkw-Kontakt nur an Brücken möglich.

Befahrungsregelungen

Bei Befahrung oberhalb des Warder-Sees: Der See darf nur auf kürzestem Wege durchpaddelt werden.

Zeltmöglichkeiten

Camping Warderbrück, Bad Segeberg (nicht an der Trave), Bad Oldesloe – beim Bootsverein, KC Hamberge, Hansfelde – Aymans Gasthof, Lübeck – an der Wakenitz VfK, Lübecker Kleinbootsverein nach Anfrage. In Bad Oldesloe Jugendherberge (wenige 100 m vor dem Stadtwehr).

Sehenswertes

Warder: Mächtige Wehrkirche (12. Jh.) mit dreiflügeligem Holzaltar.

Bad Segeberg: Romanische Backstein-Marienkirche (12. Jh.) mit herrlichem Schnitzaltar, Bürgerhäuser in der Lübecker Straße, Alt Segeberger Bürgerhaus – Museum, Gipsberg (Höhlen), Karl-May-Spiele im Freilichttheater (im Juli/August), Otto-Flath-Kunsthalle.

Bad Oldesloe: Klassizistisches Rathaus, Herrenhäuser, Salzmoor, Nütschau – ehem. Schloss Rantzau, Kloster.

Lübeck: Holstentor mit Rundtürmen, Kaufmannshäuser, Giebelhäuser, Salzspeicher, imposantes Rathaus, Marienkirche, St.-Jakobi-Kirche, Heiligengeist-Hospital, Burgtor, Dom, Petrikirche, Hafenanlagen u.v.a.

Auto nachholen

Zwischen Lübeck und Bad Segeberg etwa stündlicher Bahn-/Busverkehr. Zum Einsatzpunkt am Wardersee nur werktags (nicht sehr häufige) Busverbindung von Bad Segeberg.

Karten, Kanu-Literatur

Generalkarte 1 : 200 000, Blatt 2; amtliche Karte 1 : 100 000 Blatt HH–Wandsbek; Wassersport-Wanderatlas nördlich der unteren Elbe; Kanuwandern in Schleswig-Holstein und Hamburg; Kanuwanderbuch für Nordwestdeutschland.

🔁 26 km

🕐 2-Tage-Fahrt

Obwohl die Wakenitz langsam von Süden nach Norden strömt, ist es unserer Ansicht nach schöner, sie von Lübeck gegen ihre – sehr schwache – Strömung nach Ratzeburg zu befahren. Wir kehren dabei der Großstadt den Rücken, tauchen immer tiefer in die grüne Landschaft ein und lassen uns von den stetig wechselnden Fluss- und Seebildern entzücken.

Unsere Einsatzstelle ist nicht schwer zu finden. Am Nordende der Falkenstraße, die entlang des Klughafens führt, liegen an der seenartig erweiterten Wakenitz Bootshaus und Gelände des Vereins für Kanusport Lübeck, wo wir nach Anmeldung freundlich aufgenommen und mit Informationen versorgt werden. Sicher schauen wir noch die Lübecker Altstadt an; es lohnt sich, diese alte Kaufmannssiedlung und Hansestadt am Hügel zwischen Trave und Wakenitz zu Fuß zu durchstreifen und die vielen Baudenkmäler, schön restaurierten Straßenzüge, das eigenartige Rathaus und die stolzen Kirchen mit ihren weit sichtbaren Türmen zu bewundern. Natürlich sollten wir bei der Besichtigung auch die Hafenanlagen nicht auslassen.

Doch dann steigen wir gerne in unsere Boote, um der Betriebsamkeit der Stadt zu entfliehen. Am ruhigen Wasser, der Mittagssonne entgegen, steuern wir unsere Kanus an der schön angelegten Badeanstalt vorbei nach Süden, queren die Wellenspur der Wakenitzer Fähre und paddeln unter der Moltkebrücke hindurch. In viel Grün getauchte Häuserreihen ziehen an uns vorüber. An der großen Wakenitzbrücke verengt sich der Fluss halsartig und knickt nach Osten ab. Immer mehr Wiesen, Bäume und verschilfte Ufer säumen jetzt die Wakenitz, die sich verspielt zwischen den grünen Hügeln windet. Eine Schlossinsel, kleine Bootshafen, in denen noch geklinkerte Holzjollen schaukeln; wir umrunden langsam den Kaninchenberg, vor uns ist eine große Seebucht.

Tausende malerischer Teichrosen schwimmen auf dem ruhigen Wasserspiegel, vorsichtig tauchen wir die Paddel ins Wasser. Entlang der grünen und gelben Pflanzenteppiche steuernd, halten wir uns rechts und fahren unter dem kleinen Eisenbahnviadukt durch. Hier führt

△ *Begegnung mit der »Wakenitz« auf der Wakenitz.*

Anfahrt
BAB 1 Hamburg–Lübeck,
Ausfahrt Lübeck, oder BAB 1
Ausfahrt Bad Oldesloe, auf
der B 208 nach Ratzeburg.

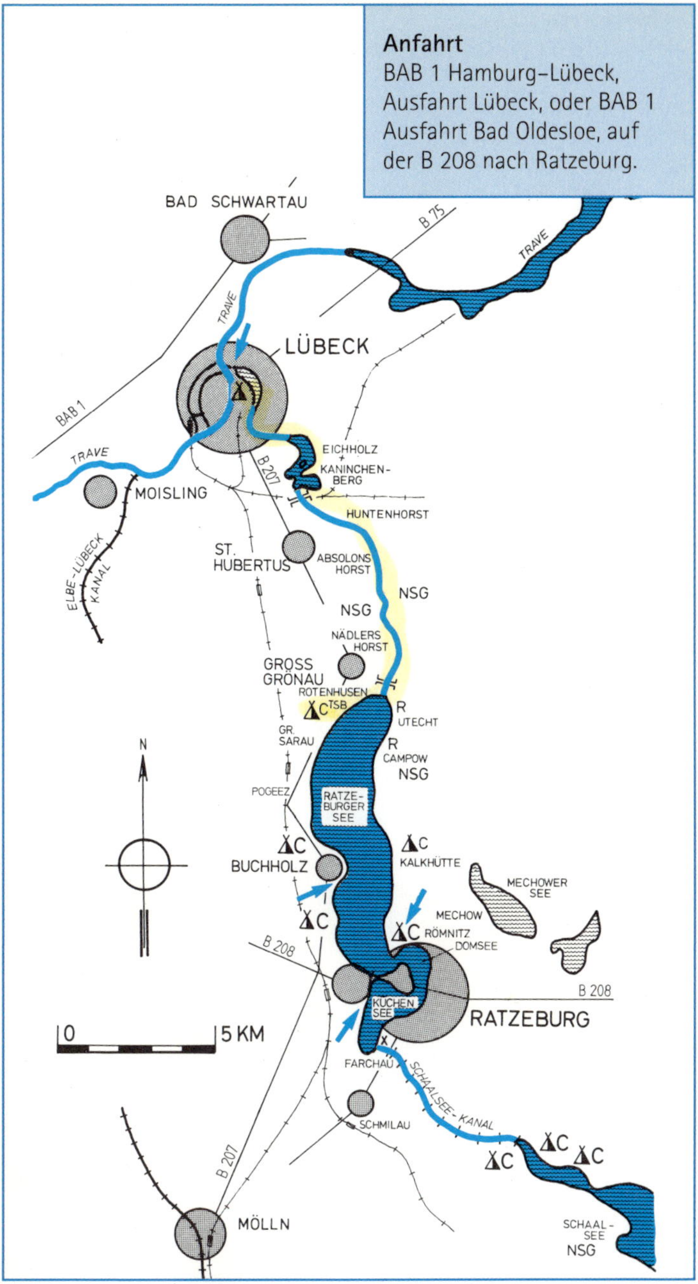

BAD SCHWARTAU

B 75

TRAVE

TRAVE

LÜBECK

BAB 1

TRAVE

EICHHOLZ

KANINCHEN-BERG

B 207

MOISLING

HUNTENHORST

ELBE-LÜBECK-KANAL

ST. HUBERTUS

ABSOLONS HORST

NSG

NSG

NÄDLERS HORST

GROSS GRÖNAU

ROTENHUSEN

TSB

R UTECHT

GR. SARAU

R CAMPOW

NSG

N

POGEEZ

RATZE-BURGER SEE

C

KALKHÜTTE

C

BUCHHOLZ

MECHOWER SEE

C

MECHOW

C RÖMNITZ

DOMSEE

B 208

B 208

KÜCHEN SEE

RATZEBURG

0   5 KM

FARCHAU

SCHAALSEE-KANAL

B 207

SCHMILAU

C

C   C

MÖLLN

SCHAAL-SEE NSG

35

der Europäische Fernwanderweg E 1 von Dänemark zu den Alpen über die Wakenitz.

Einsam zieht nun der Fluss dahin, umsäumt vom dichten Erlen- und Buchenwaldgürtel. Eine kurze Begegnung mit dem voll besetzten Passagierschiff »Wakenitz«, dann wird es am Fluss wieder ganz einsam, weder Straße noch Weg begleiten das ruhige Gewässer. Nur der idyllisch liegende, reetgedeckte Ziegelbau des Waldwirtshauses Absalons Horst und ein kleines Nest (Nädlers Horst) von farbenfrohen Wochenendhäusern unterbrechen das satte Grün der dicht bewachsenen und menschenleeren Ufer.

Eine alte Holzbrücke signalisiert die Nähe des Ratzeburger Sees. Es geht an der kleinen Hafenanlage vorbei, und schon kann ein starker Gegenwind unsere Paddelblätter packen. Steile, schäumende Wellen kommen uns dann schräg entgegen, sodass wir im Windschatten am schützenden Westufer entlangschleichen.

An der Angelsmühle ruhen wir uns aus, dann geht es weiter. Die weit in den See ragende Buchholzer Landzunge leitet den schärfsten Wind etwas ab. Am Campingplatz finden wir Unterschlupf.

Abends wandern wir hinauf zur Hügelkette, um einen Blick über den See zu erhaschen. Vom südlichen Seezipfel leuchten die Ratzeburger Lichter herüber.

Am nächsten Morgen ziehen wir durchs glitzernde Wasser, der Sonne und dem mächtigen Dom Heinrichs des Löwen entgegen. Je näher, desto wuchtiger erscheint der frühromanische Kirchenbau über dem Wasser.

Eine Stadtumrundung Ratzeburgs lassen wir uns natürlich nicht entgehen; dabei kommen wir links am phantastisch liegenden Zeltplatz Römnitz vorüber und paddeln dann in den ruhigen Domsee, wo der tief eingeschnittene Zufluss vom Mechower See mündet. Unter der B 208 hindurch, dann noch eine Brücke, und wir bewundern die Stadtkulisse von Süden, vom Küchensee aus, wo auch das neue Clubhaus der Ratzeburger Kanuten steht. Die Stadtumrundung krönen wir mit einem Besuch im berühmten Eis-Salon Pelz, der bequem vom Kanal hinter der Fischerhütte mit dem Kanu erreichbar ist. An der DLRG-Station oder am Anlegesteg des Kanuclubs beenden wir unsere Wanderung und spazieren anschließend noch einmal durch das reizende Inselstädtchen.

▽ *Baumhindernisse sorgen auf der Wakenitz für die sportliche Note.*

Charakter, Tipps

Die Wakenitz ist ein sehr langsam fließendes, ohne Hindernisse ganzjährig zu befahrendes Gewässer, teilweise flussartig verengt, teilweise seenartig verbreitert zwischen saftig grünen Auhainen, Wiesen und Hecken. Die nur sehr schwache Strömung ermöglicht eine Befahrung in beiden Richtungen, die man je nach Windstärke wählen kann.

Am Ratzeburger See, der eingebettet zwischen relativ hohen Wald- und Wiesenhügeln in nord-südlicher Richtung verläuft, überraschen uns oft starke, böige Winde. Darum ist es ratsam, entlang des schützenden Ufers zu paddeln, denn in der Seemitte erreichen die Wellen bei steifem Wind beträchtliche Höhen (Spritzdecke nicht vergessen!). Wegen der herrlichen, fast unberührten Landschaft und der sehenswerten Städte Lübeck und Ratzeburg sollte man für die Wanderung mindestens zwei Tage ansetzen.

Schön ist die Zeit der Seerosenblüte Mitte Juni. Die Wakenitz ist mit allen Bootstypen befahrbar, ideal jedoch sind wegen des seenartigen Charakters und der Gegenwinde Faltboote und Zweier mit Steuerung. Pkw-Kontakt ist nur an wenigen Stellen möglich.

Befahrungsregelungen

Ratzeburger-See-Ostufer zwischen Rotenhusen und Römnitz NSG; Anlegen und Rasten nur an gekennzeichneten Stellen (4) erlaubt, sonst 50 m Abstand einhalten!

Zeltmöglichkeiten

Lübeck – Zeltmöglichkeit beim Kanusportverein, Kleinbootsverein, Camping Lübeck, Rotenhusen, Buchholz; Ratzeburg – Römnitz; Ratzeburg – KG, Jugendheim.

Sehenswertes

Lübeck: Altstadt – Holstentor mit mächtigen Rundtürmen und Kasematten, Salzspeicher, St.-Petri-Turm mit schönem Rundblick, gotisches Backsteinrathaus, Marienkirche, Buddenbrookshaus, Heilig-Geist-Hospital, Burgtor, Dom St. Johannes und St. Nikolaus, Hafenanlagen u. v. a.

Ratzeburg: Inselstadt, 800-jähriger romanischer Dom, Domkloster mit Kreuzgang und Klosterhof, Kreismuseum, Steintor, Braunschweiger Löwe, Heinrichstein, Kirche St. Georgsberg, Elternhaus und Ruhestätte des Bildhauers und Dichters Ernst Barlach.

Auto nachholen

Werktags gute Busverbindung Ratzeburg–Lübeck, sonntags wenige Verbindungen.

Karten, Kanu–Literatur

Generalkarte 1:200000, Blatt 2; amtl. Karten 1:50000 Blätter Lübeck und Ratzeburg; Kanuwandern in Schleswig-Holstein und Hamburg; Kanuwanderbuch für Nordwestdeutschland.

Welche Großstadt in Deutschland außer Hamburg kann schon einen solchen urwüchsigen und erfrischend fließenden Fluss sein Eigen nennen? Ob es der noch natürlich mäandernde, durch Feuchtwiesen und einen Grüngürtel von Auwäldern ziehende Oberlauf ist oder der in die Stadt behutsam integrierte und regulierte Unterlauf ab Fuhlsbüttel oder die riesige Wasserfläche der Außenalster und die vielen Kanäle, die wie ein Netz die Stadt durchziehen. Keine Stadt versteht sich so natürlich und selbstverständlich mit einem glitzernden Flussband und einem blauen See zu schmücken wie Hamburg.

⮌ 42 km

🕐 2–Tage–Fahrt

Die Hamburger sind stolz auf ihren Fluss. Viele von ihnen verbringen einen großen Teil ihrer Freizeit auf der Alster, und wenn man hier als Fremder den Fluss herunterpaddelt, ist man von den vielen Kanus, Kajaks und Ruderbooten sehr beeindruckt. Alles, was ein Paddel in der Hand halten kann, schippert samstags den Fluss hinauf, um hier am Wasser ein freies Wochenende zu verbringen. Zu ihnen gesellen sich Wanderer an den Uferwegen und Badende im Fluss. Trotzdem ist es nicht zu laut und nicht überall überlaufen; die Menschen verteilen sich, und so können wir eine erholsame und recht abwechslungsreiche Kanufahrt unternehmen.

Bei gutem Wasserstand setzen manche ihre Einer schon an der Straßenbrücke Henstedt-Wilstedt in die Alster ein. Das Wiesen- und Moorflüsschen ist hier jedoch keine 3 m breit, und außerdem nisten im Frühling Kiebitze, Schnepfen und Brachvögel in den umliegenden Feuchtwiesen. Da wir es vermeiden wollen, die letzten Refugien dieser gefährdeten Vogelarten zu stören, verzichten wir lieber auf diesen Flussabschnitt und beginnen unsere Kanuwanderung unter der Straßenbrücke der B 432 am Gasthof Naherfurt, bei dem wir auch gleich einen Parkplatz vorfinden.

Eine Treppe erleichtert das Einsetzen, und der Pegel zeigt fast das ganze Jahr einen guten Wasserstand an. Zuerst geht es gerade durch eine Pappelallee, doch bald schwingt die Alster von Schleife zu Schleife, und Teppiche von Teichrosen überwuchern die Wasserfläche.

△ *Kopfweiden säumen die Ufer vor der Mündung der Alten Alster.*

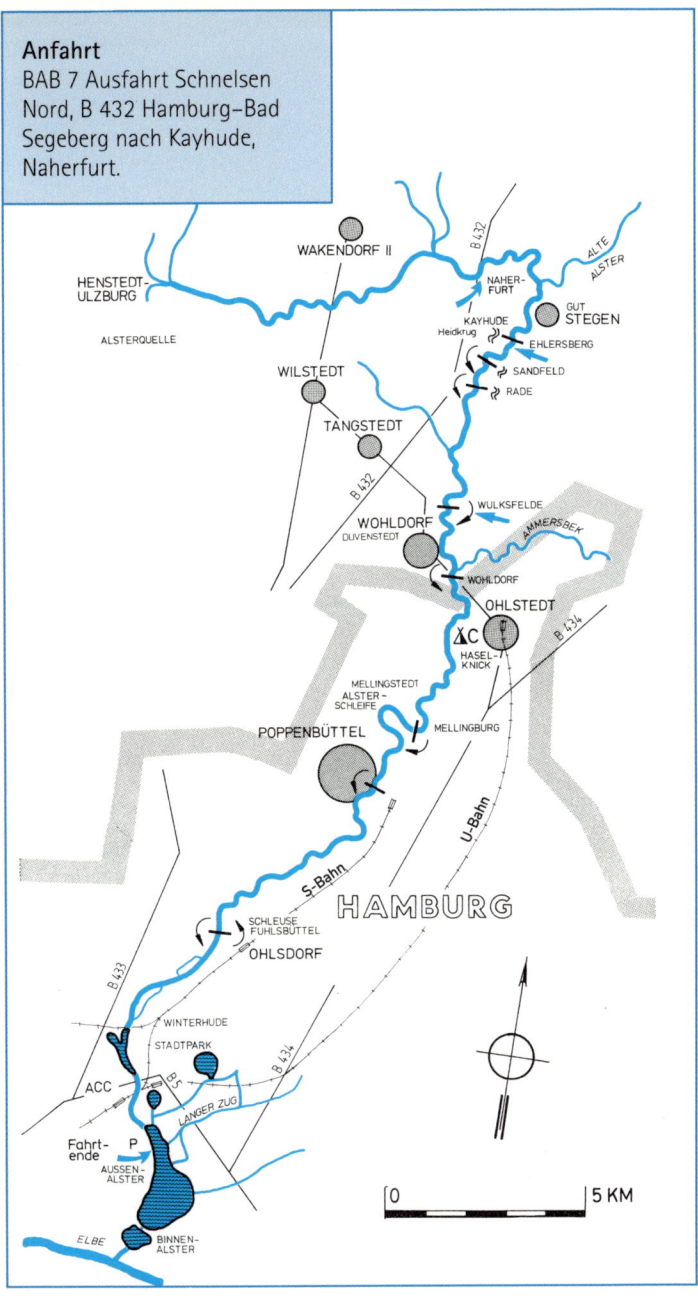

Anfahrt
BAB 7 Ausfahrt Schnelsen Nord, B 432 Hamburg–Bad Segeberg nach Kayhude, Naherfurt.

WAKENDORF II

HENSTEDT-ULZBURG

B 432

NAHER-FURT

ALTE ALSTER

ALSTERQUELLE

KAYHUDE
Heidkrug

GUT STEGEN

EHLERSBERG

WILSTEDT

SANDFELD

RADE

TANGSTEDT

B 432

WOHLDORF
DUVENSTEDT

WULKSFELDE

AMMERSBEK

WOHLDORF

OHLSTEDT

B 434

HASEL-KNICK

MELLINGSTEDT
ALSTER-SCHLEIFE

MELLINGBURG

POPPENBÜTTEL

U-Bahn

S-Bahn

HAMBURG

SCHLEUSE FUHLSBÜTTEL

OHLSDORF

B 433

WINTERHUDE

STADTPARK

B 434

ACC

LANGER ZUG

Fahrt-ende P

AUSSEN-ALSTER

ELBE

BINNEN-ALSTER

0   5 KM

Blühende Weißdornbüsche ziehen vorbei, und an den frisch gemähten Wiesen finden wir schöne Plätze zum Ausruhen.

Mächtige Weiden säumen die Flussufer, und vor uns tauchen die großen Gebäude des alten Guts Stegen auf. Oberhalb der Straßenbrücke mündet die Alte Alster, vor vielen Jahrhunderten als Alster-Trave-Kanal ausgebaut, doch bald danach versandet und heute unbefahrbar. Die Reste einer Burg aus dem 14. Jahrhundert bezeugen die strategische Bedeutung dieses Platzes.

Die nachfolgenden, weit ausholenden Mäander wurden mit grobem Steinwurf etwas verflacht, um die Erosionsschäden in Grenzen zu halten; ein Weidegeflecht wäre natürlicher gewesen. Das Wehr vor Heidkrug (nettes historisches Wirtshaus) ist meist offen und problemlos befahrbar. Ab hier ändert sich fast schlagartig der bisherige Wiesenflusscharakter – die Alster ist jetzt ein Wald- und Parkfluss, ein Fluss der tausend Spiegelungen. Jede Kehre überrascht mit neuen Bildern, bei Sonnenschein glitzern unendlich viele kleine Lichter auf der Wasserfläche, und wir tauchen in ein grünes, alles durchdringendes Zwielicht ein. Langsam lassen wir uns treiben, um diese Stimmung einzufangen.

Drei meist leicht befahrbare Wehre unterbrechen unsere Fahrt, gute Umtrageanlagen erleichtern das Weiterkommen. Nach dem ausgedehnten Rade-Wulksfelder Forst, in dem alte Eichen an steilen Uferhängen bis an die Alster reichen,

mündet links die Wohldorfer Au, danach folgt ein Wehr. Wir steuern unsere Boote rechts unter die Straßenbrücke, eine Rolltreppe mit Bootssteg ermöglicht es, auch beladene Faltboote oder die breiten, schweren Holzkanadier mühelos ins Unterwasser zu schieben.

Bevor wir unsere Fahrt fortsetzen, schauen wir uns noch den schönen Fachwerkbau des Schleusenmeisterhauses an, das seinen Ursprung im 16. Jh. hat. Die Schleusenanlage selbst ist 100 Jahre älter, wenn auch natürlich schon vielfach umgebaut.

Die Alster hat sich jetzt tief eingegraben, und alte Pfahlregulierungen befestigen die Ufer. Die ersten Villen der reichen Hamburger Bürger lugen hinter der Waldkulisse hervor, manche Gärten grenzen bis an den Fluss. Herrlich blühende, mächtige Rhododendronbüsche leuchten im Frühjahr wie rote, violette und gelbe Inseln im Grün der Buchen- und Eichenwälder. Bald legen wir am hübschen, etwas versteckten Campingplatz Haselknick, dem Ziel dieser Tagesetappe, an. Abends können wir durch die Gartenstraßen von Ohlstedt spazieren oder mit der Bahnlinie U 1 in die Stadt hinunterfahren.

Am nächsten Morgen paddeln wir durch das Naturschutzgebiet Rodenbeker Quelltental, das mit vielen Wasserläufen, Quellteichen und schönem Auwaldbestand sehr ursprünglich wirkt. Unter mehreren Brücken hindurch steuern wir zu einer Rechtsschleife; hier mündet der Mühlbach. Ein paar Meter weiter liegt das sehenswerte Mühlen-

Charakter, Tipps

Ruhig fließender, teilweise noch sehr urwüchsiger und abwechslungsreicher Wiesen-, Wald- und Parkfluss, in der Stadt seenartig (Außenalster) verbreitert. Auch für wenig Erfahrene zu empfehlen. Die vorhandenen Wehre sind teilweise befahrbar, ab Wohldorf unbefahrbar, jedoch mit Bootsschleppen, die ein müheloses Umtragen erlauben, ausgestattet. Ab Straßenbrücke B 432 Naherfurt bzw. Kayhude ganzjährig auch mit Faltbooten befahrbar.

Obwohl der Fluss durchs Stadtgebiet fließt, kann die Fahrt recht ruhig und romantisch sein. An Wochenenden herrscht natürlich im unteren Bereich reger Bootsverkehr, Pkw-Begleitung nicht möglich, nur an manchen Brücken Kontaktmöglichkeiten. Jedoch führt ein Wanderweg, der die alten Treidelwege nutzt, am Fluss entlang (gleichzeitig Fahrradweg – Zurückholen des Autos mittels Fahrrad!).

Befahrungsregelungen

Keine Gewässersperrung. Als freiwillige Selbstbeschränkung sollte die Alster nicht oberhalb der B 432 gepaddelt werden.

Zeltmöglichkeiten

An der Alster – Campingplatz Haselknick in Ohlstedt (Voranmeldung empfohlen unter Tel. 040-6050494).

Sehenswertes

An der Alster: Gasthof Heidkrug, Herrenhaus Wohldorf, Schleusen, Alte Mühle, Poppenbüttler Markt.

Hamburg: Rathaus, Börse, St.-Michaeli-Kirche, St.-Nikolai-Kirche, St.-Petri-Kirche, Deichstraße, Mönckebergstraße, Wallringpark, botanischer Garten, Hafenanlagen, St. Pauli, Landungsbrücken, Museum für Völkerkunde, Kunsthalle, Museum für Kunst und Gewerbe u.v.a.

Auto nachholen

Von HH-Ochsenzoll (U-Bahn) fährt Bus 1742 nach Naherfurt (am Wochenende selten). Von der Hamburger Innenstadt bis Poppenbüttel S-Bahn-Verkehr, bis Ohlstedt U-Bahn. An der gesamten Oberalster Radwege, sodass sich Kanu- und Radwandern ideal ergänzen lassen.

Karten, Kanu-Literatur

Generalkarte 1:200000, Blatt 2; ADAC Freizeitatlas Schleswig-Holstein 1:100000; amtl. Karte 1:50000 Blatt HH-Fuhlsbüttel; Kanuwandern in Schleswig-Holstein und Hamburg; Wassersport-Wanderatlas nördlich der unteren Elbe; Kanuwanderbuch für Nordwestdeutschland.

haus mit einer malerischen Gastwirtschaft. Die folgende Mellingburger Schleuse mit Anlegestellen, Rolltreppen und dem alten Schleusenmeisterhaus ist eine Sehenswürdigkeit für sich, ganz wie aus den Zeiten der Oberalsterschifffahrt. Der steile Umlaufberg der Großen Alsterschleife diente vor 1000 Jahren als Fluchtburg und war mit Erdwällen befestigt. Der Alsterwanderweg, auf ehemaligen Treidelwegen geführt, quert mit niedrigen Stegen den Fluss, helle Wiesen lockern den Wald auf. Wir paddeln immer weiter in einer gepflegten Parklandschaft. Vor dem Poppenbütteler Wehr erweitert sich die Alster seeartig, und viele Enten beleben die Ufer.

Wir tragen die Boote um, rechts hinauf, dann über die Straße und die Bootsschleppe ins Unterwasser. Ein einladender Biergarten lockt zum gemütlichen Umtrunk, der Lohn für eine lange Paddelstrecke. Nach der Erfrischung geht es weiter, an Spielwiesen, Gärten, Teichen, Sportplätzen vorüber zur Schleuse Fuhlsbüttel, die wir wieder rechts über eine Rollenrampe bewältigen. Ab hier ist die Alster kanalisiert, begradigt und für die »Weiße Flotte« der Ausflugsschiffe befahrbar.

Hamburg tritt jetzt ins Rampenlicht, schöne Anlagen schmücken die Alsterufer. In Eppendorf liegt rechts versteckt hinter einer Halbinsel der Mühlenteich, das Winterquartier der unzähligen Alsterschwäne. Es folgt das Gelände des Alster-Canoe-Clubs. Vorbei an der St.-Johannis-Kirche und dem landsitzähnlichen Kloster erreichen wir die Krugkoppelbrücke, die uns den Zugang zur fast 200 ha großen Außenalster öffnet. Wie ein übergroßes blaues Juwel, eingefasst mit Grünanlagen, liegt der See inmitten der Stadt. An Wochenenden tummeln sich hier Hunderte von Seglern, Surfern und Kanuten; es sieht aus, als ob ganz Hamburg auf dem Wasser wäre. In der schönen Parkanlage des Alstervorlandes beenden wir unsere Wanderung; am großen Parkplatz am Fährdamm können wir die Kanus aufladen.

◁ *Die Alster ist im Oberlauf ein urwüchsiger Wald- und Wiesenfluss.*

⌇ 60 km

🕐 3–4-Tage-Fahrt

Mit fast 90 km Länge und einem Einzugsgebiet von über 1700 km² ist die Stör mit ihren Zuflüssen einer der größten Flussläufe Schleswig-Holsteins. Gespeist von den riesigen Grundwasservorkommen der Geestlandschaft bei Neumünster, entwässert sie den hügeligen »Aukruger Naturpark« und fließt in südwestlicher Richtung bei Kellinghusen durch Wälder und Moorgebiete, wo sie die ebenfalls wasserreiche und heute regulierte Bramau aufnimmt, um weiter westlich, schon unter dem Gezeiteneinfluss, in mehreren schwungvollen Schleifen die alte Garnisons- und Festungsstadt Itzehoe zu erreichen.

Vor der historischen Klappbrücke in Heiligenstedten knickt die Stör in südliche Richtung und windet sich, seit vielen Jahrzehnten eingedeicht, durch die grünen Elbmarschwiesen, um nördlich von Glückstadt bei Wewelsfleth in die Unterelbe zu münden. Unsere Kanufahrt führt über drei gänzlich verschiedene Flüsse: die urwüchsige, abwechslungsreiche Osterau, die schon begradigte, doch noch gut strömende Bramau und endlich die noch weit pendelnden, langsamen Mäander der Stör. Mit Einern ist die Osterau zwar schon ab Heidmühlen-Rieshorn befahrbar, der Wildpark Eekholt bittet aber darum, die Tiere während der Brutzeit (1.4.–31.5.) und der Hirschbrunft (10.9.–15.10. – Ge-

fahr!) nicht zu stören. Wir setzen daher unterhalb des Wildparkgatters ein und ziehen es vor, den vielen dort lebenden Tierarten, weißen Hirschen, Rehen, Sikas, Ottern u.a. zu Fuß einen Besuch zu machen.

Beste Einsatzstelle ist an der Straßenbrücke zwischen Hof Weide und Baßweiler. Es erwartet uns eine schattige Waldstrecke mit überhängenden Ästen, kleinen Schnellen, engen Durchfahrten und ruhigen Abschnitten, wo sich Baumstämme und das grüne Kronendach im dunklen Wasser spiegeln. An kleinen Waldwiesen säumen gelbe Schwertlilien und blühende Holunderbüsche das liebliche Flüsschen.

Nach der einsamen Strecke signalisiert ein niedriger Steg mit leicht befahrbarem Schrägabfall die Nähe von Bimöhlen. Hier finden

△ *Bei Ebbe zeigen sich diese Uferbefestigungen an der Bramau bei Grönhude.*

Anfahrt
BAB 7 Hamburg–Kiel, Ausfahrt Bad Bramstedt, auf der B 206 bis Hasenmoor, von hier Richtung Bimöhlen und Hof Heide, dann links zur Brücke über die Osterau.

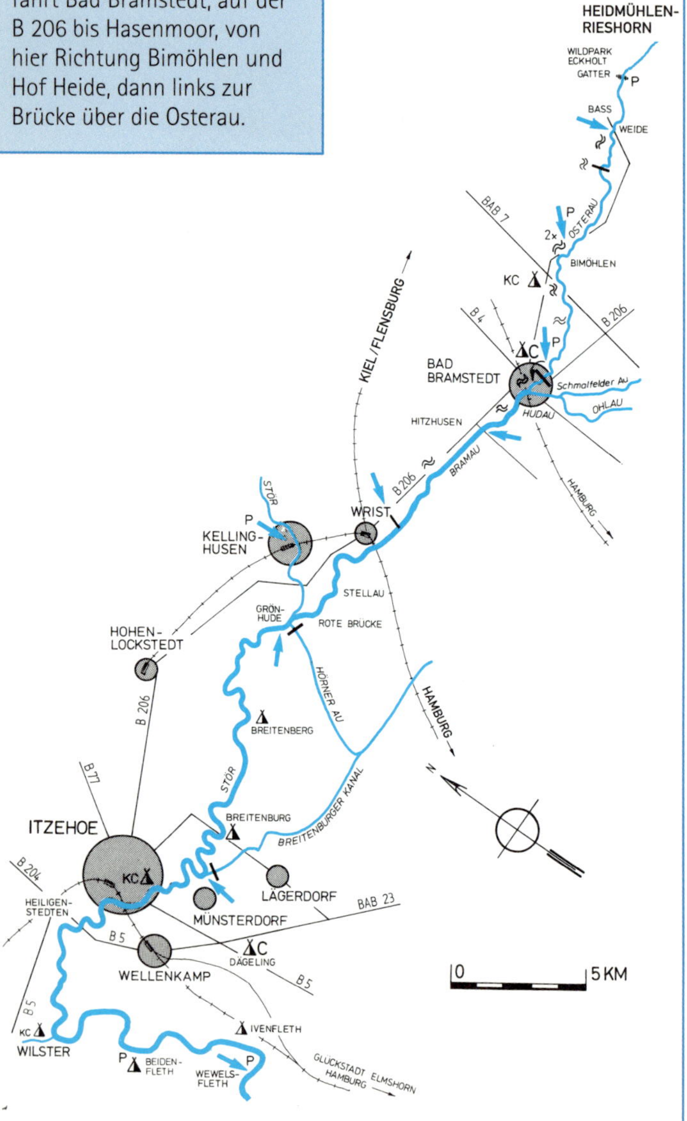

HEIDMÜHLEN-
RIESHORN

WILDPARK
ECKHOLT
GATTER
P

BASS
WEIDE

P
2×
BIMÖHLEN

KC

BAD
BRAMSTEDT
C
Schmalfelder Au

HITZHUSEN
HUDAU
OHLAU

B 206
BRAMAU
HAMBURG

KIEL / FLENSBURG

STÖR
WRIST

KELLING-
HUSEN
P

STELLAU

GRÖN-
HUDE
ROTE BRÜCKE

HOHEN-
LOCKSTEDT

HORNER AU
HAMBURG

B 206

BREITENBERG

N

STÖR

BREITENBURG

BREITENBURGER KANAL

B 77

ITZEHOE
KC

BREITENBURG

LAGERDORF
BAB 23

MÜNSTERDORF

B 204
HEILIGEN-
STEDTEN

B 5
C
DÄGELING

WELLENKAMP
B 5

B 5
KC
WILSTER

IVENFLETH

P BEIDEN-
FLETH
WEWELS-
FLETH
P

GLÜCKSTADT ELMSHORN
HAMBURG

0   5 KM

wir vor der Straßenbrücke eine schöne Anlegestelle, nur ein paar Schritte von einem netten Wirtshaus entfernt. Vor der tunnelartigen Durchfahrt unter der Autobahn hüpfen unsere Boote nochmals über eine niedrige Stufe. Die letzten Häuser verschwinden, und rechts nach der Autobahn winkt das kleine Vereinsheim der Bimöhler Kanuten mit einem Holzanlegesteg und einer Wiese, wo wir nach Anfrage auch zelten dürfen. Entlang der lauten Autobahn schlängelt sich die Osterau durch ein schönes Waldstück. Eine riesige umgefallene Buche versperrt fast das ganze Flussbett; mühsam mogeln wir uns rechts vorbei. Die Ufer werden wieder niedrig, und wir blicken auf blumenbedeckte Wiesen mit einzeln stehenden Weiden und Erlen. Von links mündet die aus dem Hasenmoor kommende Holmau. Nach der Eisenbahnbrücke sorgt ein spritziger Schwall für etwas Sportlichkeit, und am Bramstedter Mühlenwehr tragen wir ca. 40 m rechts um. Ein Spaziergang durch den ausgedehnten Kurpark sowie die Besichtigung des herrlichen Schnitzaltars in der Magdalenenkirche sind empfehlenswert.

Wieder in den Kanus sitzend, paddeln wir durch das Städtchen. Von links ergießt die durch den Kurpark fließende Hudau (Schmalfelder Au) ihr Wasser und bildet mit der Osterau die Bramau. Zwar reguliert, doch gut strömend wird sie uns 15 km weit zur Stör tragen. Zwei längere Schwalle und ein ehemaliges Wehr lassen die Boote noch einmal schaukeln, dann wird

es ruhiger. Bei etwas Glück können wir Graureiher auffliegen sehen, und an den Wiesenufern überraschen wir manche Bisamratte.

Nach der Wrister Eisenbahnbrücke lohnt es sich, links anzulegen und zu der alten Stellauer Feldsteinkirche hinüberzuwandern. Der freundliche Pfarrer informiert uns gern über dieses Gotteshaus aus dem 13. Jh.

Die bis jetzt noch leicht hügelige Landschaft bleibt nun zurück, und die weiten Feuchtwiesen des entwässerten Breitenburger Moores prägen das Flussbild. Bis zur Roten Brücke oberhalb Grönhude reicht der Gezeitenfluss, bei Niedrigwasser ragen entlang der Ufer die für die Stör und untere Bramau so typischen Holzverbauungen heraus. An der von rechts kommenden Stör können wir problemlos flussaufwärts paddeln, um auf eigenem Kiel Kellinghusen zu erreichen. Vor der Straßenbrücke mündet die Hörner Au. Einsam fließt nun die Stör, ihre früher so weit schwingenden Schleifen wurden vor fast 100 Jahren teilweise begradigt. Es lohnt sich, öfter aus den Booten zu steigen und von den Deichen einen Blick auf die flache Niederung mit ihren weit auseinander liegenden Höfen zu werfen. Dort, wo einmal eine Fähre die Verbindung zwischen dem weiß leuchtenden Schloss Breitenburg und der Stadt Itzehoe ermöglichte, spannt sich heute zwar eine moderne Betonbrücke, doch das alte Wirtshaus aus dem Jahre 1817 liegt noch immer einladend am Störufer und bietet neben hervorragender Küche auch einen netten Kanuzeltplatz.

Fast urwüchsig mäandert jetzt die Stör, nimmt bei Münsterdorf den Breitenburger Kanal auf (schöne Rundpaddeltour durchs Breitenburger Moor über die Hörner Au nach Grönhude) und durchfließt die alte Handels- und Garnisonsstadt Itzehoe. Rechts vor der Stadt können wir als Mitglieder des DKV am Gelände des Kanuclubs die Gastfreundschaft genießen und unsere Zelte aufbauen (Pkw-Zufahrt durch den Park am Landgericht). Nach der längsten Spannbetonbrücke Norddeutschlands, auf der die B 5 den Fluss überquert, bewundern wir als nostalgisches technisches Bauwerk die Klappbrücke in Heiligenstedten, wo sich auch die älteste erhaltene Kirche Holsteins befindet.

Die Stör biegt nun nach Süden ab, mehrere Windmühlen säumen als Überbleibsel der technischen Kinderzeit den Fluss, auf dem heute überwiegend Freizeitkapitäne entlangschippern. Hinter der kleinen Ortschaft Beidenfleth, deren berühmte Walfänger ihre Reviere bis hinauf zur Grönlandküste hatten, folgt bald unser Ziel, das liebliche Wewelsfleth, wo wir beim Yachthafen unsere Wanderung beenden.

Gelbe Wasserschwertlilien begleiten den Oberlauf der Osterau.

Charakter, Tipps

Die Gewässer, die wir durchpaddeln, haben verschiedene Merkmale. Als recht ursprüngliches und abwechslungsreiches Wald- und Wiesenflüsschen mit vielen Mäandern und flotter Strömung zeigt sich die Osterau.

Die Bramau fließt teilweise mit noch guter Strömung und ein paar Schwallchen zwischen regulierten Ufern durch weite Wiesen und ehemalige Moore. Ab Bad Bramstedt oft Gegenwind. Die letzten Kilometer auf der Stör ab Wrist werden durch die Gezeiten beeinflusst, hier nur wenig Strömung. Pkw-Kontakt bis Itzehoe nur an Brücken möglich, nachher Pkw-Begleitung problemlos.

Befahrungsregelungen

Einsetzen an der Mühle in Heidmühlen nicht möglich, erst 1,5 km unterhalb an der Straßenbrücke beim Hof Rieshorn kann die Fahrt beginnen, allerdings mit den genannten Einschränkungen wegen des 8 km flussabwärts gelegenen Wildparks. Zusätzlich beachten: Bei zu hohem oder zu niedrigem Wasserstand (Pegel im roten Bereich) wird die Wildgatterdurchfahrt unmöglich. Wegen der täglichen Wildfütterungen sollte der Park möglichst vor 13 Uhr passiert sein. Sonst keine Einschränkungen.

Zeltmöglichkeiten

Bimöhlen (nach Anfrage am Kanuheim), Breitenburg (Gasthaus Fähre), Itzehoe (KC), keine Campingplätze in Flussnähe.

Sehenswertes

Bad Bramstedt: Wildpark Eekholt beim Hof Weide, Maria-Magdalenen-Kirche mit reich geschnitztem Flügelaltar (14. Jh.), Torhaus – Museum, Roland, Solequelle, Kurpark.

Kellinghusen: Fayencenfabrik, Heimatmuseum, mächtige Wehrkirche, Stellauer Feldsteinkirche (13. Jh.) mit schöner Kreuzgruppe und Messingkronleuchter.

Itzehoe: Barocke St.-Laurentius-Kirche (prachtvolle Ausstattung, Sarkophage) mit Klosterhof und Fachwerkhäusern, Rathaus, Ständesaal, St.-Jürgen-Kapelle (Sandburg), Palais Prinzesshof – Heimatmuseum, Germanengrab (12. Jh. v. Chr.); südlich der Stadt Schloss Breitenburg; Heiligenstedten – Schloss, Klappbrücke, älteste Kirche in Holstein.

Auto nachholen

Zwischen Itzehoe und Bad Bramstedt etwa alle 2 Stunden Bahnverbindung. An Einsatz- u. Endpunkt keine akzeptablen öffentlichen Verkehrsmittel.

Karten, Kanu-Literatur

Generalkarte 1:200000, Blatt 2; amtliche Karten 1:100000 Blatt Elmshorn und 1:50000 Blatt Bad Segeberg, Tidenkalender Deutsche Bucht; Kanuwanderbuch für Nordwestdeutschland.

58 km

2–3–Tage-Fahrt

Die Oste, ein 135 km langer Nebenfluss der Elbe, entspringt
nicht weit von Tostedt in der Lüneburger Heide und durcheilt in ihrem Oberlauf die einsamen Heide-
und Moorlandschaften der Stader
Geest, um dann im Gezeitenbereich
nördlich von Bremervörde als ein-
gedeichter Marschfluss bei Neuhaus linksufrig in die Unterelbe zu
münden. Ein mächtiges Sperrwerk,
das kurz vor der Ostemündung errichtet wurde, schützt viele tausend
Hektar eingedeichtes Land vor den
Sturmfluten der Nordsee.
Bei unserer Kanuwanderung befahren wir den landschaftlich und
auch wassertechnisch reizvolleren
Oberlauf. Außerhalb der Sperrzeit
vom 1. 3.–15. 7. finden wir – aber
nur bei guter Wasserführung –
eine geeignete Einsatzstelle in der
Nähe des Waldheim-Spielplatzes in
Königshof (großer Parkplatz), keine
2 km westlich von Sittensen, wo die
Ramme unter einem kleinen Stu-
fenwehr in die Oste mündet.
Zwischen hohen, mit Kiefern und
Eichen bewachsenen Sandufern
paddeln wir im schmalen, kaum
5 m breiten Flussbett mit rot-brau-
nem Moorwasser an verstreuten,
abgerundeten Findlingen vorbei
und erreichen bald einen Fußgängersteg. Wir steuern vorsichtig
heran und achten auf die aus dem
Wasser ragenden Eisenpfähle. Vor
der Autobahnbrücke wendet sich
die Oste nach Nordwesten; vorher
unterqueren wir noch mehrere,
teils mit Treibgut verstopfte Wegebrücken.
Zwischen Wald, Wiesen, Kiesinseln
und Sandufern pendelt der Fluss in
rhythmischen Kurven zur Straßenbrücke bei Kuhmühlen. Wir können
hier die Fahrt unterbrechen und
zur alten, im tief eingeschnittenen
Tal versteckten Klostermühle (mit
Gaststätte) hinaufwandern. Eine
schöne Waldstrecke, auf der uns
öfter die weißbrustige Wasseram-
sel und gelbe Schafstelzen begegnen, führt uns hinter Weertzen unter die hohe Eisenbahnbrücke.
Rechts mündet der Knüllbach, es
folgen Wegebrücken, und bald lugt
der spitze Kirchturm einer der ältesten norddeutschen Findlingskir-
chen, der romanischen Kirche von
Heeslingen, durch die Bäume. Hier
verbreitert sich das Flussbett und
wird entsprechend flach. Es kann
vorkommen, dass wir im Hochsom-

△ *Steil stürzen die hohen
Geestrücken ins Wasser.*

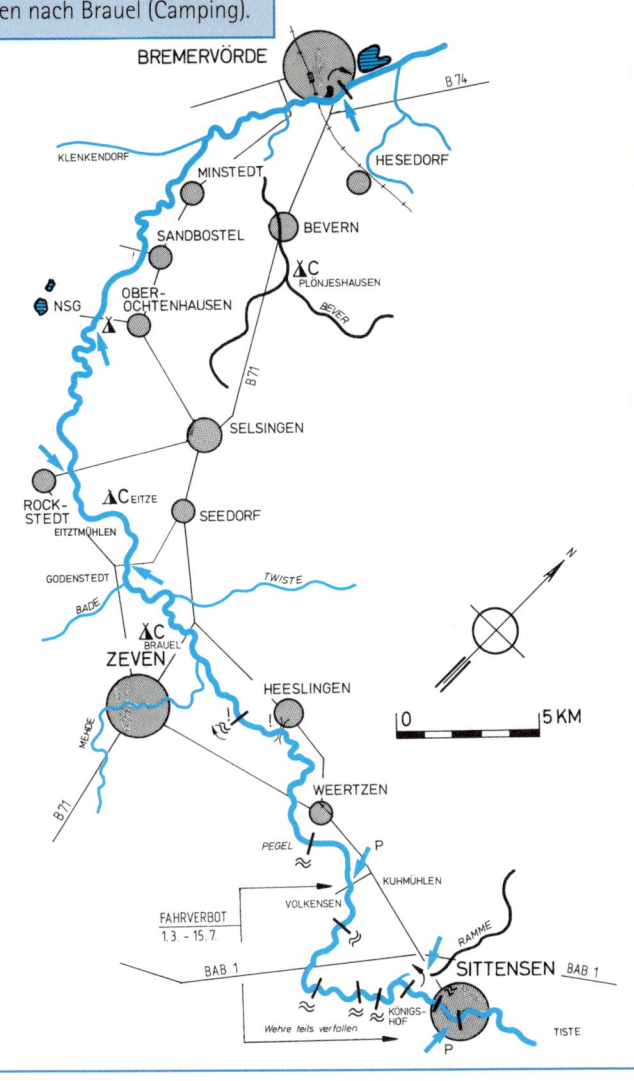

Anfahrt
BAB 1 Bremen–Hamburg,
Ausfahrt Sittensen, bei der
Stadtkirche Richtung Zeven
zum Königshof bzw. BAB 1
Ausfahrt Bockel, B 71 über
Zeven nach Brauel (Camping).

BREMERVÖRDE

B 74

KLENKENDORF

HESEDORF

MINSTEDT

SANDBOSTEL

BEVERN

PLÖNJESHAUSEN

NSG

OBER-
OCHTENHAUSEN

BEVER

B 71

SELSINGEN

ROCK-
STEDT

EITZE

SEEDORF

EITZTMÜHLEN

GODENSTEDT

TWISTE

BADE

BRAUEL

ZEVEN

HEESLINGEN

N

0   5 KM

MEHDE

B 71

WEERTZEN

PEGEL

P

KUHMÜHLEN

RAMME

FAHRVERBOT
1.3. – 15.7.

VOLKENSEN

BAB 1

SITTENSEN   BAB 1

Wehre teils verfallen

KÖNIGS-
HOF

TISTE

P

Zögernd löst sich an der Oste der Frühnebel auf.

mer die Zweier-Boote ein paar Meter weit über den sandigen Grund treideln müssen. Nach dem Freibad des alten Heidedorfs läuft die Oste im fast geraden Bett durch Wiesen und an Sandhügeln wieder flotter vorüber. Kurz nach der Straßenbrücke der B 71 liegt links der kanufreundliche Campingplatz »Ostetal«, an dessen westlichem Ende Zeltmöglichkeit für Paddler besteht. Wir sollten uns noch Zeit für eine Wanderung nach Zeven nehmen, um die romanische Wallfahrtskirche mit ihrem runden Findlingsturm zu besichtigen.

Weiter paddeln wir zuerst durch den Zevener Forst, nehmen von links die Bade auf, fahren an Wiesen mit malerischen Baumgruppen vorbei und erreichen nach der Godenstedter Brücke das verträumte Eitzmühlen. In der restaurierten Mühle am Wochenende »Landfrauen-Café«. Alte Bauernhöfe mit grün

gestrichenen Bogentoren stehen unter mächtigen Bäumen. Das rote Pegelhäuschen bei Rockstedt leitet eine völlig einsame, landschaftlich besonders schöne Flussstrecke entlang des Huvenhoopsmoors ein. Links vor der Brücke bei Ober-Ochtenhausen können wir auf der Übungswiese der Feuerwehr für eine Nacht unser Zelt aufschlagen. Es lohnt sich, spätnachmittags in westlicher Richtung zu den schwarzen Moorseen (NSG) zu wandern. Ein Sonnenuntergang über dem See ist sehr eindrucksvoll.

Zögernd löst sich am nächsten Morgen der Nebel über dem Fluss auf, wir nehmen noch ein erfrischendes Bad, bevor uns die Oste durch Moorwiesen, an flachen Hügeln, Kiefern und Birkengruppen vorbei, bis nach Sandbostel trägt. Die breiten Höfe mit ihren weisen Sprüchen über den Hauseingängen sind gepflegt.

Die Oste wird zum reinen Wiesenfluss, pendelt mit drei, vier ausholenden Schleifen zwischen Ost und West und nimmt mehrere Entwässerungsgräben auf. Nach Minstedt steuern wir in einen linksufrigen hinein und fahren im schmalen, halb verwachsenen Gewässer nach Klenkendorf, einem der typischen Reihendörfer dieser Gegend. Vielleicht ist der Graben noch weiter paddelbar; eigentlich führt er in den Oste-Hamme-Kanal zur Wümme. Doch wir kehren um und erreichen bald die ausgedehnten Parkanlagen vor Bremervörde, deren Teiche voller Seerosen mit der langsam fließenden Oste eine Einheit bilden.

Nach der Eisenbahn- und einer Holzbrücke finden wir gleich rechts eine gute Aussetzstelle, um unsere Wanderfahrt zu beenden.

Charakter, Tipps

Ab Weertzen bis Bremervörde auf 39 km mit allen Bootstypen ganzjährig leicht befahrbares Zahmwasser. Im Oberlauf von Sittensen mehrere kleine, halb zerfallene Wehre, die mit Kunststoffbooten unproblematisch zu befahren sind. Mit Faltbooten Vorsicht auf etwaige Eisenpfähle an diesen Wehren sowie auch unter mancher Brücke. Während der Sperrzeit erst an der Brücke zwischen Kuhmühlen und Volkensen oder besser in Weertzen einsetzen. Das Wasser der Oste ist rot-braun, nur mäßig belastet. Eine Befahrung ist landschaftlich sehr lohnend, der Fluss ist auf weite Strecken völlig einsam und unreguliert. Pkw-Kontakt nur an wenigen Brücken möglich.

Befahrungsregelungen

Der Oberlauf bis Volkensen ist vom 1.3.–15.7. gesperrt.

Zeltmöglichkeiten

Camping Brauel »Ostetal«, Zeltplatz der Kanuabteilung TSV Bremervörde, nach Anfrage auf gemähten Wiesen.

Sehenswertes

Heeslingen: Feldsteinkirche (10. Jh.), eine der ältesten im Lande. *Zeven:* Romanische Findlingskirche mit Rundturm (12. Jh.). *Sandbostel:* Schöne Höfe, NSG Huvenhoopsmoor mit Seen. *Bremervörde:* Herrliche Parkanlagen, Stadtsee, St.-Liborius-Kirche, Kreismuseum.

Auto nachholen

Keine akzeptablen öffentlichen Verkehrsmittel.

Karten, Kanu-Literatur

Generalkarte 1:200000, Blatt 5; amtl. Karten 1:100000, Blätter Hamburg-Harburg und Bremervörde; Kanuwanderbuch für Nordwestdeutschland und Hamburg und Wassersport-Wanderatlas südlich der unteren Elbe .

⌇ 41 km

🕐 2-Tage-Fahrt

Von ihrer Quelle im Bispinger Forst windet sich die Luhe quirlig zuerst in östlicher Richtung durch die reizvollsten Gebiete der nördlichen Lüneburger Heide. Nur wenige kleine Dörfer berühren ihren einsamen Lauf zwischen ausgedehnten Birken- und Erlenhainen der dünn besiedelten Landschaft. Doch es war nicht immer so einsam an den Luheufern – ausgedehnte Stein- und Hügelgrabfelder begleiten heute als stumme Zeugen einer längst verschwundenen Kultur den Oberlauf zwischen Soderstorf und Putensen. Nach einem Nordknick mäandert das Flüsschen malerisch durch den herrlich angelegten Lobkepark, um danach beim Gut Schnede mit einem Teil seines Wassers eine große Forellenzuchtanlage zu speisen. Als einziger größerer Ort bezieht die alte Herzogstadt Winsen das grüne Luheband in ihre Kulisse ein, um es weiter nördlich der regulierten Ilmenau zu überlassen.

Früher hat man die Kanus schon am Wehr der Hützel-Mühle eingesetzt, jedoch aus Naturschutzgründen lassen wir erst an der Straßenbrücke in Schwindebeck unsere Boote in das Flüsschen. Hier ist auch immer genug Wasser unter dem Kiel. An schönen Waldgruppen vorbei fahren wir durch manch schattigen Erlenwaldabschnitt. Riesige Farnblätter reichen bis ins Wasser, niedrige Ufer wechseln mit hohen Sandhügeln, an denen mächtige Eichen, Birken und Föhren wurzeln. Sandige Ufer locken uns zum Verweilen.

Es folgt eine anspruchsvolle, kurvenreiche Strecke mit sehr schneller Strömung und als Kontrast ein elend langes, begradigtes Stück bis zur Mühle in Soderstorf. Wir landen 50 m vor der Mühle rechts (Schild), tragen etwas mühsam auf schmalem Weg um einen Teich herum zur Straßenbrücke – etwa 300 m. Dahinter wird linksufrig wieder eingesetzt, und schon verschwinden wir im hohen Erlenwald. Der Fluss bleibt auch weiterhin sehr sportlich, aber nicht zu schwierig; auch wenig erfahrene Kanufahrer haben hier gute Chancen. Befahrbare Wehre wechseln mit kurzen Umtragestellen, und eine etwas tückische Querströmung vor der alten steinernen Bogenbrücke von Wohlenbüttel zwingt

△ *An der Wohlenbütteler Mühle bleibt Zeit für ein Schwätzchen.*

Anfahrt
BAB 7 Ausfahrt Bispingen,
oder Ausfahrt Evendorf nach
Hützel und Steinbeck, oder
BAB 7 Ausfahrt Garlsdorf
nach Salzhausen und
Luhmühlen.

ELBE

C
LASSRÖNNE

ILMENAU – KANAL

KC
STÖCKTE

B 4

WINSEN / LUHE

BAB 250

ROYDORF

X
! X
! X

LUHDORF

!!

PATTENSEN

P

BAHLBURG

WULFSEN

BAB 7

GARSTÄDT

≈

R

VIERHÖFEN

GUT
SCHNEDE

≈ !
rechts fahren !

LÖBKE
PARK

SALZHAUSEN

LUHMÜHLEN

WETZEN

PUTENSEN

≈

≈ !

N

OLDENDORF

RAVEN

OLDENDORFER
TOTENSTATT

WOHLENBÜTTEL

SODERS-
TORF

X

AMELING-
HAUSEN

LOPAU-
SEE

300m

C

0   5 KM

SCHWINDEBECK

2x

≈
≈

THANSEN

B 209

GREVEN-
HOF

STEINBECK

Empfohlene
EINSATZSTELLE

IMMENHOF
HÜTZEL

C

siehe Infoteil

Befahrensregelung

53

Charakter, Tipps

Flottes Heideflüsschen mit sportlicher Note, im Oberlauf in vielen Windungen urwüchsig durch dichte Buchen-, Erlen- und Birkenhaine fließend. Im Unterlauf bekommt die Luhe Merkmale eines lieblichen und einsamen Wiesenbachs.

Wegen mehrerer steiniger Flachstellen sind Kunststoffboote dem Faltboot vorzuziehen. Wehre teilweise verfallen, dann gut befahrbar, sonst Umtragestellen (Soderstorf und Oldendorf jeweils ca. 300 m). Wasser sehr sauber. Auf Forellenteichanlagen achten, diese nicht betreten! Pkw-Kontakt nur an Brücken möglich. An Zeltplätzen keine Wohnwagen abstellen! In Winsen-Roydorf Kanu-Slalomstrecke.

Befahrungsregelungen

Oberhalb von Schwindebeck sind nur Einer-Kajaks (keine Kanadier) erlaubt, und zwar nur vom 30. 6. –15. 10. Unterhalb von Schwindebeck dürfen nur Einer- und Zweier-Kajaks (ganzjährig) fahren. Es darf nur an den Straßenbrücken ein- und ausgesetzt werden. Ab der Straßenbrücke Raven–Wetzen keine Beschränkungen mehr.

Zeltmöglichkeiten

Camping Hützel (nur für Dauercamper), sonst Zeltplätze Oldendorf und Luhmühlen, Camping Winsen-Lassrönne.

Sehenswertes

Bispingen: Wehrkirche (14. Jh.), aus Feldsteinen erbaut.
Soderstorf: Alte Mühle.
Amelinghausen: Im August Wahl der Heidekönigin; Oldendorf-Totenstatt (Stein- und Hügelgräber), Zinnfigurensammlung.
Salzhausen: Johanniskirche mit Rundturm (11. Jh.); Luhmühlen-Pferdezucht, Military- u. Reitturniere.
Winsen/Luhe: Alte Herzogstadt mit Wasserschloss (13. Jh.), Marstall, zweischiffige Marienkirche, Heimatmuseum im Stift St. Georg, Blaufärberhaus.

Auto nachholen

Keine akzeptablen öffentlichen Verkehrsmittel.

Karten, Kanu-Literatur

Generalkarte 1:200000, Blatt 5; amtliche Karte 1:50000, Blätter Amelinghausen und Winsen (Luhe); Kanuwanderbuch für Nordwestdeutschland.

uns zum vorsichtigen Manövrieren. Es folgt Schwallchen auf Schwallchen, manchmal ganz schön spritzig; dies ist sicher eines der sportlichsten und lieblichsten Gewässer Norddeutschlands.

Von der Oldendorfer Mühle ist es nicht weit zur sagenumwobenen altgermanischen »Totenstatt von Oldendorf«. Die großen Hügel- und Steingräber stimmen uns nachdenklich. Zurück an der Mühle kar-

ren wir die Boote mit dem Bootswagen linksufrig auf der Straße
300 m weit bis zur nächsten
Straßenbrücke, um dort wieder
einzusetzen. Nach mehreren Rut-
schern über befahrbare Stufen und
verfallene Wehre landen wir am
Wehr in Luhmühlen. Eine kleine
Wiese nach der Straßenbrücke
rechts bietet sich als Zeltmöglichkeit an. Abends wandern wir dann
noch zu den Pferdekoppeln, denn
in Luhmühlen werden Pferdezucht
und -sport groß geschrieben.
Am nächsten Morgen fahren wir
das stark mäandernde Flüsschen
hinunter und steuern in den linken
Luhearm durch den schönen Lobkepark. Unter dem nächsten Wehr
geht es wieder zurück nach rechts,
sonst würden wir in den großen
Forellenteichen landen. Teilweise
dichter Erlenbewuchs umsäumt die
Ufer, Wiesen wechseln mit kleinen
Hainen, viele Brücken überqueren
die noch immer sehr liebliche Luhe.
Vor dem Luhdorfer Wehr legen wir
rechts an; der starke Sog kann ge-
fährlich werden! Nach der Eisen-
bahn- und der Straßenbrücke folgen drei teils unbefahrbare Stufen,
hier müssen wir nochmals aus den
Booten, bevor wir in Winsen oder
am Sportvereinsgelände Stöckte
unsere Kanufahrt beenden.

*An schönen Baumgruppen und Erlenwäldern vorbei fahren wir auf
der Luhe.*

🜂 59 km

🕐 2-Tage-Fahrt

Geografisch und hydrologisch betrachtet ist die Ilmenau mit ihrem fast 3000 km² umfassenden Einzugsgebiet der größte Heidefluss. Er wurde schon vor Jahrhunderten schiffbar gemacht, um den Lüneburgern als viel genutzte Wasserstraße zu dienen. Genau betrachtet hat die Ilmenau keine eigene Quelle; erst am Zusammenfluss zweier Heidebäche – der Stederau und Gerdau – bei Uelzen bekommt das neu entstandene Flüsschen den Namen Ilmenau.

Man nennt sie auch Ulmenfluss, vielleicht wegen der zahlreichen Ulmenhaine, die in alten Zeiten den viel gewundenen Wasserlauf begleiteten und später unter den Salzsiedepfannen der Lüneburger Saline verheizt wurden. Das flache, von niedrigen Waldhügeln umrahmte Ilmenautal hat durch intensive landwirtschaftliche Nutzung schon lange seinen ausgeprägten Heidecharakter verloren. Durch eine liebliche Wiesen-, Feld- und Parklandschaft schlängelt sich heute der noch wenig regulierte Oberlauf von Uelzen über Bad Bevensen, Bienenbüttel nordwärts nach Lüneburg.

Zweimal unterquert er dabei den in den Sebzigerjahren fertig gestellten, manchmal hoch über die Talsohle führenden Elbe-Seitenkanal, den »Heide-Suez«, wie ihn die Anwohner scherzhaft nennen. Ein paar Kilometer flussabwärts von Lüneburg berührt die Ilmenau den

mächtigen Bardowicker Dom. Bei Wittorf übernimmt der Ilmenau-Kanal das ganze Wasser und nähert sich, zwischen Weiden und Wiesen fließend, in westlicher Richtung der Elbe. Nördlich von Winsen wird noch ein Juwel unter den Heideflüssen, die flotte Luhe, aufgenommen. Kurz danach in Hoopte, wo ein Hochwasser-Sperrwerk den Unterlauf vor bedrohenden Sturmfluten schützt, mündet die Ilmenau nach fast 88 km Flusslänge in die Elbe.

In der Stadt der »Eulenkäufer«, in Uelzen, beginnt unsere Kanuwanderung. Nach der Stadtbesichtigung lassen wir die Autos am großen Parkplatz neben der alten Ilmenaubrücke stehen; von hier sind es knapp 100 m über die Straße zur Einsatzstelle, wo ein kleines »Hafenbecken« unsere Boote aufnimmt.

△ *Die regulierte Ilmenau*
bei Jastorf.

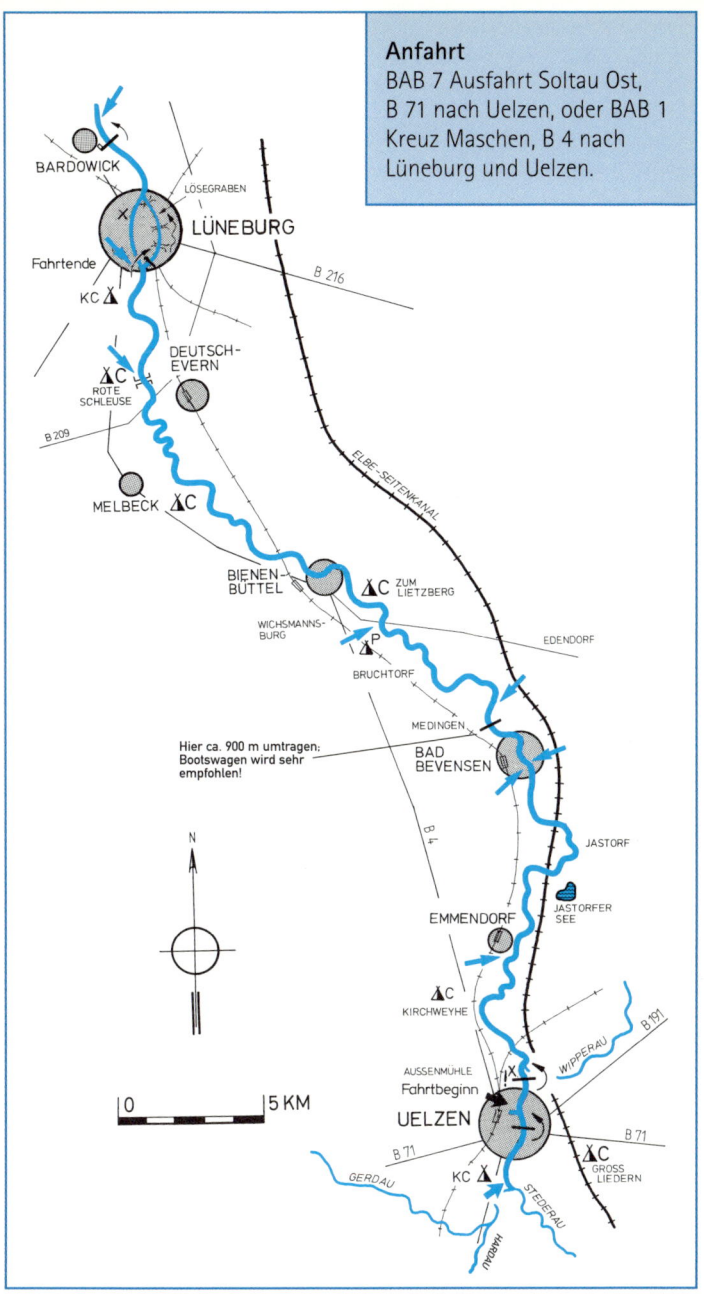

Anfahrt
BAB 7 Ausfahrt Soltau Ost,
B 71 nach Uelzen, oder BAB 1
Kreuz Maschen, B 4 nach
Lüneburg und Uelzen.

BARDOWICK

LÖSEGRABEN

LÜNEBURG

Fahrtende

B 216

KC

DEUTSCH-
EVERN

C
ROTE
SCHLEUSE

B 209

MELBECK C

BIENEN-
BÜTTEL

C ZUM
LIETZBERG

ELBE-SEITENKANAL

WICHSMANNS-
BURG

P

EDENDORF

BRUCHTORF

Hier ca. 900 m umtragen;
Bootswagen wird sehr
empfohlen!

MEDINGEN

BAD
BEVENSEN

B 4

JASTORF

N

EMMENDORF

JASTORFER
SEE

C
KIRCHWEYHE

WIPPERAU

B 191

AUSSENMÜHLE
Fahrtbeginn

0   5 KM

UELZEN

B 71

C
GROSS
LIEDERN

GERDAU

B 71

KC

STEDERAU

HARDAU

Nach den ersten Paddelschlägen, die uns an der Stadt entlangführen, trauen wir unseren Augen nicht: Links voraus sehen wir ein Storchennest!? Leider ist es nur ein weißer Blechstorch, der den lebendigen Adebar ersetzt. Wahrscheinlich sind die Feuchtwiesen in der Umgebung bereits entwässert und bieten keine Nahrungsgrundlage mehr. In der Kleingärtneranlage am Fluss entlang machen wir noch mehrere Windmühlenmodelle aus. Ein paar hundert Meter nach der modernen Straßenbrücke sperrt ein unbefahrbares Steilwehr die Ilmenau. Rechts winkt eine gut angelegte Rampe; wir legen an, tragen 50 m um, und schon sitzen wir wieder in den Booten. In weit ausholenden Schleifen, leicht im Terrain eingeschnitten, zieht uns die Strömung zwischen Holunderbüschen, Pappeln und Weiden unter der neuen Eisenbahnbrücke hindurch und an den vielen Hügelgräbern bei Kirchweye vorbei.

Die nun flachen Flussufer ermöglichen einen schönen Ausblick auf die verstreuten, niedrigen Bauernhöfe, alte Holzbrücken überspannen das Flüsschen; eine angenehme ländliche Stimmung begleitet uns. Gemütlich paddeln wir durch die liebliche Landschaft. Nach einer Rechtsschleife nähern wir uns der ersten hohen Brücke des neuen Elbe-Seitenkanals, der seit 1976 die Elbe mit dem Mittellandkanal verbindet. Wenn wir Glück haben, surrt im Kanaltrog der Brücke gerade ein Schiff; wir legen an und steigen die steilen Treppen hinauf. Es ist schon seltsam, wie hoch diese mächtige künstliche Wasserstraße über der ursprünglichen Talsohle fließt, fast schnurgerade in der Nord-Süd-Achse. – Noch ein kurzer Blick auf Jastorf; unweit von hier unterquert die Ilmenau nochmals den »Heide-Suez«. Ab der zweiten Brücke ist der Kanal nicht mehr in Sicht.

Durch eine parkähnliche Landschaft paddelnd, nähern wir uns in regelmäßigen Flussschlingen Bad Bevensen. Von den blumengeschmückten Brücken aus beobachten uns Kurgäste. An der Fußgängerbrücke am Ortsausgang muss das folgende Wehr der Mühle rechts ca. 900 m weit umtragen werden (Bootswagen!). Die Besichtigung der reich ausgestatteten klassizistischen Klosteranlage sollten wir uns nicht entgehen lassen. Pferdenarren kommen im anschließenden Klostergestüt auf ihre Kosten.

Nach Medingen folgt bei guter Strömung über mehrere Kilometer eine schöne, abwechslungsreiche Waldstrecke. Birken, mächtige Eichen und Buchen begleiten den Flusslauf, Sandbänke laden bei heißen Sommertemperaturen zum Faulenzen ein. Ein stetiger Wechsel von Wald und Wiesen bestimmt die weitere Szenerie. Große Findlinge knapp unter dem Wasserspiegel erfordern unsere Aufmerksamkeit; im glitzernden Gegenlicht der Nachmittagssonne sind sie leicht zu übersehen. Mehrere Terrassenhäuser auf niedrigem Moränenhügel und die Campingzelte signalisieren Wichmannsburg, wo es eine Feldsteinkirche mit einem Schnitzaltar aus dem 16. Jh. zu bewundern

Charakter, Tipps

Zügig fließendes Wanderflüsschen, das ein liebliches, von niedrigen Moränenhügeln gesäumtes
Flachtal durchquert. Ganzjährig
von Uelzen mit allen Bootstypen
problemlos befahrbar. Durch ihre
parkähnliche Auenlandschaft, das
saubere Wasser und die vielen
Sehenswürdigkeiten bietet die
Ilmenau eine genussvolle Wanderfahrt.

Etwas erfahrene Kanufahrer können bis in den Vorsommer auf einem der Quellbäche, der Stederau, schon ab Bodenteich ganze
22 km bis Uelzen an einem Tag als
schöne Fahrt hinunterpaddeln
(hier jedoch fünf teilweise nicht
befahrbare Wehre!).

Der Quellfluss Gerdau ist ab dem
gleichnamigen Dorf auf 14 km,
die Hardau ab Suderburg (10 km)
befahrbar, während die Wipperau
(ca. 15 km) wegen vieler Wehre
eher beschwerlich ist.

Zeltmöglichkeiten

Stederau – Bodenteich; Ilmenau
– Uelzen-Großliedern, KC Uelzen
für DKV-Mitglieder, Camping
Westerweyhe, Wichmannsburg,
Campingplatz Melbeck, Rote
Schleuse, Kanuclub Lüneburg.

Sehenswertes

Uelzen: Gepflegte Altstadt, back-
steinerne Marienkirche (13. Jh.),
gotische St.-Gertruden-Kapelle,
Heiliggeistkapelle mit Flügelaltar
und schönen Glasmalereien, im
Stadtteil Oldenstaddt ehemaliges
Benediktineerkloster (12. Jh.).
Jastorf: Elbe-Seitenkanal – loh-
nender Aufstieg an der Brücke,
NSG Jastorfer See.
Bad Bevensen: Thermalquellen,
Kurzentrum, Kloster Medingen
(Damenstift), Gestüt Klosterhof,
gotisches Brauhaus (13. Jh.), Hü-
gelgräber.
Bienenbüttel: Kirche mit Altar von
1520 (Wichmannsburg).
Lüneburg: Alte Salzstadt und
Hansestadt, herrliche Straßenzü-
ge mit reichgeschmückten Gie-
belhäusern, Rathaus, ehemaliges
Schloss, Ratsbücherei, ehemalige
Ritterakademie, (Landratsamt),
Naturdenkmal Kalkberg, spät-
barocke St.-Benedikt-Kirche, St.-
Johannis-Kirche mit 105 m
hohem Backsteinturm, gotische
Basilika St. Nikolai, Hafen mit
altem Kran, 1000-jährige Saline,
Kloster Lüne u. v. a.
Bardowick: Gewaltiger Dom mit
Schnitzaltar und schönem Chor-
gestühl.

Auto nachholen

Sehr gute Bahnverbindung Lüneburg – Uelzen.

Karten, Literatur

Generalkarte 1:200000 Blatt 5;
amtliche Karten 1:100000 Blät-
ter Hamburg-Wandsbek und
Uelzen; Kanuwanderbuch für
Nordwestdeutschland; Faltblatt
Wasserwandern Lüneburger
Heide.

gibt. Kurz danach finden wir im Erholungsort Bienenbüttel an der Straßenbrücke zu Vastorf eine gute Anlegestelle mit Treppe und einer Sitzgruppe.

Eine bequeme Tagesetappe trennt uns noch von Lüneburg. In mehreren sanften Schleifen, von Waldstreifen begleitet, nähert sich der Fluss dem komfortablen Campingplatz in Melbeck. Durch die Flachwiesen vor Deutsch-Evern mäandert die Ilmenau sehr stark; immer wieder pendeln wir mit unseren Kanus von Ost nach West und umgekehrt. Im kanufreundlichen Campingplatz Rote Schleuse bei der Häcklinger Holzbrücke finden wir einen idealen Ausgangsort für viele Flusswanderungen in der Heide.

Von hier ist es nicht mehr weit in die 1000-jährige Salz- und Hansestadt Lüneburg, die uns mit ihren vielen Sehenswürdigkeiten verwöhnt. Am Stadtrand, links beim Lüneburger Kanu-Club, finden wir einen günstigen Anlandeplatz.

Auf der Ilmenau paddeln wir durch eine parkähnliche Landschaft.

⟿ 110 km

🕐 Kleine Ferienfahrt

Die Aller ist der wichtigste Nebenfluss der Weser. Von ihrer Quelle bei Seehausen am Rande des Lappwaldes fließt sie in nördlicher Richtung und entwässert im Oberlauf die fruchtbare Magdeburger Börde. Vor Wolfsburg wendet sich die Aller in westliche Richtung und durchquert als sauberer Wiesenfluss den Drömling, um weiter im eiszeitlichen Urstromtal über Gifhorn und Celle die vielen Flüsschen der Lüneburger Heide aufzunehmen. Nach über 260 km langem Lauf mündet die Aller, zuvor noch kräftig mäandernd, bei der historischen Stadt Verden in die Weser.

Unsere Wandertour beginnen wir in einer der weitläufigsten und modernsten Städte Deutschlands, in Wolfsburg. Am Allersee, einem großen Sport- und Badesee, finden wir am Südufer einen Campingplatz und das schöne Zeltgelände der Wolfsburger Kanuten (Mitglieder des DKV sind willkommene Gäste). Vor Antritt der Fahrt lohnt es sich, an einer Führung im großen Volkswagenwerk teilzunehmen sowie die moderne Stadt zu besichtigen (am besten mit dem Fahrrad). In Alt Wolfsburg erweckt das große Renaissanceschloss mit seinen Sammlungen und der Kunstgalerie unser Interesse.

Am südlichen Sandufer des langgestreckten Allersees lassen wir unsere Boote ins Wasser und steuern in Richtung des gelb leuchten-

den Eispalastes. Neben dem Freischwimmbad legen wir an der Bootsrampe an und tragen die Kanus über den Wanderweg zum Fluss. Man kann auch 2 km flussaufwärts in dem sehenswerten Städtchen Vorsfelde einsetzen. Durch eine weitläufige Parkanlage, die moderne Eissporthalle hinter uns lassend, paddeln wir unter der breiten Straßenbrücke hindurch und am Wolfsburger Schloss vorbei. Es folgt ein langer, begradigter Flussabschnitt am VW-Werk vorbei. Lange sehen wir die hohen Schornsteine des neuen Kraftwerks Ost voraus. Wir können froh sein, in diesem Abschnitt keinen starken Gegenwind zu haben.

Endlich, kurz vor Weyhausen, einem wendischen Rundlingsdorf, zweigt am niedrigen Schützenwehr die Alte Aller nach rechts ab, gerade weiter führt der Aller-Kanal,

△ *Ein hübscher Rastplatz an der Aller bei Osloß.*

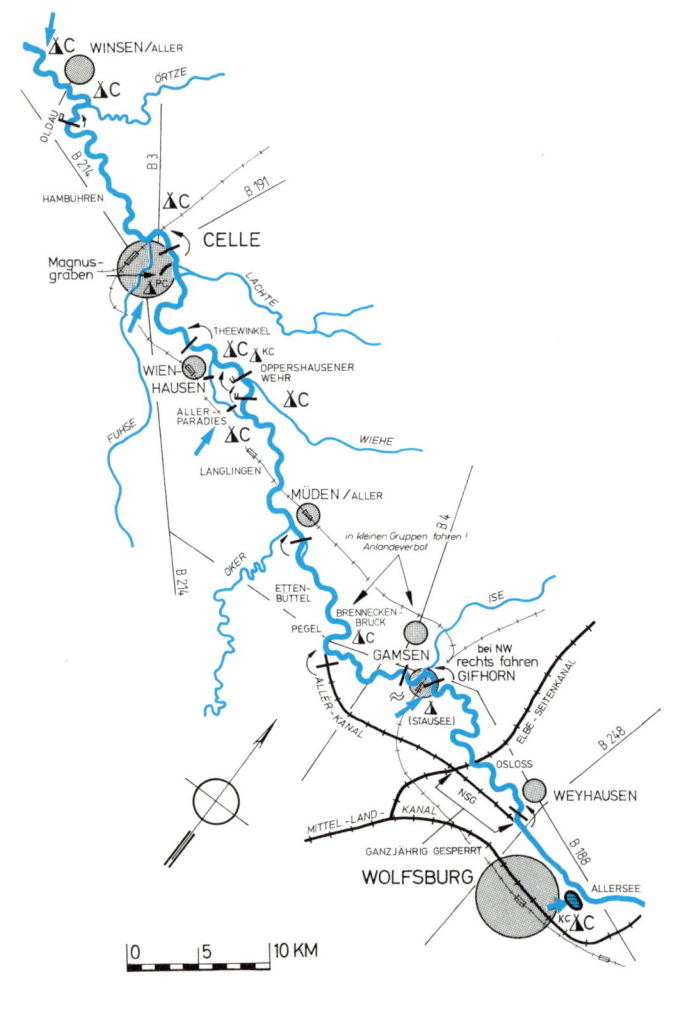

Anfahrt
BAB 2 Hannover–Berlin,
AB Kreuz Wolfsburg/Königs-
lutter, BAB 39 nach Wolfsburg, B 188 nach Vorsfelde.

WINSEN/ALLER

ÖRTZE

OLDAU

B 214

B 3

B 191

HAMBÜHREN

Ċ

CELLE

Magnus-
graben

PC

LACHTE

THEEWINKEL

KC

OPPERSHAUSENER
WEHR

WIEN-
HAUSEN

FUHSE

ALLER-
PARADIES

WIEHE

LANGLINGEN

MÜDEN/ALLER

B 4

in kleinen Gruppen fahren !
Anlandeverbot

OKER

B 214

ETTEN-
BÜTTEL

ISE

BRENNECKEN-
BRUCK

PEGEL

GAMSEN

bei NW
rechts fahren
GIFHORN

ALLER-KANAL

(STAUSEE)

ELBE-SEITENKANAL

OSLOSS

B 248

NSG

WEYHAUSEN

MITTEL-LAND-KANAL

B 188

GANZJÄHRIG GESPERRT

WOLFSBURG

ALLERSEE

KC

|0   5 |10 KM

der leider aus Gründen des Natur-
schutzes für Kanufahrer auf 5 km
Länge im Barmbrucher Forst ganz-
jährig gesperrt wurde. Und so pad-
deln wir im engen, ursprünglichen
und viel gewundenen Flussbett der
Alten Aller durch die Gärten von
Weyhausen und unter niedrigen
Brücken hindurch. Pferde weiden
am flachen Flussufer, und niedrige
Sandhügel, bewachsen mit kleinen
Kiefernhainen, bestimmen das
Landschaftsbild.

Nach Osloß erreichen wir die Kas-
tenbrücke des Elbe-Seitenkanals;
wir legen an und klettern die 15 m
hinauf, um den Schiffsverkehr, der
sich hier hoch über dem Tal ab-
spielt, zu beobachten. In weit ausholenden Schlingen windet sich die
Aller weiter durch das Clausmoor
und den Gifhorner Stadtwald. Vor
der Stadt liegt das bekannte inter-
nationale Mühlenmuseum, wo
Wind- und Wassermühlen, aus
ganz Europa zusammengetragen,
einen würdigen Platz gefunden haben. Bis hier reicht auch der Stau
des Entlastungswehrs; bei Niedrigwasser fahren wir im rechten
Stadtarm weiter, bei gutem Wasserstand tragen wir die Boote links
über die Rampe in den Umlei-
tungskanal um.

Unterhalb der Stadt mündet die
wasserreiche Ise in die Aller. Durch
die Fahle Heide paddeln wir in
westlicher Richtung weiter. Vor der
»Brenneckenbrück« der B 188, wo
ein Campingplatz und das einladende Wirtshaus »Im Wiesen-
grund« liegen, schließt sich uns mit
einem Schwall fast rechtwinklig
der Aller-Kanal wieder an. Ein klei-

ner Bootshafen und eine Minigolf-
anlage befinden sich links von der
Stahlbogenbrücke in Ettenbüttel.
Pferdekoppeln und eine Parklandschaft begleiten den nun ca. 15 m
breiten, mäßig strömenden Fluss.
In Dieckhorst-Müden nehmen wir
den linken Flussarm und tragen am
Wehr links über die Straße um. Kurz
danach mündet im spitzen Winkel
über ein Steilwehr die Oker.

Etwas reguliert wird das Flussbett
vor dem 1971 erbauten Langlinger
Wehr. Leider ist die automatische
Bootsgasse nicht immer in Betrieb,
denn dann würde ein Knopfdruck
genügen, um die Gasse öffnen und
ins Unterwasser hinunterrutschen
zu können. So müssen wir die Kanus über einen Holzsteg umtragen.
Wir nutzen die Gelegenheit für eine Pause, trinken ein kühles Bier
oder essen Eis gleich daneben im
gemütlichen Wirtshaus »Allerpara-
dies«. Im sanft regulierten Fluss mit
schönem Ausblick in die Landschaft geht es zur Oppershausener
Bootsgasse (die oft nicht funktio-
niert). Rechts steht das Bootshaus
der Flotwedeler Kanuten.

Vor der Wienhausener Brücke können wir anlegen, um das ehemalige Zisterzienserkloster Wienhausen (heute ein Damenstift) mit
seinen bedeutenden Kunstschät-
zen aufzusuchen. Begleitet von
einzelnen mächtigen Eichen, wei-
denden Kühen und Pferden erreichen wir das »Theewinkelwehr«,
tragen über die Treppchen rechts
um und lassen danach die Kanus
ohne Hindernisse nach Celle treiben. An Alten-Celle vorbei, die kristallklare Lachte von rechts aufneh-

Auch im Spätsommer bietet die Aller guten Wasserstand und schöne Vesperplätze.

mend, trägt uns die Aller in die Stadt. Wir halten uns links, finden, geführt von der Kastanienallee am Ufer, die Einfahrt in den Magnusgraben und steigen am Anleger des Celler Paddler Clubs aus den Booten. Das Vereinsgelände auf der Ziegeninsel ist ein idealer Aufenthaltsort, und nach Anfrage sind wir hier gern gesehene Gäste.

Mindestens einen freien Tag muss man Celle widmen. Die alte Residenzstadt wirkt mit ihren vielen schönen Straßenzeilen voller farbiger Fachwerkhäuser, dem prächtigen Rathaus sowie dem Schloss und den Marktplätzen wie ein großes, lebendiges Freilichtmuseum.

Unsere Kanuwanderung können wir auch unterhalb Celle problemlos fortsetzen. Die Aller ist hier zwar Binnenwasserstraße, doch mit nur sehr geringem Schiffsverkehr. Am Celler Wehr tragen wir vor dem Wehrhaus rechts um und er-

Charakter, Tipps

Ganzjährig ab Vorsfelde mit allen Kanutypen leicht befahrbarer Wanderfluss (für Kanadier bei vorherrschendem Gegenwind oft etwas mühsam). Das sandige Flussbett und sauberes Wasser laden zum Baden ein. Viele Zeltplätze erlauben eine Ferienfahrt mit Gepäck.

Nach Wolfsburg am Schützenwehr rechts hineinfahren in die alte Aller (im Sommer stark verwachsen), durch die Stadt Gifhorn, da der Allerkanal auf 5 km Länge ganzjährig für Kanufahrer gesperrt ist. Zwischen Gifhorn und Brenneckenbrück am Fluss Anlandeverbot. Pkw-Kontakt an Brücken.

Zeltmöglichkeiten

Wolfsburg (am See KC), Gifhorn, Brenneckenbrück, bei Schwachhäusen, Langlingen, Wienhausen, Theewinkel (Paddlerclub), Camping »An der Örtze« (Örtzemündung), Celle (Kanugelände), Winsen/Aller.

Sehenswertes

Wolfsburg: Renaissanceschloss mit Galerie (Alt Wolfsburg), St.-Annen-Kirche (13. Jh.), Kulturzentrum, moderne Kirchen, Planetarium, Volkswagenwerk u.a.

Gifhorn: Schloss (16. Jh., Kreisheimatmuseum), Torhaus, Schlosskapelle, Wind- und Wassermühlenmuseum, Nikolaikirche, schöne Bürgerhäuser.

Wienhausen: Ehemaliges Zistorzienserinnenkloster mit herrlichem Nonnenchor und berühmten Sammlungen (Wienhäuser Teppiche).

Celle: Altstadt mit vielen schönen Fachwerkhäusern, Altes Rathaus (16. Jh.), Stadtkirche mit Holztonnendecke, Schloss, Parkanlage, Schlosstheater (ältestes Theater in Deutschland), Bomann-Museum (sehenswert).

Winsen/Aller: Wietze: Erdölmuseum.

Auto nachholen

Von Winsen nach Celle keine öffentlichen Verkehrsmittel. Von Celle und von Verden nach Wolfsburg gute Bahnverbindung (über Hannover oder Lehrte).

Karten, Kanu-Literatur

Generalkarte 1:200 000, Blatt 7; Amtliche Karten 1:100 000, Blätter Wolfsburg und Celle; Kanuwanderbuch für Nordwestdeutschland.

reichen nach 20 km gemütlicher Fahrt (Schleuse in Oldau) das sehenswerte Winsen. Der schöne Campingplatz am rechten Alleruferbietet sich als Etappenziel an.

Bis zur Mündung bei Verden (noch ca. 80 km) erwarten uns dann noch drei Schleusenanlagen. Hier strömt der Fluss in vielen natürlichen Schleifen bis nach Verden, wo wir am WSV-Zeltplatz die Fahrt beenden können.

Das Quellgebiet der Lachte liegt in der südlichen Lüneburger Heide, nicht weit von Sprakensehl. Als schmaler, sandiger Heidebach schlängelt sich der kristallklare Fluss einsam in südwestlicher Richtung durch die dichten Waldbestände des Naturparks Südheide. Kurz vor Jarnsen mündet von rechts die Lutter, ein Kleinod unter den Heideflüssen. In ihrem kristallklaren, sauerstoffreichen Wasser leben die letzten Perlmuscheln Deutschlands. Um ihren Lebensraum zu erhalten, steht die Lutter unter strengem Naturschutz. Nach dem Lachendorfer Wehr entschwindet das Flüsschen wieder in der einsamen Heidelandschaft und durcheilt das geschleifte Mühlenwehr in Lachtehausen, um sich bald danach in einer verlandeten flachen Mündung mit der Aller zu vereinigen.

Die Lachte ist bis weit in den Vorsommer, nach Regenperioden auch später, befahrbar.

Etwas flussabwärts von der kleinen Ortschaft Jarnsen können wir am Bootssteg an der Brücke nach Beedenbostel auch unsere Zweier-Kajaks und Kanadier ins Wasser lassen; ab hier ist das Flüsschen ganzjährig befahrbar. Bis zur Mündung sind es noch 16 km – mit den 2 km auf der Aller bis Celle eine gemütliche Tagesfahrt. Der Flussabschnitt ist schön, die Strömung zügig, und wir pendeln zwischen Wald und Wiesen. Von rechts

⮌ 18 km

🕐 Tagesfahrt

schließt sich der Lachte die Aschau an, die wir am besten mit leichten Einer-Kajaks in gemütlicher Tagesetappe befahren können.

An der Stauwurzel des Lachendorfer Wehrs liegt der Zeltplatz der hiesigen Kanuten. An der Wehrkrone wartet eine herrliche Holzrutsche auf uns, deren Befahrung viel Spaß macht (Spritzdecke schließen!). Als kurzes Intermezzo zieht sich am linken Ufer die lange Front einer Kartonfabrik hin, doch nachher schwingen wir wieder einsam in rhythmischen Schleifen durch ein urwaldähnliches Waldgebiet. Nur ein fahles grünes Licht dringt durch das dichte Baumkronendach. Leise steuern wir unsere Boote zwischen den skurril gewachsenen Wurzeln der mächtigen Erlen und bewundern die Spiegelbilder ihrer dunklen Stämme in den grünen Tümpeln.

△ *Mächtige Farnbüsche ragen weit in die schmale Lachte.*

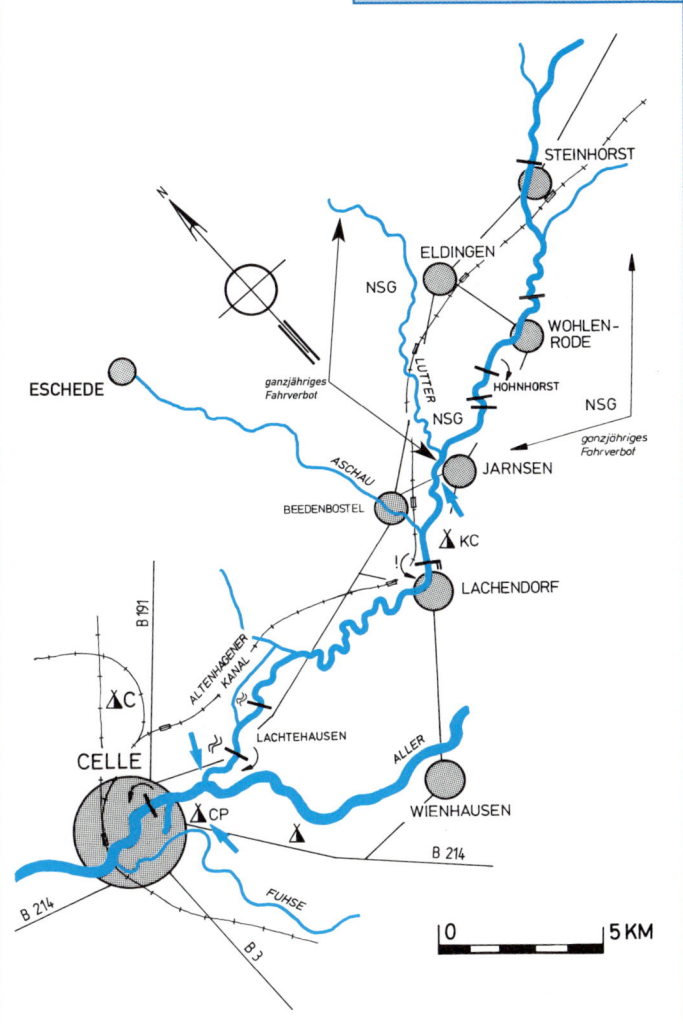

Anfahrt

BAB 7 Braunschweig–Hannover, Ausfahrt Braunschweig-West, B 214 bis Celle, von dort auf der Straße nach Eldingen und Wittingen bis Steinhorst.

STEINHORST

ELDINGEN

NSG

WOHLEN-
RODE

HOHNHORST

ESCHEDE

LUTTER

NSG

NSG

*ganzjähriges
Fahrverbot*

*ganzjähriges
Fahrverbot*

ASCHAU

JARNSEN

BEEDENBOSTEL

△ KC

△ C

B 191

ALTENHAGENER
KANAL

LACHENDORF

LACHTEHAUSEN

ALLER

CELLE

△ CP

△

WIENHAUSEN

B 214

B 214

FUHSE

B 3

0　　　　　5 KM

Nach der Straßenbrücke Celle–Wittingen folgt kontrastreich eine regulierte gerade Flussstrecke, von rechts schließt sich der verkrautete Altenhagener Kanal an. Das Mühlenwehr in Lachtehausen ist leicht befahrbar (man kann auch kurz links umtragen). Nach einem kurzen Waldabschnitt schieben sich Ufer mit gepflegten Gärten und schönen Häusern vorbei. Vor der Mündung wird die Lachte flach, teils versandet, und ein Schilfgürtel begleitet uns unter den Fußgängersteg, der die Mündung in die Aller anzeigt. Auf der Aller lassen wir uns noch 2 km flussabwärts bis in die alte Herzogstadt Celle treiben, wo links im Magnusgraben am Bootssteg der Celler Paddler unsere Wanderung auf einem der schönsten Heideflüsse zu Ende geht.

Charakter, Tipps
Einsamer, schmaler, etwas sportlicher Heidebach mit sehr sauberem Wasser. Ab Einsatzstelle Brücke Beedenbostel–Jarnsen auch für Zweier-Boote zu empfehlen. Wiesenwehr vor Lachtehausen überwiegend offen. Bootsrutsche am Lachendorfer Wehr nicht immer befahrbar.

Befahrungsregelungen
Aus Naturschutzgründen wurde der Oberlauf der Lachte bis zur Einsatzstelle leider ganzjährig für den Kanusport gesperrt. Ab Jarnsen sind nur Boote bis 6 m Länge und 1 m Breite zugelassen. Mit derselben Beschränkung müssen wir uns bei einer Befahrung der Aschau, eines reizvollen Zuflusses der Lachte, abfinden. Nach dem Einsetzen in Eschede (Brücke) genießen wir eine 15 km lange Kleinflussfahrt, die nur von drei Wehren unterbrochen wird. Hier nur in kleinen Gruppen fahren (keine Schlauchboote!). Für die Lutter besteht ein ganzjähriges Befahrungsverbot.

Zeltmöglichkeiten
Celle (DKV Mitglieder beim Paddler-Verein), Camping am Silbersee (nicht am Fluss) oder Campingplätze an der Aller (Wienhausen, Langlingen).

Sehenswertes
Celle: Altstadt mit vielen Fachwerkhäusern, Rathaus, Schloss, Stadtkirche mit Holztonnendecke, Schlosstheater.

Auto nachholen
Nur an Werktagen akzeptable Busverbindung Celle ZOB nach Beedenbostel.

Karten, Kanu-Literatur
Generalkarte 1:200000, Blatt 7; ADAC Freizeitatlas Östliches Niedersachsen 1:100000; amtliche Karte 1:50000, Naturpark Südheide; Kanuwanderbuch für Nordwestdeutschland.

⇄ 43 km

🕐 2-Tage-Fahrt (Tagesfahrt bis Eversen)

Die aus der Großen Heide um Munster entspringende und zum Süden fließende, fast 50 km lange Örtze bietet auf ⁴/₅ ihrer gesamten Länge eine sehr schöne, erlebnisreiche Kanufahrt, die wir auch im trockensten Sommer unternehmen können. Gespeichert von vielen kleinen Moorbächen – der größte davon ist die wasserreiche Wietze –, bahnt sich die Örtze, nach Hermann Löns der »echteste Heidefluss«, leicht schwingend im flachen Urstromtal durch die vielfältige Landschaft des Naturparks Südheide ihren Weg.

Vorbei an typischen, jahrhundertealten Heideorten wie Müden, Hermannsburg, die Höfe von Oldendorf und Eversen hinter sich lassend, beginnt die Örtze nach dem Wolthausener Wehr kräftig zu mäandern, bevor sie die niedrigen Randhügel des Allertals durchbricht und bei Winsen ihre Gewässer mit denen der Aller vereinigt. Die ersten Kilometer von Munster bis Kreutzen wären zwar gut befahrbar; da sie jedoch durch das Truppenübungsgelände Munster führen, ist eine Befahrung nicht gestattet. Auch der Abschnitt Kreutzen–Müden ist nicht mehr für den Kanusport freigegeben, und so finden wir bei der ehemaligen alten Mühle in Müden eine schöne Einsatzstelle mit Bootsrampe, Bänken und Tischen. Daneben liegt auch die Bootsverleihstelle. An sommerlichen Wochenenden und Feierta-

gen »wuselt« es hier von Kajakfahrern, organisierten und »wilden«; sogar Zelten wird für eine Nacht geduldet. Das Ganze erinnert an die fränkische Wiesent. Doch während der Woche ist es am Flüsschen ruhig, und wir begegnen nur gelegentlich Gleichgesinnten. Kaum in den Booten, zieht uns eine flotte Strömung unter die Straßenbrücke, verfolgt von neugierigen Blicken zuschauender Touristen. Überhängende Bäume beengen das noch recht schmale Flussbett, doch bald bringt die von rechts mündende Wietze die gleiche Wassermenge. Ein halb zerfallenes Wehr unterm Steg befahren wir ohne Schwierigkeiten. Links begleitet uns ein Kiefernwäldchen, am Sandsteilhang (Jugendherberge) tummeln sich Kinder, hier kann im Fluss noch gebadet werden! Nach mehreren Schleifen durch

△ Mit Kanu und Zelt an und auf der Örtze.

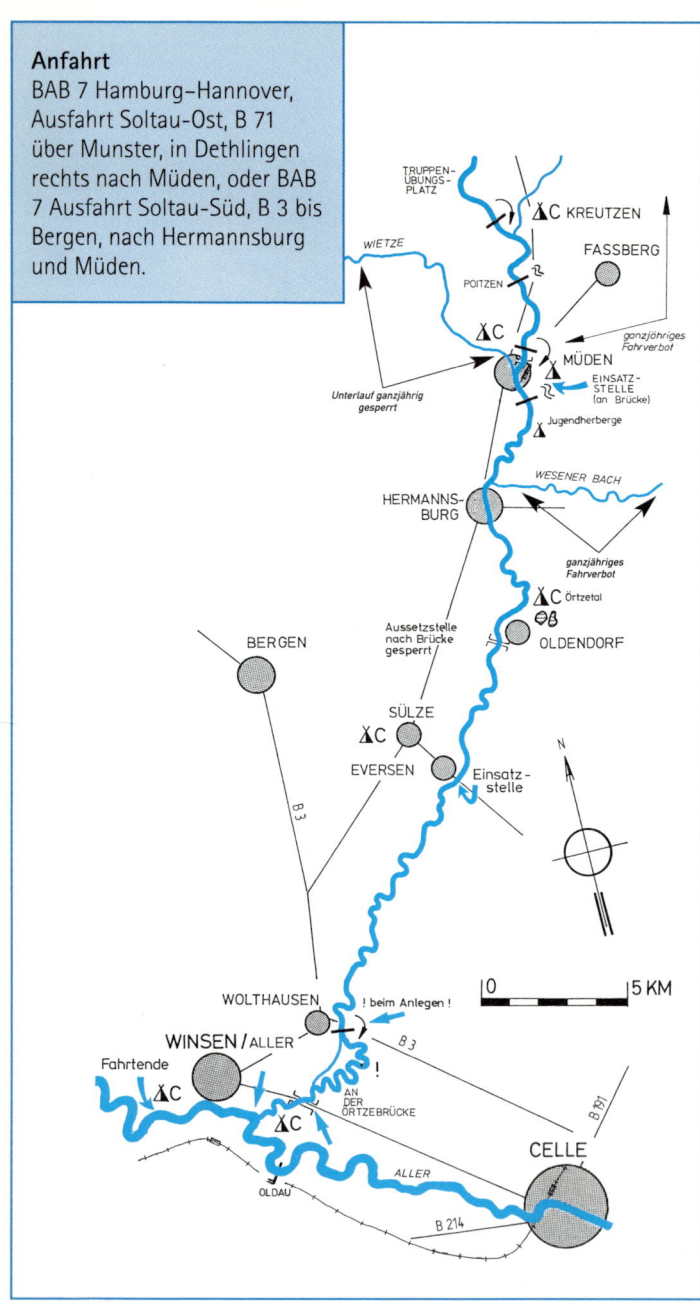

Anfahrt
BAB 7 Hamburg–Hannover,
Ausfahrt Soltau-Ost, B 71
über Munster, in Dethlingen
rechts nach Müden, oder BAB
7 Ausfahrt Soltau-Süd, B 3 bis
Bergen, nach Hermannsburg
und Müden.

TRUPPEN-
ÜBUNGS-
PLATZ

C KREUTZEN

FASSBERG

WIETZE

POITZEN

ganzjähriges
Fahrverbot

C

MÜDEN

EINSATZ-
STELLE
(an Brücke)

Unterlauf ganzjährig
gesperrt

Jugendherberge

WESENER BACH

HERMANNS-
BURG

ganzjähriges
Fahrverbot

C Örtzetal

OLDENDORF

Aussetzstelle
nach Brücke
gesperrt

BERGEN

SÜLZE

C

EVERSEN

Einsatz-
stelle

N

B 3

0   5 KM

WOLTHAUSEN

! beim Anlegen !

WINSEN / ALLER

B 3

Fahrtende

!

C

AN
DER
ÖRTZEBRÜCKE

C

B 71

CELLE

ALLER

OLDAU

B 214

Wiesen sehen wir die erste Straßenbrücke und am Ufer einen Wanderrastplatz mit einer schönen Grillstelle. Kurz danach paddeln wir durch den gepflegten Park von Hermannsburg. Vor der Straßenbrücke hat die Ortsverwaltung beidseitig schöne Anlegestellen ausgebaut. Wir steigen aus den Booten, schlendern durch den lieblichen Ort und besuchen die 1000-jährige Peter- und Paulskirche.

Wälder und Wiesen umranden weiter die Örtze; linksufrig gibt es schöne Kiefernbestände, die zum Westrand des Naturparks gehören, durch den ausgedehnte Wanderwege führen. Wer hier länger bleiben will, findet im Campingplatz von Oldendorf freundliche Aufnahme. In Eversen beenden viele Ausleihboote ihre Fahrt, der folgende Flussabschnitt wird nun etwas ruhiger. Mit erhöhter Strömung zieht das Gewässer in eine Wildnis von Eichen und Erlen hinein. Wie mit hunderten von kleinen Füßchen sind die vielen Erlen in den Ufern verankert, und ein dichtes Baumkronendach schirmt uns in dieser grünen Röhre völlig von der Außenwelt ab.

Rhythmische Kehren wechseln mit geraden Abschnitten. Vor dem Wolthausener Wehr paddeln wir an der Flussverzweigung links (rechts ein Sperrschild) zum Wehr und tragen hier die Kanus kurz um.

Es geht unter der B 3 hindurch, der Fluss verengt sich etwas und gewinnt an Gefälle und Geschwindigkeit. Etwa 10 Min. nach der B 3 lassen wir einen Abkürzungskanal (mit Wehr) rechts liegen. Mit unzähligen scharfen Spitzkehren, die

schon etwas Bootsbeherrschung verlangen, beginnt ein sportlicher und landschaftlich sehr ansprechender Teil: überhängende Weiden, hohe Sandufer und immer wieder viele Schleifen. Als möchte sich die Örtze noch austoben, bevor sie von der Aller verschluckt wird. Nach mehreren Kilometern erblicken wir die ersten Wochenendhäuschen, der Fluss beruhigt sich. Über uns wölbt sich die »Blaue Brücke« der Straße Celle–Winsen. Hier könnten wir anlanden und beim gemütlichen Gasthaus an der Örtzebrücke die Fahrt beenden. Es lohnt sich aber, weiterzupaddeln, vorbei am versteckten »Camping im Ruhigen Winkel« bis in die Aller. Nach ca. 2 km zeigt sich am regulierten Aller-Flussbett Winsen, wo uns kurz nach der Brücke beim Campingplatz »Auf der Hude« die abgestellten Autos erwarten.

△ *Die Örtze bietet auch in trockenen Sommern ausreichenden Wasserstand.*

Charakter, Tipps

Sehr sauberes Wanderflüsschen, das durch eine der schönsten Landschaften der Lüneburger Heide fließt. Von Müden bis Eversen angenehme, leicht beherrschbare Strömung, im Abschnitt Eversen – Mündung gewinnt das Flüsschen durch viele Spitzkehren und guten Stromzug an Sportlichkeit. Ein ganzjährig ausgeglichener Wasserstand erlaubt auch im Spätsommer eine Befahrung mit Kunststoff- und Faltbooten. An Wochenenden und Feiertagen sind viele Leihboote auf dem Wasser.

Befahrungsregelungen

Der obere Flussabschnitt bis Müden ist für den Kanusport gesperrt. Flussabwärts 29. 2.–15. 7. Befahrverbot. Vom 16. 7.–30. 9. ist eine Befahrung von 8–19 Uhr gestattet; zwischen 1. 10. und 28. 2. von 8–16 Uhr. Anlegen ist nur an gekennzeichneten Plätzen erlaubt. Zugelassen sind nur Boote bis 6 m Länge und 1 m Breite (keine Schlauchboote). Ab Brücke B 3 – Wolthausen keine Befahrungsregelung. Der Anlegesteg oberhalb der Brücke darf für Fahrten flussabwärts ganzjährig benutzt werden.

Zeltmöglichkeiten

Camping Kreutzen, Müden (Sonnenberg), Oldendorf und Winsen/A. In Müden Jugendherberge am Fluss.

Sehenswertes

Munster: St.-Urbani-Kirche (12. Jh.), alte Wassermühle, Panzermuseum.
Müden/Ö.: St.-Laurentius-Kirche (urspr. 13. Jh.), Bauernhäuser, mächtige Tilly-Linde.
Hermannsburg: Kirche St. Peter und Paul, Missionssammlungen im Ludwig-Harms-Haus, Hiesterhof.
Oldendorf: Gemäldegalerie im Bauernhausmuseum, kleiner Vogelpark.
Eversen: In Sülze Afrika-Museum.
Winsen/Aller: St.-Johannis-Kirche, Junkerntor, Kötnerhaus.
Celle: Ehemalige Residenzstadt, Straßenzüge mit Fachwerkbauten, Renaissance-Rathaus, Schloss mit Anlagen und Schlosstheater, Bomann-Museum (Heimatmuseum), Stadtkirche, Blumenlägerkirche, Landgestüt u. v. a.

Auto nachholen

Keine akzeptable öffentliche Verkehrsverbindung.

Karten, Kanu-Literatur

Generalkarte 1:200000, Blatt 5 und 7; ADAC Freizeitatlas Östliches Niedersachsen 1:100000; amtliche Karte 1:50000, Blatt Naturpark Südheide; Kanuwanderbuch für Nordwestdeutschland.

⇄ 43 km

🕐 2-Tage-Fahrt

Die Böhme hat es uns angetan. Vielleicht wegen des spielerischen Wechsels zwischen ruhigem und plätscherndem Wasser oder den sich ideal ergänzenden Wald- und Wiesenpartien. Vielleicht sind es die hohen, bewaldeten Hügel, die malerisch den Fluss begleiten, oder das von der Sonne durchflutete, zum Süden geöffnete Tal, von dessen Randhöhen sich so mancher reizvolle Blick auf die pendelnde Böhme bietet.

Bei genügend Wasser besteht die Möglichkeit, bereits in Tetendorf, unterhalb von Soltau, einzusetzen. Wanderfahrer in Kunststoff-Zweiern oder Faltbooten finden in Dorfmark, am Autobahnzubringer, eine geeignete Einsatzstelle. Es lohnt sich, vor der Kanufahrt die alte Kirche mit ihrem gelb gestrichenen hölzernen Glockenturm zu besichtigen und im idyllischen Bürgerpark zwischen Seen und kleinen Bächlein einen Spaziergang zu machen. Danach paddeln wir durch schöne, schattige Waldstrecken.

Bald lugt ein großer Bauernhof durch die Bäume, dann sind es die Zelte eines am Fluss liegenden Campingplatzes und mehrere kleine Wochenendhäuschen, die sich unweit der 1000-jährigen Linde aneinander reihen. Überraschend tief sägt sich hier die Böhme in die Moränenzüge ein. In hüpfenden Wellen umfahren wir ein paar runde Findlinge, die verstreut im Flussbett liegen. Der Wald lichtet sich mehr und mehr.

Vor dem Campingplatz Küddelse wartet glitzernd die nächste Schwallstrecke, eine Kiesbankinsel lädt zum Pausieren ein. In sanften Bögen pendelt jetzt der Fluss durch grüne, leicht ansteigende Wiesen, abgegrenzt im Nordwesten durch steile, fast 50 m hohe Waldhügel, die die Talsohle vor den kalten Winden schützen.

Ein Schwimmbad signalisiert die Nähe von Fallingbostel. In farbigen Tretbooten kommen uns Sommerfrischler entgegen; für einen saftigen Obolus können sie hier herumschippern. Am kleinen Terrassencafé legen wir an und lassen uns mit riesigen Eisportionen verwöhnen.

Das nächste Wehr ist bei gutem Wasserstand in der Mitte durch eine enge, von Zeit zu Zeit geräumte Fahrrinne »rumpel, pumpel« mit Einern befahrbar. Wer sein Boot

△ *Die Walsroder Kanujugend beherrscht ihre Boote.*

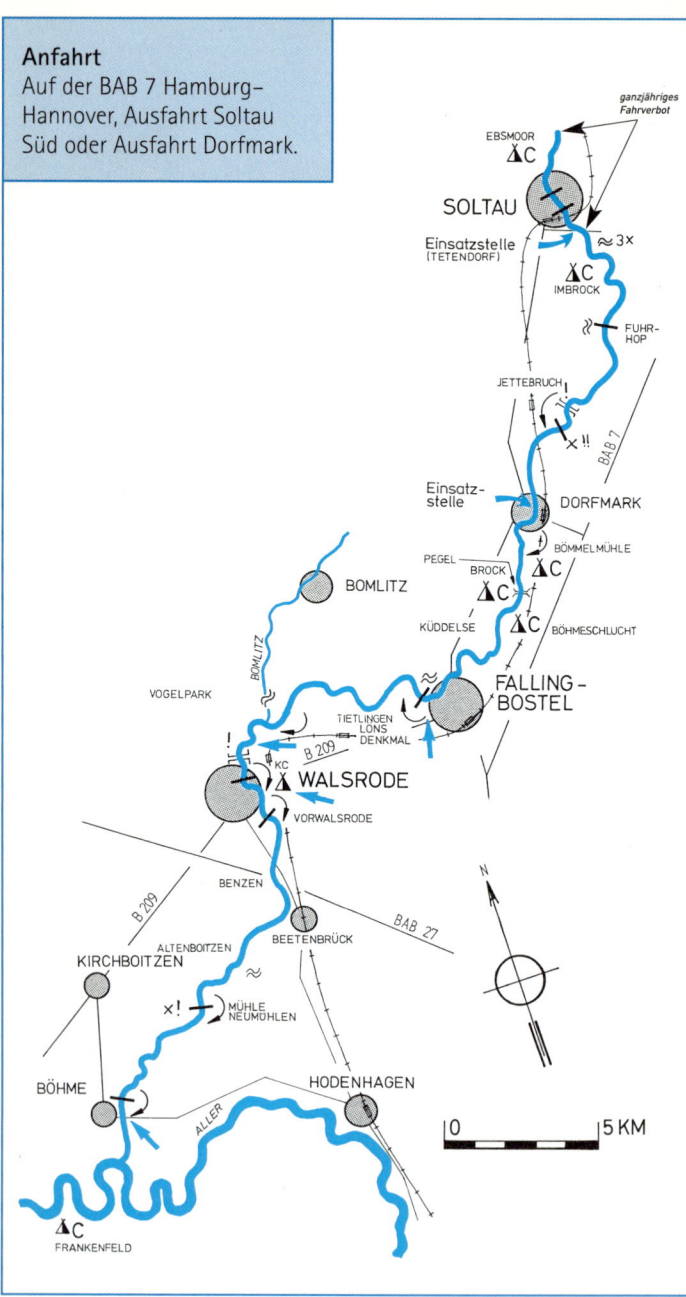

Anfahrt
Auf der BAB 7 Hamburg–
Hannover, Ausfahrt Soltau
Süd oder Ausfahrt Dorfmark.

EBSMOOR

SOLTAU

Einsatzstelle
(TETENDORF)

≈ 3×

IMBROCK

FUHR-
HOP

JETTEBRUCH

BAB 7

Einsatz-
stelle

DORFMARK

BÖMMELMÜHLE

PEGEL

BROCK

KÜDDELSE

BÖHMESCHLUCHT

BOMLITZ

BOMLITZ

FALLING –
BOSTEL

VOGELPARK

TIETLINGEN
LÖNS
DENKMAL

B 209

KC

WALSRODE

VORWALSRODE

BENZEN

B 209

N

BAB 27

ALTENBOITZEN

BEETENBRÜCK

KIRCHBOITZEN

≈

MÜHLE
NEUMÜHLEN

×!

BÖHME

HODENHAGEN

ALLER

0   5 KM

FRANKENFELD

ganzjähriges
Fahrverbot

Zwischen hohen, bewaldeten Heidehügeln auf der Böhme unterwegs.

schonen will, paddelt in den Ober-graben, wo die Stadt eine vorbildli-che Umtragestelle (und Einsatz-stelle) mit Rampe, Treppen und Bootsablagemulde errichtet hat. Leider gibt es in der Nähe Park-platzmangel.

An der schönen, renovierten Kirche vorbei paddeln wir unter mehreren Brücken und Holzstegen durch. Von der niedrigen Holzbrücke un-terhalb Elferdingen führt ein kurzer Wanderweg linksufrig zum herrli-chen, 14 ha großen Tietlinger Wa-cholderhain, wo der Heidedichter Hermann Löns seine letzte Ruhe-stätte gefunden hat.

Ein überwiegend offenes Wiesen-wehr ist für uns kein Hindernis, nur die Holzpflöcke der alten Flussre-gulierung ragen heute weit in das Bachbett hinein. Das Wasser von der rechts einmündenden Bomlitz ist nicht mehr so stark verschmutzt wie vor einigen Jahren; eine neue Kläranlage dokumentiert das ge-stiegene Umweltbewusstsein.

Am mächtigen Ziegelpfeiler der ab-gerissenen Eisenbahnbrücke wir-belt ein kurzer Schwall, doch bald

verliert die Strömung an Geschwin-digkeit. Wir sind in Walsrode. Am Holzponton des Schulzentrums vorüber (hier könnte man die Fahrt auch beenden), die etwas be-drückende Fassade einer Fabrik zur Rechten, zwängen wir uns unter die niedrige Straßenbrücke (Vorsicht bei höherem Wasserstand!) und umtragen, aber nicht gleich am un-befahrenen Wehr, sondern am ehe-maligen Mühlengebäude, das wir rechts fahrend erreichen, links.

Die alte Mühle wurde zu einem schönen Kanuvereinsheim ausge-baut. Nach vorheriger Absprache findet unser Zelt auf einer kleinen Wiese neben dem Mühlgraben Platz. Der Aufenthalt ist lohnend. Wir sollten uns Zeit nehmen, um mit dem Bus oder eigenen Auto zum bekannten, überaus ein-drucksvollen Vogelpark zu fahren. Die Vielfalt tropischer und einhei-mischer Vogelwelt wird hier in ein-maliger Weise gezeigt.

Durch den Walsroder Park paddeln wir dann weiter in südlicher Rich-tung und kreuzen die laute Auto-bahn. Doch bald ist es wieder ruhig;

ein flaches, weites Wald- und Wiesental nimmt uns auf. Völlig einsam und unbehindert fließt der Fluss der Aller entgegen. Nur das Wehr an der Neumühle ist links zu umtragen. Am Wehr in Böhme, nicht weit vom Herrengutshof, verabschieden wir uns schließlich von der Böhme, die uns eine so reizvolle Kanuwanderung beschert hat.

Charakter

Landschaftlich nicht so einsam wie die Örtze, aber doch ein eindrucksvoller Heidefluss, der teils tief eingegraben zwischen relativ hohen, bewaldeten Heidehügeln in südwestlicher Richtung fließend auch mehrere sehenswerte Ortschaften berührt.

Das heute wieder fast sauber gewordene Gewässer können wir ohne Schwierigkeiten ab Dorfmark auch mit Faltbooten befahren; dabei sorgen ein paar leichte Schwalle für Abwechslung auch im sportlichen Sinne. Alle Wehre leicht umtragbar. In Walsrode Vorsicht an der niedrigen Straßenbrücke vor der Mühle. Pkw-Kontakt an vielen Brücken möglich.

Befahrungsregelungen

Oberhalb von Tetendorf ganzjährig gesperrt. Ab dort vom 1. 3. bis 15. 7. gesperrt. In der übrigen Zeit Uferbetretung nur an gekennzeichneten Stellen erlaubt. Generell ist die Befahrung nur erlaubt, wenn Pegel im grünen Bereich.

Zeltmöglichkeiten

Camping in Dorfmark, Brock, Vierde, Küddelse, Walsrode (für DKV-Mitglieder, Kanuvereinsplatz an der Mühle, 3 Zelte).

Sehenswertes

Soltau: Johanniskirche mit alten Grabplatten, Heldenhain, Heimatmuseum, Stöhrkreuz, Heide-Park.

Dorfmark: Kirche mit gotischem Schnitzaltar und hölzernem Glockenturm, 1000-jähriger Friedhof, Bürgerpark.

Fallingbostel: Kneipp-Heilbad, Lönsgrab und Lönsdenkmal im Wacholderhain Tietlingen, Freilichtmuseum – Hof der Heidmark.

Walsrode: St.-Johannis-Kirche, Klosterchor mit herrlichen Glasfenstern, Heidemuseum mit Hermann-Löns-Zimmer, phantastischer Vogelpark.

Auto nachholen

Für Paddler, die ihre Fahrt in Fallingbostel oder in Walsrode beenden, gute Bahnverbindung nach Dorfmark oder Soltau. Unterhalb von Walsrode keine akzeptable Möglichkeit mit öffentlichen Verkehrsmitteln.

Karten, Kanu-Literatur

Generalkarte 1:200000, Blatt 5; amtliche Karte 1:100000, Blatt Soltau; Kanuwanderbuch für Nordwestdeutschland.

54 bzw. 74 km

2- bzw. 3-Tage-Fahrt

Die Wümme, ein Quellfluss der Lesum, entspringt am Süd-westhang des Wilseder Berges im Herzen der Lüneburger Heide. Im großen Bogen umrundet sie das ausgedehnte Königsmoor und ver-eint sich in der Lauenbrücker Au-enlandschaft mit der Fintau. Süd-lich von Scheeßel, gestärkt durch die wasserreiche Veerse, nähert sich die Wümme in zahlreichen Schleifen dem alten Ort Rotenburg, früher wie heute ein Schulzentrum des Landes. Das Städtchen verlässt der Fluss in westlicher Richtung, um dann ein besonders schönes breites Wiesental zu durchfließen. Bei Ottersberg teilt sich der Fluss in mehrere, heute teilweise regulierte Arme (besonders gelitten hat der südliche Arm). Wir wählen den mittleren Arm, der in das malerisch auf einer niedrigen Sanddüne lie-gende Künstlerdorf Fischerhude durch- und umfließt und sich vor dem beliebten Ausflugsort Lilien-thal wieder vereinigt. Hier berührt die Wümme das Bremer Stadtge-biet, durchfließt das große Natur-schutzgebiet im Norden der Stadt und geht bei Ritterhude mit der Hamme zusammen zur Lesum, die bei Bremen-Vegesack in die Weser mündet.

Für Kanus ist die Wümme ab Lau-enbrück ganzjährig befahrbar. An der Brücke der B 75 über die Wüm-me (bei einem Altenheim) starten wir zu unserer Wanderung. Das Flüsschen mäandert ganz schön,

scharfe Spitzkehren mit Sandbän-ken in Innenbögen wechseln mit einigen behutsam regulierten Ab-schnitten.

Die nächste Brücke, Baujahr 1955, liegt in der Nähe von Scheeßel, das durch seine Volkstrachten weitum bekannt ist. Die Strömung lässt nach, ein Mühlenwehr macht sich bemerkbar. Große, niedrige Bau-ernhöfe stehen am Ufer, neugieri-ge Pferde beobachten uns von den Koppeln. Der Fluss teilt sich, wir steuern links. Vor der kleinen Insel mit roten Häuschen geht es wieder rechts zur Holztreppe der Anlege-stelle. Das kleine Zauntor an der Straße bitte wieder schließen! Die Boote werden links an der Mühle vorbeigetragen, und vor dem Bootshaus (eine ehemalige Schnapsbrennerei) der Kanuabtei-lung TV Scheeßel können wir sie wieder einsetzen.

△ *Blühende Wiesenlandschaften begleiten unsere Wümmefahrt.*

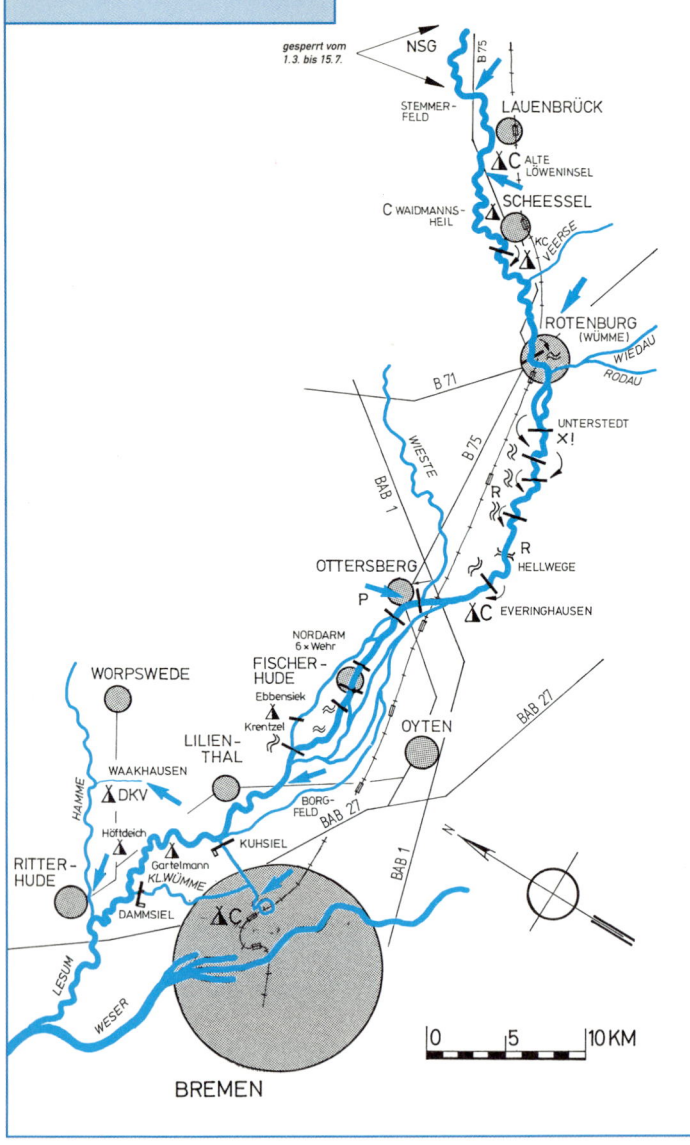

Anfahrt
BAB 1 Bremen Kreuz–Hamburg, Ausfahrt Sittensen nach Scheeßel und Lauenbrück.

gesperrt vom 1.3. bis 15.7.

NSG

B 75

STEMMER-FELD

LAUENBRÜCK

ALTE LÖWENINSEL

C

C WAIDMANNS-HEIL

SCHEESSEL

KC VEERSE

ROTENBURG (WÜMME)

WIEDAU

RODAU

B 71

UNTERSTEDT

WIESTE

B 75

BAB 1

R

R

HELLWEGE

OTTERSBERG

P

EVERINGHAUSEN

C

WORPSWEDE

NORDARM 6 × Wehr

FISCHER-HUDE

Ebbensiek

Krentzel

OYTEN

BAB 27

LILIEN-THAL

WAAKHAUSEN

HAMME

DKV

Höftdeich

BORG-FELD

BAB 27

Gartelmann

KL.WÜMME

KUHSIEL

N

RITTER-HUDE

DAMMSIEL

C

BAB 1

LESUM

WESER

| 0 | 5 | 10 KM |

BREMEN

Die Wümme fließt im Herbst durch bunten Mischwald.

Im nächsten Flussabschnitt nach dem Umtragen der Scheeßeler Mühle mündet von links die Veerse, ehe Schnellstraßen das nahe Rotenburg ankündigen. Ab der Eisenbahnbrücke wurde das Flussbett neu reguliert und links im Altarm eine Anlegestelle als kleiner Hafen ausgebaut. Am Ufer gibt es genügend Parkplätze, daneben gleich das Hallen- und Freibad, und am Amtshof vorbei ist es nur knapp 1 km bis zum Bahnhof. Im weitläufigen Stadtpark befindet sich die künstlich angelegte Slalomstrecke, der Austragungsort mancher norddeutscher Meisterschaften. Kurz danach mündet von links die Rodau mit der Wiedau. Nun folgt eine großzügige naturbelassene Wiesenlandschaft.

Über mehrere Wiesenwehre, die

überwiegend offen sind oder an denen wir auch leicht umtragen können, gelangen wir zur Straßenbrücke nach Hellwege. Bei sonnigem Wetter lockt der kleine, reizende »Kaiser's Gasthof« an der Wümme zu einer Bier- oder Eispause unter bunten Sonnenschirmen. An Wochenendhauskolonien, die auf sandigen Geestrücken zwischen Kiefern hervorlugen, vorbei (Campingplatz von Everinghausen), unter der Autobahnbrücke hindurch, erreichen wir die erste Flussgabelung und nehmen den rechten Wümmearm, der uns nach Ottersberg führt. Links am Ortsanfang finden wir eine gute Anlegestelle mit Parkplätzen am neuen Sportgelände. Das ehemalige Schloss auf der Insel zwischen den Wümmearmen versteckt sich unter hohen, alten Bäumen und beherbergt heute eine Internatsschule.

Nach Ottersberg wird die Landschaft flacher. Am Wehr steuern wir links den naturnahen Mittelarm an, der uns durch eine Wiesen- und Moorlandschaft von einzigartigem Reiz führt. Der weite Horizont, der hohe Himmel, die verstreut grasenden Pferde und Rinder sowie die durchsichtige klare Luft an sonnigen Sommertagen charakterisieren das Bild dieser anziehenden Gegend. Zwischen mächtigen Erlen und Eichenriesen malerisch eingebettet, liegt das Künstlerdorf Fischerhude. Ein niedriger Steg (umtragen), ein kleines befahrbares Wehr und viele hübsche reetgedeckte, auf Pfählen ruhende Entenhäuschen begrüßen uns in dieser alten Siedlung, in der die Zeit stehen geblieben scheint.

Nach Fischerhude fließen die Wümmearme meist zwischen niedrigen Deichen, die Strömung lässt stark nach, die Ufervegetation wird vielfach unüberwindbar. Eine Beendigung der Fahrt in Fischerhude bietet sich also an, vielleicht in Verbindung mit dem Besuch des Modersohn-Hauses.

Die Tour lässt sich aber bis fast in die Bremer Innenstadt fortsetzen, zwar etwas eintönig, aber ohne dass die bei Großstädten oft abstoßenden Industriebezirke in unser Blickfeld geraten.

Am nächsten Wehr entscheiden wir uns für den linken Arm, und unter mehreren niedrigen Holzstegen sich hindurchzwängend, an verträumten Bauerngärten vorbei, sind wir bald am Sportplatzwehr, an dem rechts umgetragen wird (Schwimmponton). Es folgen vier niedrige befahrbare Stufen (alte Wehre), dann vereinigen sich die einzelnen Wümmearme, und wir treiben am Ausflugsort Lilienthal vorüber bis zur Schleuse Kuhsiel. Wir können links neben dem großen, reetgedeckten Gasthaus anlegen und über die Straße in den Kuhgraben umtragen oder uns schleusen lassen (nach Anmeldung beim freundlichen Schleusenwärter).

Das schöne Gasthaus mit dem bewohnten Storchennest hinter uns lassend, paddeln wir im schnurgeraden, mit Teichrosen bewachsenen, stromlosen Kuhgraben durch Wiesen den hohen Häusern und Türmen der Stadt Bremen entgegen bis zum Bürgerpark. Nicht weit

Charakter, Tipps

Gemächlich fließender Heide- und Wiesenfluss, ohne Schwierigkeiten ab Lauenbrück ganzjährig befahrbar. Viele günstige Einsatzstellen (Scheeßel, Rotenburg, Ottersberg, Fischerhude) ermöglichen auch kurze Etappenfahrten.

Die Wümme fließt durch eine sehr eindrucksvolle, weite, überwiegend einsame Landschaft. Das Wasser ist sauber, oft herrliche Sandufer. Gute Bahnverbindung bis Lauenbrück. Pkw-Begleitung teilweise möglich, sonst Kontakt an Brücken. Nördlich von Bremen liegt das ausgedehnte NSG Blockland und Hollerland. An der Schleuse Kuhsiel wird je $^1/_2$ Stunde geschleust.

Zeltmöglichkeiten

Camping in Lauenbrück, TV Scheeßel (auf Anfrage), Camping Everinghausen, Otterstedter See (nicht am Fluss), Ebbensiek (am Nordarm) Camping Krentzel, Gartelmann, Zeltplatz Höftdeich, Bremen – Am Bürgerpark.

Sehenswertes

Lauenbrück: Großer Wildpark, auf dem Campinggelände uralter Eibenhain.

Scheeßel: Barocke Saalkirche (18. Jh.), Findlingsblöcke – Heidenkultstätte, Heimatmuseum – alte Trachten, schöne Höfe.

Rotenburg: Heimatmuseum (Bauernhaus von 1695).

Ottersberg: Amtshaus im ehemaligen Schloss.

Fischerhude: Reetgedeckte Bauernhäuser, Künstlerkolonie, Otto-Modersohn-Haus, Heimatmuseum.

Bremen: Prächtiges Rathaus, Ratskeller, Rolandsäule, Dom St. Petri, Schütting (Handelskammer), Schnoorviertel, Böttcherstraße mit Roseliushaus, Kunsthalle, Überseemuseum, Hafen, Park am Stadtgraben, Windmühle u. v. a.

Auto nachholen

Lauenbrück, Scheeßel, Rotenburg und Ottersberg (nicht jedoch Fischerhude) liegen an der viel befahrenen Eisenbahnstrecke Bremen–Hamburg.

Kartenmaterial, Kanu-Literatur

Generalkarte 1:200000, Blatt 3/4 und 5; amtliche Karte 1:100000, Blätter Soltau und Bremen; Kanuwanderbuch für Nordwestdeutschland.

---

davon liegt der Städtische Campingplatz, der als Standquartier für einen längeren Aufenthalt hervorragend geeignet ist. Natürlich können wir auch auf der Wümme weiter bis an den Zusammenfluss mit der Hamme nach Ritterhude fahren. Vorher zweigt linksufrig bei der Schleuse Dammsiel die Kleine Wümme ab, die sich 9 km durch das Naturschutzgebiet auch zum Bürgerpark schlängelt.

↩ 43 km

🕐 2-Tage-Fahrt

Nördlich der Meller Berge entspringend, durchbricht die Hunte zwischen Huntemühlen und Barthausen den steil abfallenden Kamm des Wiehengebirges und unterquert bei Bad Essen den Mittellandkanal. Hier teilt sich der Fluss in die Alte und Neue Hunte, die bei Bohmte wieder zusammenkommen. Immer in nördlicher Richtung fließend, erreicht die Hunte die weitläufigen Moore südlich vom Dümmer See und durchquert diesen rund 18 km² großen, doch keine 2 m tiefen Binnensee, dessen Ufer schon in vorgeschichtlicher Zeit besiedelt waren und der heute, obwohl teilweise als Naturschutzgebiet ausgewiesen, für die erholungssuchenden Städter ein Paddler- und Segler-Eldorado ist.

Am Nordufer verlässt die Hunte als einer der drei Abflüsse den See, berührt Diepholz, das umgeben von Moor und Bruchlandschaft noch manchen stillen Winkel in seinen Straßen erhalten hat, und erreicht, vielmals auf ihrer Strecke aufgestaut, den Luftkurort Wildeshausen, dessen 1100-jährige Alexanderkirche als eine der wichtigsten Baudenkmäler des Oldenburger Landes gilt. In nordwestlicher Richtung weiterströmend, teilweise tief eingeschnitten, berührt die Hunte schließlich die ehemalige großherzogliche Residenzstadt Oldenburg, um dann als Gezeitenfluss bei Elsfleth die Unterweser zu erreichen.

Für unsere Kanuwanderung wählen wir den ganzjährig befahrbaren Flussabschnitt zwischen Wildeshausen und Oldenburg, der, nur wenig reguliert, eine schöne Knicklandschaft durchfließt und auch etliche kulturelle Sehenswürdigkeiten bietet.

Schon in Wildeshausen, wo wir die Boote zu Wasser lassen, können wir die Alexanderkirche, das gotische Rathaus mit seinem Treppengiebel und etwas südlicher das bekannte Pestruper Gräberfeld, den größten Friedhof der Bronzezeit in Norddeutschland, bewundern. Im Schatten der St.-Alexander-Basilika, die als eines der bedeutendsten mittelalterlichen Baudenkmäler gilt, setzen wir am Wehrauslauf des Kraftwerks unsere Kanus ins Wasser.

Durch die Wildeshausener Geest, teilweise tief eingeschnitten, pendelt die Hunte mit überraschend

△ *Mehrere kleine Schwalle beleben die Hunte.*

Anfahrt
BAB 1 Bremen–Osnabrück,
Ausfahrt Wildeshausen-Nord
oder -Süd, B 213 in die Stadt.

OLDENBURG

HUNDS-
MÜHLEN

LE THE

BAB 29

BAB 28

WARDENBURG

B 69

SANDKRUG

BARNEFÜHRER
HOLZ

NSG
GIERENBERG

KIRCHHATTEN

L 71

SANDHATTEN

HUNT-
LOSEN

C

OSTRITTRUM

NEERSTEDT

N

C

AMELHAUSEN

NSG

EH.ÖLMÜHLE

DÖTLINGEN

GLANE

HIER EIN-
SETZEN

B 213

BAB 1

NSG
STEINGRAB GLANER BRAUT

ENGELM...
HAAKE

WILDESHAUSEN

0   5 KM

NSG

AUE

B 213

PESTRUPER
GRÄBERFELD

Die Hunte ist ein lohnender, nur wenig verbauter Wanderfluss.

zügiger Strömung in nordwestlicher Richtung. Unter der Eisenbahnbrücke hüpfen die Boote durch den kurzen, spritzigen Schwall eines niedrigen Grundwehrs (Vorsicht bei Niedrigwasser), bald danach folgt die breite Autobahnbrücke. Danach wird es am Wasser ruhig, keine Straße berührt mehrere Kilo-

meter lang den Fluss, der zwischen sandigen Ufern seinen Weg sucht. Bei Wiekau zwingt ein hoher Geestrücken die Hunte zu einer scharfen Spitzkehre. Vom steilen sandigen Prallhang rutschen unterspülte, entwurzelte Bäume in den Fluss, der ein paar hundert Meter weiter unbeirrt seine ursprüngliche Fließrichtung findet. Wir paddeln an der unauffälligen Mündung der Engelmanns Bäke vorbei. Vor seiner Sperrung war dieser Heidebach ein gern aufgesuchter Leckerbissen für sportliche Kajakfahrer.

Wenige Kilometer flussabwärts liegt rechts, hoch auf einem Hügel über der Hunte, die 700 Jahre alte Feldsteinkirche von Dötlingen, die sehenswerte Wandfresken birgt. Der wohlerhaltene, malerische Orts-kern mit seinen breiten, reetgedeckten niedersächsischen Bauernhäusern ist einen Besuch wert. Unter den folgenden Brücken bieten kurze Schnellen eine willkommene Einlage. Rechtsufrig steigen wir die steilen Hänge der sandigen Goldberge hinauf, von deren Buckel ein lohnender Blick ins Huntetal winkt. An der Wiese vor der Mündung des Rittrumer Mühlenbachs legen wir an; es ist Zeit zum Vespern.

Charakter
Lohnender, nur wenig verbauter Wanderfluss, ab Wildeshausen ganzjährig auch mit Faltbooten befahrbar, doch die vielen Mäander und Spitzkehren verlangen etwas Erfahrung. Die niedrigen Grundstufen (ehemalige Wehre) sind mit etwas Vorsicht gut paddelbar.

Zeltmöglichkeiten
Campingplätze am Dümmer See, sonst auf der Strecke: Dötlingen, Glane, Amelhausen, Sandhatten, Wardenburg, Oldenburg (OYC Gelände).

Befahrungsregelungen
Zwischen Wildeshausen und Wardenburg vom 1. 4. bis 15. 6. Fahrverbot, für Boote von mehr als 6 m Länge und 1 m Breite ganzjährige Sperrung.

Sehenswertes
Wildeshausen: St.-Alexander-Kirche, gotisches Rathaus (15. Jh.), Brunnen am Marktplatz, Burgberg, Galerie für moderne Kunst, Pestruper Gräberfeld, bei Dötlingen – Steingrab Glaner Braut u.a. *Dötlingen:* Feldkirche, schöne niedersächsische Bauernhäuser. *Huntlosen:* Kirche (12. Jh.). *Oldenburg:* Altes Schloss (Residenz, heute Museum), Altes Palais, Augusteum – Kunsthalle, Hofapotheke, Hirschapotheke (17. Jh.), fünftürmige Lambertikirche, Hafen, Lappanturm, Schlossgarten, Staatstheater u.v a.

Auto nachholen
Vom Oldenburger Yachtclub sind es ca. 40 Min. Fußweg zum Hauptbahnhof. Von dort etwa stündlich Bahn-/Busverbindung nach Wildeshausen.

Karten, Kanu-Literatur
Generalkarte 1:200000, Blatt 3/4 bzw. Blatt 6; amtliche Karte 1:100000, Blatt Oldenburg; Kanuwanderbuch für Nordwestdeutschland.

⌇ 26 km

🕐 Tagesfahrt

Als einsamer, viel gewundener Marschfluss, der sich vor Jahrtausenden aus einer eiszeitlichen Schmelzrinne gebildet hat, entwässert das Fehntjer Tief die flachen, zur Nordsee kaum geneigten Moore und Geestrandgebiete zwischen Emden, Aurich und Hesel sowie den nördlichen Teil des Moormerlandes.

Unsere Kanuwanderung können wir bei überwiegend vorherrschendem, westlichem Wind in Emden anfangen, an windarmen Tagen und bei günstigem Ostwind ist es zu empfehlen, die Boote in Timmelhafen ins Wasser zu bringen, um nach ganztägiger Paddeltour in Emden, dem Tor zur Nordsee, zu landen. Eine große Anzahl von Seitenkanälen und das parallel verlaufende Ayenwolder Tief erlauben auch sehr schöne Rundwanderungen verschiedener Länge.

Südlich von Aurich, der ehemaligen Residenzstadt, deren Sehenswürdigkeiten wir bei einem ausgedehnten Spaziergang kennen lernen, liegt als Gemeindeteil von Großefehn einer der ältesten Fehnesiedlungen Ostfrieslands, das Haufendorf Timmel. In seinem malerischen, heimelig wirkenden Yachthafen, am südlichen Arm des Tiefs, beginnt unsere Tour.

Von der schrägen Bootsrampe schieben wir die Kajaks in das dunkle, moorige Wasser. An kleinen Yachten und Jollen vorbei paddelnd, erreichen wir die Straßenbrücke. Hier gesellt sich der Abfluss vom Boekzeteler Meer zu uns, dessen ausgedehnte Wasserfläche ein bevorzugtes Ausflugsziel für viele Naturfreunde und Wassersportler ist. Am Campingplatz Timmeler Meer können wir auch zelten.

Mit kräftigen Paddelschlägen vorangetrieben, schieben sich die Kajaks im Wasser durch ehemalige Moore und Marschwiesen, die durchschnittlich $1/2$ m unter dem Meeresspiegel liegen. Bald zweigt das fast gerade verlaufende Ayenwolder Tief (Rorichumer Tief) nach links ab; bei dessen Befahrung dienen uns seine Brücken als ausgezeichnete Aussichtspunkte. Doch wir bleiben rechts im Fehntjer Tief, das einsam und viel gewunden, begleitet von einem mehr oder weniger breiten, raschelnden Schilfgürtel, durch die stille, flache Landschaft nach Westen zieht.

△ *Volle Fahrt im Fehntjer Tief – Begegnung mit Gänsen.*

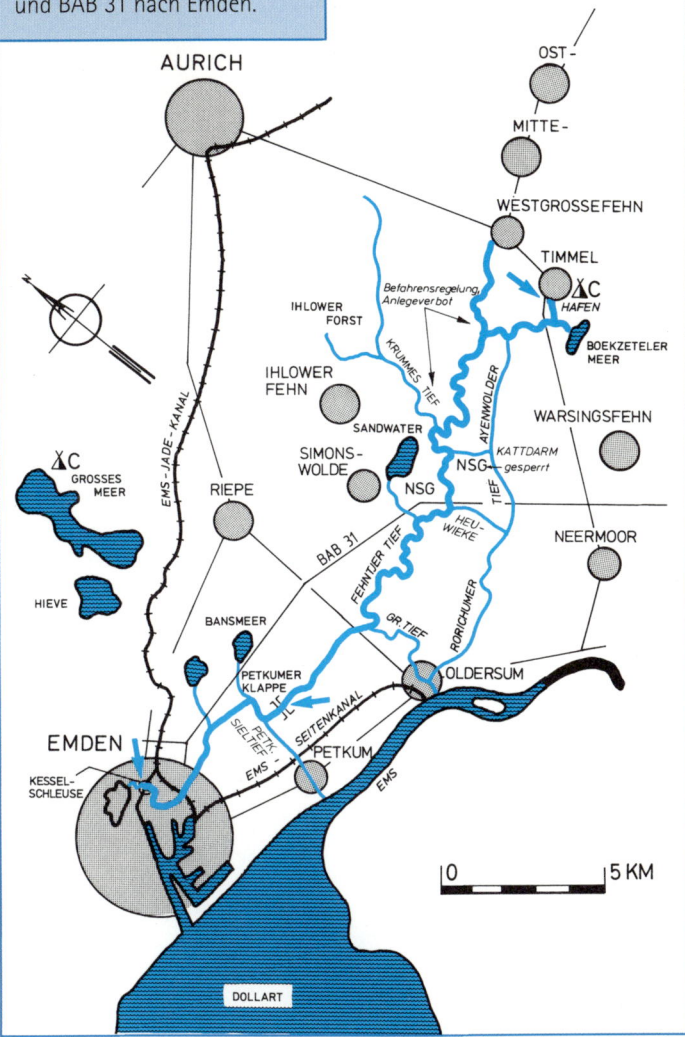

OST-

MITTE-

WESTGROSSEFEHN

AURICH

TIMMEL

⚓C
HAFEN

BOEKZETELER
MEER

IHLOWER FORST

Befahrensregelung,
Anlegeverbot

WARSINGSFEHN

IHLOWER
FEHN

KRUMMES TIEF

AYENWOLDER TIEF

SANDWATER

⚓C
GROSSES
MEER

SIMONS-
WOLDE

KATTDARM
gesperrt

NSG

NEERMOOR

RIEPE

NSG

HEU-
WIEKE

EMS-JADE-KANAL

BAB 31

FEHNTJER TIEF

RORICHUMER TIEF

HIEVE

BANSMEER

GR TIEF

OLDERSUM

PETKUMER
KLAPPE

SEITENKANAL

PETK. SIELTIEF

EMDEN

PETKUM

EMS-

KESSEL-
SCHLEUSE

EMS

|0 |5 KM

DOLLART

Paddelpause an der Petkumer Klappe.

Rechts nähern sich die Gittermasten einer Hochspannungsleitung. Weit am Horizont schiebt sich langsam die dunkle Wand des ausgedehnten Ihlower Forsts entlang, den wir über das seichte Krumme Tief erreichen können. Die mehrhundertjährigen, knorrigen Eichen des fast 300 ha großen Mischwaldgebiets stehen hier als Zeugen einer Zeit, als noch inmitten des Forsts das einflussreiche Kloster Ihlow bestand, dessen Mönche die umliegenden Hoch- und Niederungsmoore urbar machten und die ersten Wege und Straßen im Lande anlegten. Heute befindet sich lediglich ein Forsthaus an der Stelle des Klosters, das im 16. Jh. abgerissen wurde.

Nach vielen Flusswindungen kommen wir zum Kattarm, der links führend das Fehntjer Tief mit dem Ayenwolder Tief verbindet. Nach Unterqueren des neuen Autobahndamms der BAB 31 wählen wir an der nächsten Abzweigung den rechten Arm. Links fließt die schmale Heuwieke in südlicher Richtung zum Rorichumer Tief (weiter östlich in das Ayenwolder Tief übergehend). Wir nähern uns Simonswolde; hier liegt das Naturschutzgebiet Sandwater, eines der großen »Binnemeere« Ostfrieslands, auf dessen nördlichem Ufer eine sorgfältig renovierte, reetgedeckte Windmühle, ein so genannter »Galerieholländer«, steht. Der 2 km lange Sengesiel führt uns dort hin.

Eine Flussbiegung folgt der anderen. Mächtige Bauernhöfe stehen verstreut an den Ufern, bevor wir die Straße zwischen Oldersum und Riepe unterpaddeln. Nachher ist der Fluss etwas begradigt. Schon vom Boot aus bewundern wir die weiße Petkumer Klappe, eine der letzten handbedienten Klappbrücken. Das nette Wirtshaus nebenan lockt zur Einkehr.

Wieder in den Booten sitzend,

blicken wir zum westlichen Horizont, wo sich die spinnenartigen Silhouetten der Emder Hafenkräne zeigen. Noch einmal wendet sich das Fehntjer Tief kurz nach Norden, um bei »Binder Klappe« endgültig Emden anzusteuern. Den Ems-Jade-Kanal erreichend, ziehen wir weiter in westlicher Richtung und kreuzen den Kanal. An der runden Kesselschleuse, nach einer wunderschönen Fahrt im Stadtgraben, vorbei an den Villengärten von Emden steigen wir schließlich aus den Booten.

Um unsere Kanutour auch noch mit einer »Klettertour« zu kombinieren, steigen wir die vielen Stufen bis zur Spitze des neuen Rathausturms hinauf. Eine herrliche Rundsicht über die Marschlandschaft im Norden und Osten sowie über die Dollartbucht belohnt uns für die Mühe.

Charakter, Tipps
Einsames Gewässer, fast ohne Strömung, in beiden Richtungen ganzjährig befahrbar (je nach Windrichtung sind hier Faltboote und schlanke Eskimo-Kajaks ideal). Motorboote sind am Boekzeteler Meer nicht erlaubt.
Zur Orientierung ist eine gute Topografische Karte empfehlenswert. Artenreiche Vogelwelt.

Befahrungsregelungen
Zwischen den Abzweigungen Krummes Tief und Ayenwolder Tief Anlandeverbot; Befahrung erlaubt zwischen Sonnenauf- und -untergang. Kattarm: NSG, gesperrt.

Übernachtungen
Camping Timmeler Meer. Jugendherberge an der Kesselschleuse in Emden.

Sehenswertes
Aurich: Lambertikirche mit Glockenturm, Marktplatz, Schloss, Kanzlei- und Marstallgebäude, Ostfriesische Landschaft (Mausoleum), Staatsarchiv, Reformierte Kirche, Pingelhus, Stiftsmühle, Upstalsboom (Thingstätte) u.a.
Timmel: Boekzeteler Meer, Kirche, Frauenmeer.
Ostgroßefehn: Fehnshäuser, Klappbrücken, Mühlenmuseum, Arendshügel.
Westgroßefehn: Dorfbild mit Mühle, Schleuse, Fehnmuseum.
Emden: Rathaus (Rüstkammer, Ostfriesisches Landesmuseum), Henry Nannens Kunsthalle, Hafenanlagen, Wasserburg Hinte u.a.

Auto nachholen
Keine akzeptablen Verbindungen durch Bus oder Bahn.

Karten, Kanu-Literatur
Generalkarte 1:200000, Blatt 3/4; amtliche Karte 1:100000 Regionalkarte Ostfriesland; Kanuwanderbuch für Nordwestdeutschland; Kanuwandern im Weser-Ems-Gebiet.

⧖ 33 km

🕐 2-Tage-Fahrt

Hoch oben am Bergkamm des Oberharzes entspringt in mehreren Quellen beim Bergstädtchen Altenau die Oker. Im tief eingeschnittenen, engen Tal windet sich der Fluss nach Norden. Doch nur kurz springt er unbekümmert über Steine und Stufen, schon bald versperrt eine mächtige, fast 70 m hohe Betonmauer seinen Weg und staut in einem Bergsee 50 Mill. m³ Okerwasser, um es durch eine Trinkwasserfernleitung bis nach Bremen abzugeben. Unterhalb der Talsperre eilt der Fluss an der alten, geschichtsträchtigen Reichsstadt Goslar vorbei, bildet zwischen Vienenburg und Schladen ein enges Grabental und fließt danach, auf längeren Abschnitten begradigt, durch die ehemalige Residenzstadt Wolfenbüttel und das welfische Braunschweig. Zahlreiche Windungen charakterisieren den Unterlauf des Flusses, der im Düker eingezwängt die Schifffahrtsstraße des Mittelland-Kanals unterquert, um nachher im weiten Auental bei Müden linksufrig in die Aller zu münden.

Unterhalb der Okertalsperre ist die Oker auf kurzer Strecke ein Eldorado der norddeutschen Wildwasserfahrer (Genehmigung erforderlich); für Wanderpaddler ist der Fluss erst ab Schladen problemlos befahrbar. Vielleicht besichtigen wir auch noch das malerisch an der nahen Ilse liegende Kleinstädtchen Hornburg, aus dessen engen Gassen mit reichlich verzierten Fachwerkhäusern uns der mittelalterliche Atem anhaucht.

An der Straßenbrücke der B 82 in Schladen setzen wir unsere Boote in die flotte Oker. Über eine kleine Stufe hüpfend, schaukeln wir bald nordwärts durch das mit sanften Bögen regulierte Flussbett. Links begrenzen die Höhen des Oderwalds den Horizont, und vor uns erhebt sich ein steiler Erdhügel, Überbleibsel der ehemaligen Kaiserpfalz Werlaburg, an der im 10. Jh. von Heinrich I. der Ungarn-Ansturm gebrochen wurde.

Unter der niedrigen Eisenbahnbrücke hindurch erreichen wir das Wehr in Börßum. Ein spritziger Schwall trägt uns mit Schwung über die scharfkantige Steinschüttung. Man kann aber auch links umtragen. Der nächste Schwall lässt nicht lange auf sich warten,

△ *Durch eine Parklandschaft nähern wir uns Wolfenbüttel.*

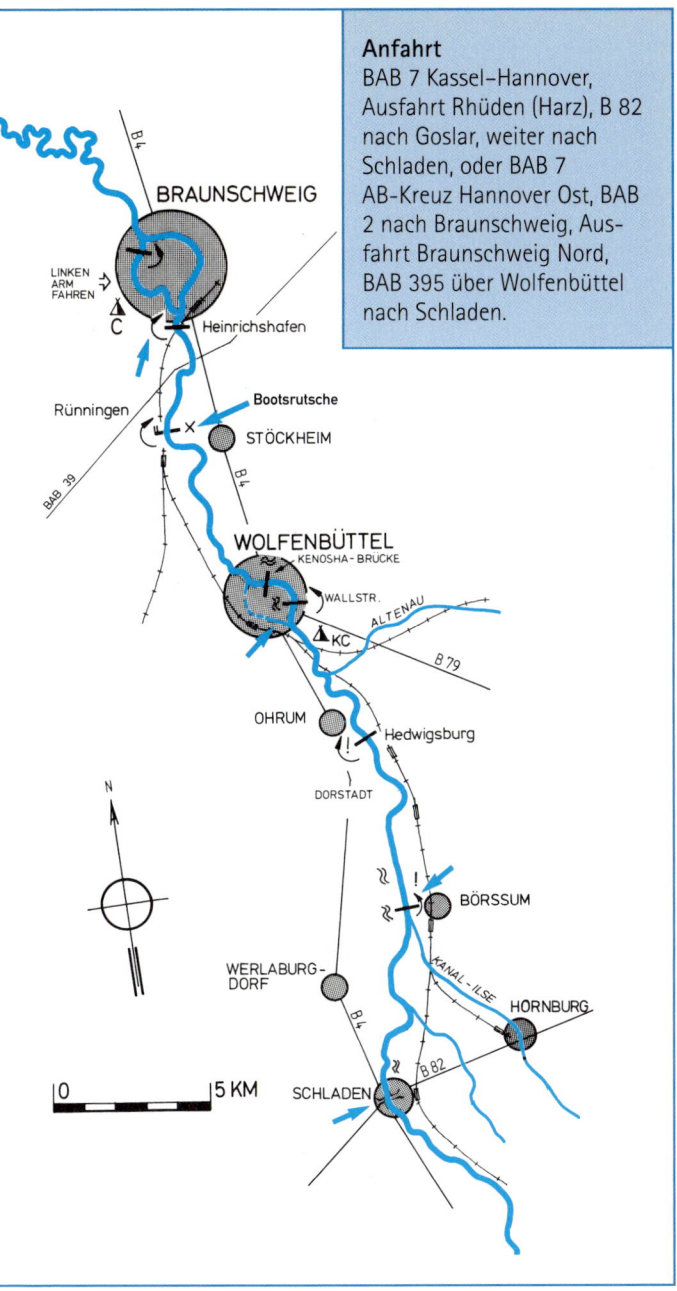

Anfahrt

BAB 7 Kassel–Hannover,
Ausfahrt Rhüden (Harz), B 82
nach Goslar, weiter nach
Schladen, oder BAB 7
AB-Kreuz Hannover Ost, BAB
2 nach Braunschweig, Aus-
fahrt Braunschweig Nord,
BAB 395 über Wolfenbüttel
nach Schladen.

BRAUNSCHWEIG

B 4

LINKEN
ARM
FAHREN

C

Heinrichshafen

Rünningen

Bootsrutsche

X

STÖCKHEIM

B 4

BAB 39

WOLFENBÜTTEL

KENOSHA-BRÜCKE

WALLSTR.

ALTENAU

KC

B 79

OHRUM

Hedwigsburg

DORSTADT

N

BÖRSSUM

WERLABURG-
DORF

KANAL-ILSE

HORNBURG

B 4

0   5 KM

SCHLADEN

B 82

ein neuer Betonsteg mit einer Rohrbrücke kündigt ihn an. Der Fluss wird breiter, die Ufer der regulierten Strecke erschweren einen Ausstieg. Die Strömung lässt nach, und wir legen am Wehr der Hedwigsburger Zuckerfabrik an. Nachdem wir kurz links umgetragen haben, setzen wir unter einer mächtigen Pappel wieder ein. Bis zur Kanaleinmündung hat der Fluss wenig Wasser.

Durch eine parkähnliche Landschaft paddelnd nähern wir uns der alten Herzogenresidenz Wolfenbüttel. Die Oker teilt sich; im linken Arm steuern wir zum großen Parkplatz vor dem städtischen Schwimmbad,

Charakter, Tipps

Zuerst flotter, ab Ohrum langsam fließender, ab Schladen ganzjährig ohne Schwierigkeiten paddelbarer Wanderfluss (mit Faltbooten im Sommer erst ab Dorstadt).

Manche Wehre offen, dann mit angelegter Spritzdecke gut befahrbar. Pkw-Begleitung möglich, auch gute Bahnverbindung bis nach Schladen. Viele Sehenswürdigkeiten.

Zeltmöglichkeiten

Camping Wolfenbüttel, Braunschweig (hier auch bei Vereinen).

Sehenswertes

Goslar: Kaiserpfalz mit Ulrichskapelle, Rathaus, Pfarrkirche Peter und Paul, Klosterkirche Neuwerk, St.-Jakobi-Kirche, viele Museen, Siemenshaus, schöne Fachwerkhäuser, Stadtbefestigung u.v.a.

Schladen: Schlangenfarm, Werlaburg (nur Hügel).

Homburg: Burgruine, herrliche Fachwerkhäuser, Pfarrkirche Mariae Virgins.

Heiningen: Basilika St. Peter und Paul (13. Jh.).

Wolfenbüttel: Alte Herzogstadt, großartige Fachwerkbauten (Rathaus), Herzog-August-Bibliothek, Lessinghaus, Ev. Hauptkirche – Marienkirche, St.-Trinitatis-Kirche, Fachwerkkirche St. Johannis, ehemaliges Residenzschloss, Lessingtheater, Zeughaus, Teile der Stadtbefestigung, schöner Park u. a.

Braunschweig: Dom (12. Jh.), Burg Dankwarderode mit dem Braunschweiger Löwen, Pfarrkirche St. Martin am Altstadtmarkt, Benediktinerkirche St. Aegidien, Landesmuseum, Altstadtrathaus mit Marienbrunnen, Gewandhaus (Giebelfassade), Schloss Richmond, Museen, Theater u.v.a.

Auto nachholen

Gute Bahnverbindung Braunschweig–Wolfenbüttel–Schladen.

Karten, Kanu-Literatur

Generalkarte 1:200000, Blatt 7 und 9; amtliche Karte 1:100000, Blatt Goslar; Kanuwanderbuch für Nordwestdeutschland.

Ein spritziger Schwall trägt uns bei Börßum die Oker hinab.

der rechte Arm führt uns an der Stadt vorbei. Eine Stadtbesichtigung (auch abends) ist äußerst lohnend; ganze Straßenzüge restaurierter Fachwerkhäuser, die größte niedersächsische Schlossanlage, herrliche Kirchen, der Stadtmarkt mit dem einzigartigen Rathaus und Reste der Ringmauer verleihen der Stadt ihren Reiz.

Am nächsten Tag erwarten uns unter den Okerbrücken zwei Wehre, die wir umtragen (erste Brücke – rechtes Joch) oder befahren (Kenosha-Brücke – Rutsche). Im begradigten Flussbett (ab Klein Stöckheim) kommen wir zur Welfenstadt Braunschweig. Die Bootsrutsche in Rünningen würzt den Flussabschnitt. Rechts auf einer Terrasse über der Oker liegt das originell gebaute, spätbarocke Schloss Richmond. Es folgen die neue Autobahnbrücke, mehrere Eisenbahnbrücken, und im Heinrichshafen (Wehr links umtragen) landen wir bei den Zeltplätzen der Braunschweiger Kanuten, wo unsere Wanderung zu Ende geht.

Nicht weit von hier erheben sich auf einer Okerinsel in Stadtmitte der Dom, die Burg Dankwarderode und viele andere sehenswerte Bauten, denen wir einen Besuch abstatten sollten.

⊋ 85 km

🕐 **Kleine Ferienfahrt**

Von ihrer Quelle bei Leinefelde im Obereichsfeld bis zu der Mündung in die Aller legt die Leine über 280 km zurück. Zuerst in westlicher Richtung fließend, wendet sich der Fluss vor Friedland im fast rechten Winkel nach Norden und tritt hier in das fruchtbare, von langen Bergzügen umrahmte Leinetal ein, um über die alte Universitätsstadt Göttingen nach Northeim zu ziehen. Zwischen Einbeck und Gronau durchbricht die Leine im reizenden Engtal das Leinebergland und quert dann weiter nördlich die flache Senke vor der niedersächsischen Landeshauptstadt Hannover. Hier nimmt sie von rechts ihren größten Nebenfluss, die Innerste auf, um bereits als breiter Fluss die ehemalige Welfenstadt zu erreichen. Etwas verschmutzt unterquert die Leine anschließend den viel befahrenen Mittelland-Kanal und fließt in unzähligen Mäandern am Steinhuder Meer vorbei durch die norddeutsche Tiefebene bis nach Schwarmstedt, in dessen Nähe sie sich mit der Aller vereinigt.

Noch vor wenigen Jahren lohnte es sich, die Kanuwanderung auf der Leine schon in Friedland oder in der Universitätsstadt Göttingen zu beginnen. Doch im Zuge des Ausbaus der Eisenbahnschnellstrecke Kassel–Hannover wurde mit der Landschaft nicht zimperlich umgegangen. So hat man der Leine zwischen Göttingen und Hollenstedt ein neues, arg begradigtes Korsett aufgezwungen und ihre dadurch erhöhte Fließgeschwindigkeit durch viele Steinwurfstufen und Betonsteilwehre mit lebensgefährlichen Tosbecken und Rückläufen abgebremst. Vor Salzderhelden wurde das große, mehrere Kilometer lange Rückhaltebecken zum Naturschutzgebiet erklärt und für den Kanuwandersport gesperrt.

Aus diesem Grunde können wir diesen früher landschaftlich und wassertechnisch so schönen Flussabschnitt nicht mehr sicher und durchgehend befahren, und somit finden wir die erste günstige Einsatzstelle für eine Leine-Wanderung erst unterhalb der mächtigen Wehranlage in Salzderhelden. Bis nach Hannover verbleiben noch immer gute 85 km zu paddeln; für eine kleine Ferienfahrt mit vielen

△ *Eine Leinefahrt lohnt sich besonders, wenn der Frühling die Wiesen blühen lässt.*

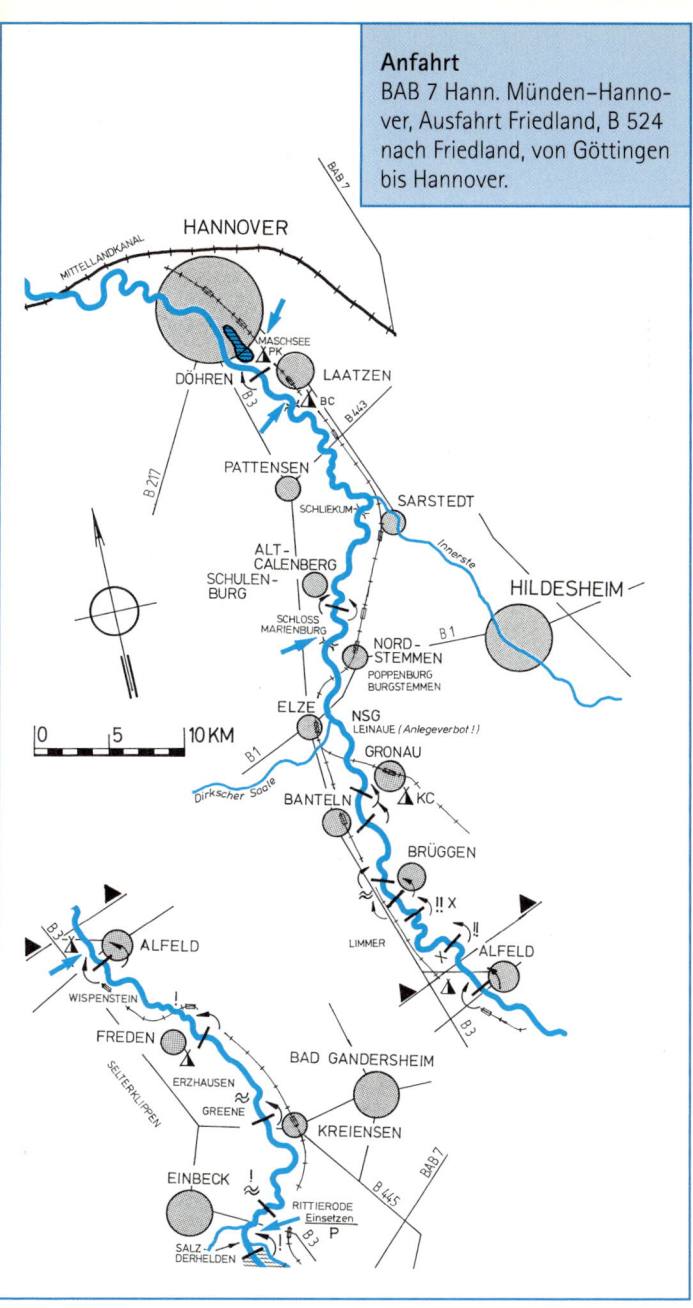

Anfahrt
BAB 7 Hann. Münden–Hannover, Ausfahrt Friedland, B 524 nach Friedland, von Göttingen bis Hannover.

HANNOVER

MITTELLANDKANAL

BAB 7

MASCHSEE
PK
DÖHREN
LAATZEN
BC
B 443

B 217

PATTENSEN

SCHLIEKUM

SARSTEDT

ALT-
CALENBERG
SCHULEN-
BURG

Innerste

HILDESHEIM

B 1

SCHLOSS
MARIENBURG

NORD-
STEMMEN
POPPENBURG
BURGSTEMMEN

ELZE

NSG
LEINAUE (Anlegeverbot!)

GRONAU

0   5   10 KM

B 1

Dirkscher Saale

BANTELN

KC

BRÜGGEN

!! X

ALFELD

B 3

LIMMER

!!

ALFELD

B 3

WISPENSTEIN

!

FREDEN

BAD GANDERSHEIM

SELTERKLIPPEN

ERZHAUSEN

GREENE

KREIENSEN

BAB 7

EINBECK

!!

RITTIERODE
Einsetzen
P

B 445

B 3

SALZ-
DERHELDEN

!

Besichtigungen und kurzen Ausflügen ist das restliche Leinetal nach wie vor sehr anziehend.

Schon zu Beginn unserer Wanderfahrt lohnt sich ein Abstecher (gute Busverbindung) in das unweit an der Ilme liegende Städtchen Einbeck, wo uns ganze Straßenzüge malerischer und pittoresker Fachwerkhäuser begeistern. Anschließend setzen wir rechts unter der Stauanlage in Salzderhelden unsere beladenen Boote ins flott abfließende Wasser des Flusses. Nahe der Einsatzstelle finden wir einen Parkplatz, und auch zum Bahnhof sind es nur wenige Schritte.

Kurz nach Salzderhelden, dessen dunkle Burgruine links über den Fluss herüberschaut, engen grüne, bewaldete Berghänge das Leinetal ein. Bei flotter Strömung überwinden wir das Schrägwehr in Rittierode und kommen an der Burgruine von Greene (heute Gedenkstätte für deutsche Kriegsgefangene) vorbei. Das dortige Wehr umgehen wir rechts. Linksufrig folgt dem Flusslauf der felsige Selter, ein Dolomitrücken, unter dessen Klippen sich das Becken des Pumpspeicherwerks Erzhausen befindet; rechts fällt der Sackwald mit seinen Hängen zum Fluss steil ab. Nach der Fredener Brücke liegen links das Gasthaus »An der Leine« und ein kleiner Campingplatz. Am schrägen Wehr gegenüber vom Bahnhof erleichtern Anlegerampen das Umtragen der Boote. Bald danach nähern wir uns einem weiteren Juwel des Leinetals – dem vom Bergwäldern umgebenen Alfeld, dessen Stadtbild von den weit sichtbaren Doppeltürmen der St.-Nikolai-Kirche bestimmt wird. Ein Besuch der Stadt ist sehr lohnend. Am unbefahrbaren Knickwehr unter der Brücke tragen wir links um, bei Hochwasser rechts; Vorsicht auf Sog! In mehreren Schleifen zieht uns die Leine flott nach Brüggen, unterwegs umgehen wir den unbefahrbaren, gefährlichen Sohlabsturz bei Limmer.

In Brüggen grüßt das mit einer reichgegliederten Fassade versehene barocke Herrenhaus – ein ehemaliges Schloss, dessen englischer Park bis an die Leine reicht. Nach dem Bantelner Schrägwehr, das wir rechts umgehen, steht versteckt am steilen Hang die Feldberger Kapelle, umgeben von uralten, mächtigen Linden. Gleich daneben liegt der kleine jüdische Friedhof.

Vor Gronau erweitert sich das Tal beckenartig; die Stadt lag früher auf einer Insel. Nach dem Wehr (umtragen) bleiben wir im linken Flussarm, kommen an den Sportanlagen und am Schwimmbad vorbei und paddeln durch Gronau. Weit sichtbar begleitet uns lange die doppelstufige Turmhaube der St.-Matthäi-Kirche, die einen herrlich geschnitzten Flügelaltar birgt. Unsere Kanus schaukeln nun an dem fast 1000-jährigen Elze vorüber. Ein paar Kilometer nordwärts schaut am Leineübergang der B 1 von einem dunklen Felsen die Ruine Poppenburg, eine ehemalige bischöfliche Trutzburg als Gegenstück zu Alt-Calenberg, auf den Fluss hinunter. Kurz danach gesellt sich von links die Haller zu uns. Stolz über der Leine thront auf ei-

Charakter, Tipps

Ab Salzderhelden ganzjährig leicht befahrbarer Wanderfluss, der überwiegend einsam (jedoch von Straßen und Eisenbahn begleitet) durch ein abwechslungsreiches Grabental in nördliche Richtung fließt.

An Schrägwehren gute Umtragemöglichkeiten. Vorsicht bei erhöhten Wasserständen, dann oft starker Sog; rechtzeitig anlegen! Zwischen Alfeld und Brüggen zwei gefährliche Steilstufen – vom Fluss spät sichtbar! Pkw-Begleitung teilweise möglich. Durchwegs gute Bahnverbindung. Viele Sehenswürdigkeiten.

Befahrungsregelungen

Auf der geschilderten Strecke keine, nur Uferbetretungsverbot zwischen Gronau und Burgstemmen.

Zeltmöglichkeiten

Freden, Gronau, Hannover, schöne Zeltmöglichkeiten auf abgemähten Wiesen nach Absprache mit den Landwirten.

Sehenswertes

Einbeck: Herrliche Fachwerkhäuser, Stadtmauer mit Pulver- und Storchenturm, Ratsapotheke, Brodhaus, dreitürmiges Rathaus, Stiftskirche St. Alexandri, St.-Jakobi-Kirche, das Fahrradmuseum, Biermuseum und Blaudruckwerkstatt.

Greene: Saalkirche, Fachwerkhäuser, Burgruine, Gedenkstätte für die deutschen Kriegsgefangenen.

Alfeld: Rathaus mit blauem Stein, St.-Nikolai-Kirche, Heimatmuseum (alte Lateinschule mit herrlicher Fassade), Faguswerk (moderne Fabrikarchitektur).

Gronau: Engelbrechtenscher Hof – Fachwerkhaus, St.-Matthäi-Kirche mit geschnitztem Flügelaltar und Kreuzigungsgruppe, Stadtmauer.

Nordstemmen: Neugotisches Schloss Marienburg.

Hannover: Marktkirche mit mächtigem Turm, St.-Clemens-Kirche, Leineschloss, Herrenhaus (barocke Gartenanlage), Altstädter Rathaus, botanischer Garten, Wilhelm-Busch-Museum, Opernhaus u. v. a.

Auto nachholen

Gute Bahnverbindung auf der gesamten Strecke.

Karten, Kanu-Literatur

Generalkarte 1:200 000, Blatt 7 und 9; amtliche Karten 1:100 000, Blätter Holzminden und Hannover; Kanuwanderbuch für Nordwestdeutschland.

---

nem Berg inmitten einer vorgeschichtlichen Fliehburg das märchenhafte neugotische Schloss Marienburg. Der Balkon über dem großen Rittersaal bietet einen großartigen Rundblick in das fruchtbare Calenberger Land. Die Domäne Calenberg, umgeben von

Teichen, ist noch immer der Sitz der Herzöge von Braunschweig und Lüneburg.

Vor dem Wehr der herrschaftlichen Mühle, deren Eingang der stolze Spruch schmückt »Die Juliusmühle bin ich genannt, dergleichen nich is in diesem Land«, ziehen wir noch einmal die Kanus aus dem Wasser und tragen links um. Von der drei-bogigen Steinbrücke ist es noch eine Halbtagestour bis nach Hannover, wo wir unsere Wanderung am besten am Vereinsheim des Paddel-Klubs, unweit des Maschsees, beenden.

▽ *Pittoresk erscheinen uns die alten Fachwerkhäuser in Einbeck.*

⊃ 32 km

🕐 Tagesfahrt

Dem kleinen Städtchen, in dessen unmittelbarer Nähe die Rhume entspringt, gab sie ihren Namen – Rhumspringe. Hier, abseits der viel befahrenen Harz-Heide-Straße, finden wir im Wald versteckt einen der größten Quellteiche Europas. Im türkisblauen, klaren Wasser sehen wir die mächtigen Quellen sprudeln; es sind fast 5000 l/Sekunde, die hier, von einem riesigen Einzugsgebiet zusammengeführt, das Licht der Welt erblicken. Als munteres Flüsschen läuft die Rhume in südlicher Richtung durch die kleinen, gepflegten Gärten des Ortes, unterquert mehrere niedrige Straßenbrücken und wendet sich nach Nordwesten. Auch nach der Kläranlage ist das Wasser noch immer kristallklar.

Das kann man etwas später von der Eller, die bei Rüdershausen in die Rhume mündet, nicht sagen. In schönen Schleifen umrundet das Flüsschen den weit sichtbaren Rüdershauser Kirchturm, und eine Reihe von umgestürzten oder überhängenden Weiden verengen das Flussbett. In Wollershausen springt die Rhume über ein Wehr, erst ab hier darf der Fluss befahren werden. Bis Gieboldehausen verläuft die Rhume in einem »Tunnel« aus Erlen.

Beim schön angelegten Kanugelände des WSV in Gieboldehausen verfolgt uns eine ganze Entenschar; unsere Brötchen, die zur Vesper bestimmt waren, fallen der Fütterung zum Opfer. Wir erreichen die Straße, landen rechts und tragen die Boote links über die Brücke bis hinter die Mühle. Wegen der etwas schwierigen Umtragestelle ist es sinnvoll, die Fahrt erst hier zu beginnen.

Flott geht die Fahrt weiter nach Bilshausen. Schon von weitem sehen wir die hohen Schornsteine der hier ansässigen Tonwerke. Vor der Straßenbrücke legen wir rechts an, überqueren dann die Straße links, tragen die Boote nach der Trafostation über die Treppen und sitzen schließlich wieder in den Kanus im Unterwasser. Vor einer Weiterfahrt sollten wir uns unbedingt noch die 1000-jährige Ortskirche anschauen.

Nach Lindau (rechts zu umtragendes Wehr), das eine Außenstelle des Max-Planck-Instituts vorwei-

△ *Am Kanugelände des WSC Gieboldehausen erwartet uns eine kleine Entenschar.*

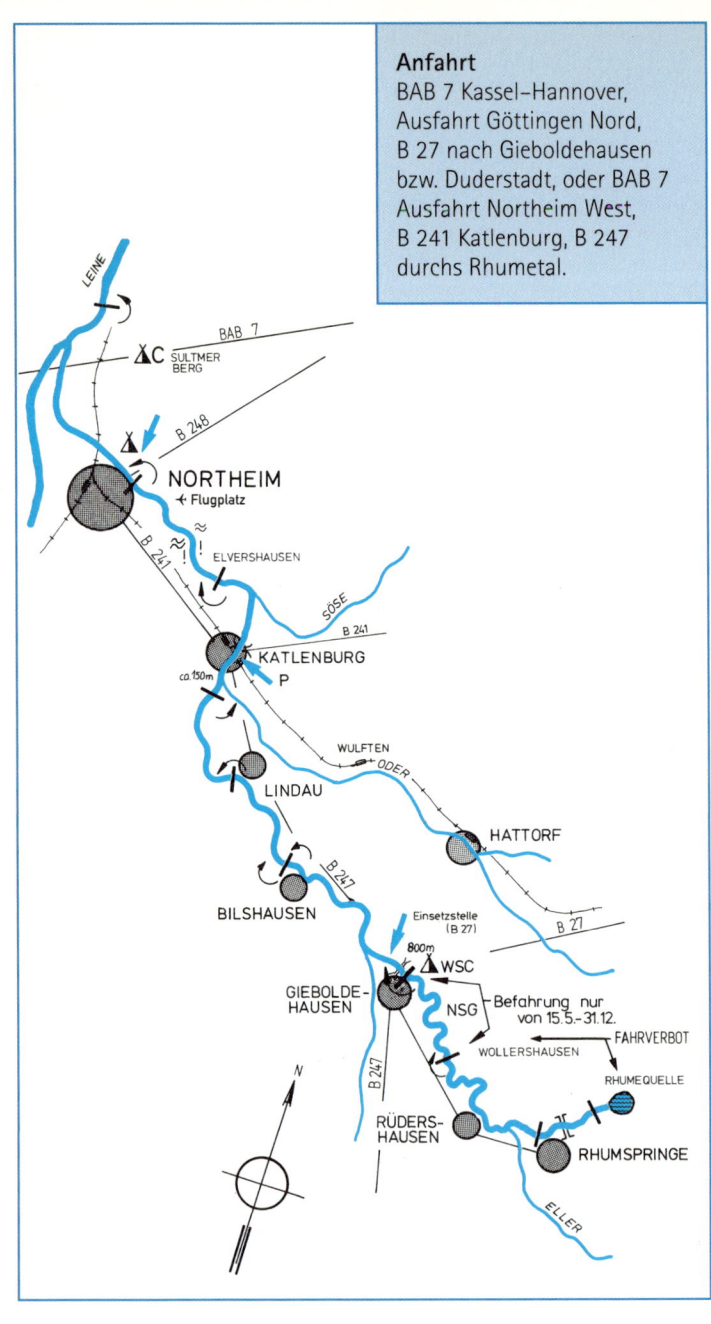

Anfahrt
BAB 7 Kassel–Hannover,
Ausfahrt Göttingen Nord,
B 27 nach Gieboldehausen
bzw. Duderstadt, oder BAB 7
Ausfahrt Northeim West,
B 241 Katlenburg, B 247
durchs Rhumetal.

LEINE

BAB 7

C SULTMER
BERG

B 248

NORTHEIM

✈ Flugplatz

B 241

ELVERSHAUSEN

SÖSE

B 241

ca.150m

KATLENBURG
P

WULFTEN

ODER

LINDAU

HATTORF

B 247

BILSHAUSEN

Einsetzstelle
(B 27)

800m

WSC

B 27

GIEBOLDE-
HAUSEN

NSG

Befahrung nur
von 15.5.–31.12.

WOLLERSHAUSEN

← FAHRVERBOT

RHUMEQUELLE

B 247

RÜDERS-
HAUSEN

RHUMSPRINGE

ELLER

N

Silbrig schimmernd lädt die Rhume zur beschaulichen Fahrt ein.

sen kann, nähern wir uns Katlenburg (rechts zu umtragendes Wehr), wo wir die ehemalige Augustinerinnen-Klosterkirche und das spätgotische Magazingebäude besichtigen. Leider blieb von der prachtvoll über dem Rhumetal gelegenen Burg fast nichts mehr übrig. So paddeln wir bald nordwärts weiter zur Mündung der Söse, die im Harz aufgestaut als Trinkwasserreservoir dient.

Unweit der Sösemündung warten auf uns einige kleine, meist befahrbare Wehre und das Elvershausener Wehr, an dem wir die Boote problemlos umtragen können. Hier nicht in den Turbinenarm hineinpaddeln – Sog! Anschließend genießen wir die hindernisfreie Flussstrecke entlang der steilen Hänge des Northeimer Waldes.

Vor Northeim zwängt sich die Rhume durch das Harztor zwischen

Charakter, Tipps

Sportliches, leider durch etliche Mühlenwehre immer wieder aufgestautes Wiesenflüsschen, dessen ausgeglichener Wasserstand eine ganzjährige Befahrung ab Gieboldehausen erlaubt. Der obere Flussabschnitt wurde für Kajakfahrten gesperrt, ab Wehr Wollershausen bis zum Kanugelände Gieboldehausen vom 15.5.–31.12. freigegeben. Pkw-Begleitung möglich.

Befahrungsregelungen

Oberhalb Wollershausen: ganzjährig gesperrt.
Bis Gieboldehausen: 15.5.–31.12. Nachtfahrverbot, Gruppengröße max. 12 Boote, Bootsgröße max. 6 m lang, 1 m breit. 1.1.–14.5. völliges Fahrverbot.
Gieboldehausen bis Katlenburg: Nachtfahrverbot, Uferbetretungsverbot, Bootsgröße max. 6 m lang, 1 m breit, Gruppengröße max. 12 Boote.

Zeltmöglichkeiten

Gieboldehausen - WSV - Gelände (nach Anfrage), Northeim (beim Bootsverleih) – Camping Seeburger See, Northeim – Sultmer Berg (beide nicht am Fluss).

Sehenswertes

Rhumspringe: Quelltopf der Rhume.
Duderstadt: Dreitürmiges Rathaus (13. Jh.), Steinernes Haus, St.-Cyriakus-Kirche, St.-Servatius-Kirche, Heimatmuseum, Altstadt.
Gieboldehausen: St.-Laurentius-Kirche (15. Jh.), Burgruine.
Katlenburg: St.-Johannes-Kirche, spätgotisches Magazingebäude, Burgruine (Siedlerschule).
Northeim: Fachwerkhäuser in der Altstadt.

Auto nachholen

Keine akzeptablen öffentlichen Verbindungen.

Karten, Kanu–Literatur

Generalkarte 1:200 000, Blatt 9; ADAC Freizeitatlas Östliches Niedersachsen 1:100 000; amtliche Karte 1:50 000, Blatt Osterode; Kanuwanderbuch für Nordwestdeutschland.

zwei Bergrücken hindurch und tritt in das flache Tal, um sich bei Hollenstedt mit der Leine zu vereinigen. Unsere Wanderung beenden wir beim Wehr am Gelände des kanufreundlichen Bootsverleihers. Wir dürfen als kleine Gruppe auch zelten, um am nächsten Tag durch die gut erhaltene mittelalterliche Stadt zu spazieren und uns an ihren Sehenswürdigkeiten zu erfreuen.

2 117 km

🕐 Ferienfahrt

An den südlichen Hängen des Thüringer Waldes bei Eisfeld entspringend, fließt die Werra, die oft als Oberlauf der Weser angesehen wird, durch ein breites Tal, von der Vorderrhön immer mehr nach Norden abgedrängt. Im »Salzbogen« zwischen Bad Salzungen und Mihla wird das Werrawasser durch Kalisalze angereichert, die hier über Jahrhunderte aus dem Erdinnern gefördert werden.

Riesige Abraumhalden bestimmen an manchen Stellen das Talbild des Flusses, der sich in vielen vollendeten Schleifen seinen weiteren Weg durch die abwechslungsreiche Mittelgebirgslandschaft zwischen dem Hainich und dem Schlierbachwald bahnt. Stolze Burgen und Schlösser begleiten die Werra auf ihrem Lauf in der schon immer exponierten Grenzlage zwischen Hessen und Thüringen, und manche Altstadt wie Meiningen, Creuzburg, Eschwege und Witzenhausen spiegeln ihre historischen Gemäuer im glatt dahinfließenden Wasser. Eingezwängt von den steilen Hängen des Kaufunger Waldes in ein enges, tief eingeschnittenes Tal, erreicht die Werra nach fast 300 km Flusslänge die Fulda, um mit dieser zusammen die Weser entstehen zu lassen.

Obwohl die Werra als Wanderfluss schon ab Meiningen auch für Zweier-Boote befahrbar ist, beginnen wir unsere Wanderung erst am Zeltplatz des KC in Hörschel. Der Grund: 16 unbefahrbare Wehre versperren den oberen Flussabschnitt. Bald nach dem Start erreichen wir das Kraftwerk Spiehra, an dem wir links umtragen, und paddeln bald durch einen großen Flussbogen. Links zeigt sich die Ringmauer des mittelalterlichen Städtchens Creuzburg, in dessen engen Gassen die Zeit stehen geblieben ist.

Die anschließende einsame Fahrt durch das vielfach gewundene, enge Werratal wird nur von den schrägen Wehren in Mihla und in Falken unterbrochen. Einladende Kiesbänke säumen die Innenbögen der vielen Flussschleifen, und nach den ehemaligen Grenzorten Treffurt und Großburschla erreichen wir Altenburschla. Eine gute Strömung treibt unsere Boote nach Wanfried, an dessen unbefahrbarem Wehr wir links umtragen. Hier

△ *Die Werra ist unterhalb Hörschel ein gemütlicher Wanderfluss.*

FULDA

rechten Flußarm
fahren !

C

HANN.
MÜNDEN

Letzter Heller

A 7

ZELLA

C

A 7

Hedemünden

GERTENBACH

NSG

B 27

B 80

WITZEN-
HAUSEN

C

HANSTEIN

UNTER-
RIEDEN

KC

LUDWIGSTEIN

Hufeisen-
Schleife

BAD SOODEN- ALLENDORF

C

ALBUNGEN

3x

JESTÄDT

B 27

FÜRSTENSTEIN

Wehre

Frieda

ESCHWEGE

KC

WANFRIED

ALTENBURSCHLA

GROSS-
BURSCHLA

TREFFURT

NSG

FALKEN

B 7

0   10 KM

BEBRA

CREUZBURG

Mihla

Herleshausen

X   steing !
Spichra

Einsetzen

*Alle NSG
Anlandeverbot!*

BEBRA

HÖRSCHEL

Hörsel

EISENACH

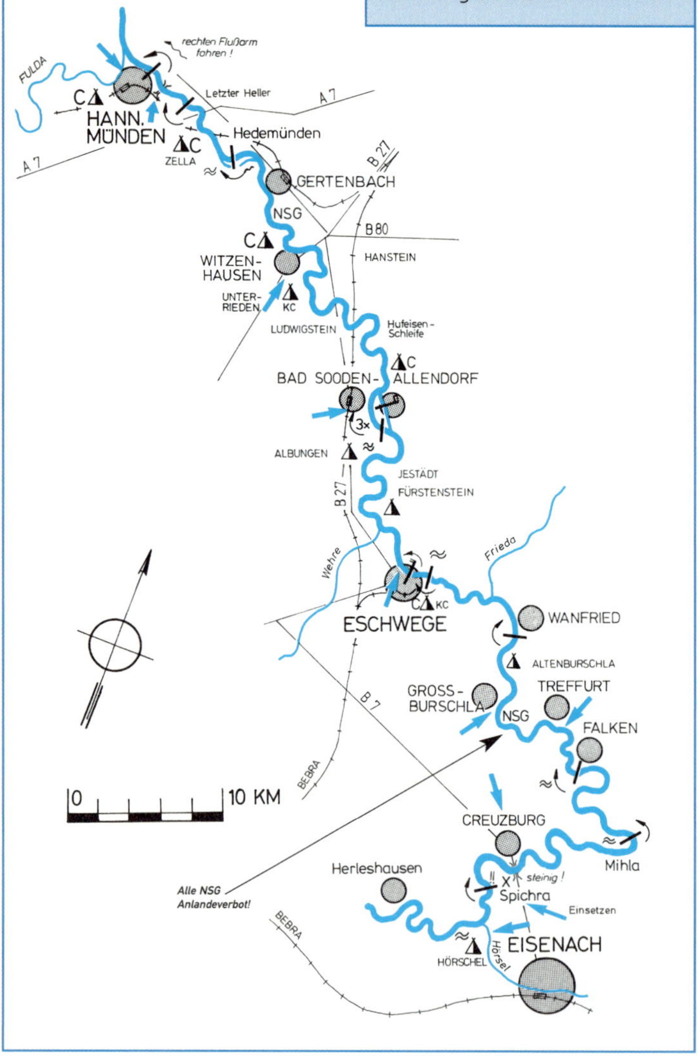

endete im vorigen Jahrhundert die Weser-Werra-Schifffahrt; alte Warenspeicherhäuser zeugen vom geschäftigen Leben des damaligen Binnenhafens.

Nach einer Flussbiegung bei Frieda weitet sich das Tal kesselartig aus, rechts am Hang steht Schloss Wolfsbrunnen, vor uns der Bismarckturm am großen Leuchtberg, hinter dem sich die alte Landgrafenstadt Eschwege versteckt. Linksufrig am Bootshaus des Eschweger Kanuclubs lassen wir unsere Kajaks liegen.

Bei der Weiterfahrt, nach Passieren des hübschen »Klein-Venedig«, müssen wir kurz nach der Straßenbrücke am Ende des schrägen Überfallwehrs die Kanus umtragen oder wir nutzen die Selbstbedienungsschleuse. Vorbei am Schloss, dann die letzten Gebäude des großen Industriegebiets linker Hand hinter uns lassend, erreichen wir Jestädt. Kurz nach dem Felsen des »Weinbergs« beginnt eine landschaftlich sehr ansprechende Talstrecke. Burg Fürstenstein, die Andreaskapelle und Schloss Rothestein begleiten die Flussschleifen.

Bei langsamer werdender Strömung erwarten uns das erste und zweite Allendorfer Wehr; wir paddeln jeweils rechts im Fluss weiter. Vor der alten Steinbrücke liegt das dritte Wehr; hier tragen wir die Boote über die neuen Treppenanlage links um. Ein Parkplatz bei der Brücke erleichtert das Abladen der Kanus beim Ein- und Aussetzen. Wir könnten natürlich auch rechts die alte, selbstbedienbare Schleuse ansteuern. Die Fahrt entlang der farbigen, mittelalterlichen Häuserkulisse lohnt sich. Die Schleusenanlage ist jedoch nicht immer in Betrieb (vorsichtig bedienen!)

Nach der ausgeprägten Hufeisenschleife bei Lindewerra durchbricht die Werra den Bergriegel zwischen Ludwigstein und der Hasenkanzel. Das Tal öffnet sich, und in der Flussbiegung bei der Flachsbachmühle erhaschen wir beim Zurückschauen den berühmten Zweiburgenblick.

Das nun flache Tal ertrinkt im Frühling in der weißen Farbe der blühenden Kirschbäume, welche die sanft ansteigenden Hänge rings um Witzenhausen bedecken. Im Sommer, nach der Ernte, dreht sich das ganze Gemeindeleben in dieser alten Stadt um die süßen Kirschen. Alljährlich wird das Kirschfest gefeiert, eine Kirschkönigin wird gekrönt, und aus dem Stadtbrunnen am Marktplatz fließt statt Wasser Kirschsaft. Weiter flussabwärts nähern sich links die Ausläufer des Kaufunger Waldes, und bei guter Strömung paddeln wir an den alten Fachwerkdörfern Gertenbach und Blickershausen vorüber. Vor dem Städtchen Hedemünden steuern wir an der Flussgabelung unsere Boote in den linken Flussarm, »die Lache«; dadurch umfahren wir das Hedemünder Wehr. Die Strömung lässt bald nach; langsam paddeln wir in ein bewaldetes Engtal hinein. Erst kommt ein Campingplatz, dann eine Bootsanlegestelle und hoch über dem Fluss die schlanke, 400 m lange Autobahnbrücke. Noch ein paar hundert Meter und wir legen links vor der Schleuse neben dem mit Türmchen versehenen Wehr des Kraftwerks »Letzter Heller« an.

Jetzt heißt es aussteigen, Boote auf die bereitstehenden Wagen, dann kräftig bremsen – es geht steil hinunter zum Unterwasser. Wir lassen uns für die letzten Kilometer durch das grüne Tal viel Zeit. Die ersten Häuser der Stadt Hann. Münden ziehen an unseren Booten vorbei, unter der Eisenbahnbrücke halten wir uns rechts und erreichen so unter der alten Steinbogenbrücke hindurch die kleine Insel vor der Bootsschleuse. Ein Wagen erleichtert uns wieder das Umtragen. Nach wenigen Paddelschlägen sehen wir links auf der Inselspitze den Weserstein; hier, am Zusammenfluss der Fulda und Werra, beginnt die Weser. Wir fahren stromauf in den Schleusenkanal, wo wir neben dem Campingplatz an der Schleuse anlegen können.

Charakter, Tipps

Durch eine abwechslungsreiche, reizvolle Mittelgebirgslandschaft gemächlich fließender Wanderfluss, ohne irgendwelche wassertechnische Schwierigkeiten mit allen Bootstypen ganzjährig befahrbar. Besonders in der Obstbaumblütezeit (Kirschbaumblüte) ist eine Wanderfahrt zu empfehlen. Die Wehranlagen zwischen Spichra und Münden müssen umtragen werden, nur die Schleusen in Bad Sooden-Allendorf und Eschwege betriebsbereit. An der größeren Stauanlage »Letzter Heller« erleichtert eine Umtragerampe mit Wagen das Umsetzen der Boote. Die Werra ist im beschriebenen Abschnitt zwar Bundeswasserstraße, doch findet heute kein Schiffsverkehr mehr statt.

Die Wasserbelastung durch Salzeinleitungen aus den Kalibergwerken ist in den letzten Jahren weitgehend zurückgegangen. Eine fast durchgehende Pkw-Begleitung ist möglich, und die im Flusstal führende Eisenbahnstrecke ermöglicht ein Zurückholen der abgestellten Autos mit der Bundesbahn. Anfang Mai findet jedes Jahr eine Bootsrallye statt.

Befahrungsregelungen

In den NSG bei Treffurt und Witzenhausen ist die Durchfahrt erlaubt, es besteht jedoch Anlandeverbot.

Zeltmöglichkeiten

Zeltplatz KC Rennsteig Hörschel – Zeltplatz Altenburschla – Zeltplatz Wanfried – Mühlenanger, Eschwege – beim Bootshaus des Kanuclubs, Camping Eschwege, Camping bei Jestädt, Albungen am Gasthaus »Werratal«, Camping Witzenhausen, Camping Wallhausen, Laubach – Zella, Hann. Münden.

Sehenswertes

Eisenach: Wartburg, Marktplatz mit Brunnen, barockes Stadtschloss (Museum), Rathaus, Residenzhaus, Lutherhaus, Nikolaitor, Richard-Wagner-Museum, NSG Drachenschlucht, Hörselberg u.a.

Creuzburg: Stadtmuseum, Schloss.

Mihla: Rotes Schloss, Graues Schloss, barocke Dorfkirche; Treffurt: Burgruine Normannenstein.

Altenburschla: Kirche mit Bauernmalereien, Wohnhaus des »Propheten von Altenburschla« – Bruder Lorenz.

Wanfried: Fachwerkhäuser, Rathaus, Endpunkt der mittelalterlichen Schifffahrt, alte Speicher, Kran, Plesseturm (NSG) – schöne Aussicht.

Eschwege: Landgrafenschloss, Marktplatz mit Fachwerkfront, Altstädter Kirche mit Orgel, Nikolaiturm, Raiffeisenhaus, Bismarckturm, am Fluss »Klein Venedig«.

Albungen: Höllental, Wanderung zum Hollesee, Kasseller Kuppe, Burg Fürstenstein.

Bad Sooden-Allendorf: In Allendorf – mehrere Straßenzüge mit Fachwerkhäusern, Heimatmuseum, Heiliggeisthospital, alte Werrabrücke; Sooden – Söder Tor, Marienkirche, Salzamt, schöne Fachwerkhäuser.

Witzenhausen: »Kolonialschule« – im ehemaligen Wilhelmitenkloster, Stadtkirche, Kapelle des St.-Michael-Hospitales, Renaissance-Rathaus, Stadtmauer mit Wehrtürmen, prachtvolle Fachwerkhäuser, Völkerkundemuseum, Tropengewächshäuser.

Hedemünden: Berlepsch – Schloss, Arnstein, Ludwigstein, Mollenfelde – Europäisches Brotmuseum.

Hann. Münden: Herrliche renovierte Altstadt, Rathaus mit Portal und Freitreppe, St.-Blasius-Kirche, Werrabrücke, Weserstein u.v.a. – siehe auch Weser.

Auto nachholen

An den einzelnen Flussabschnitten öffentlicher Nahverkehr unterschiedlicher Qualität.

Karten, Kanu-Literatur

Generalkarte 1:200 000, Blatt 11; ADAC Freizeitatlas Hessen 1:100 000. – Deutsches Flusswanderbuch, Kanuwanderbuch für Südwestdeutschland, DKV-Gewässerführer für Ostdeutschland.

⚄ 118 km

🕐 Ferienfahrt

Fast 180 km legt die Fulda von ihrer Quelle an der Wasserkuppe in der Rhön bis zum Weserstein in Münden zurück. Auf dem vielfach gewundenen Weg durchquert sie, in nördlicher Richtung fließend, das geschichtsträchtige Land zwischen Rhön und Vogelsberg und verbindet dabei die barocke Bischofsstadt Fulda mit Bad Hersfeld, dessen romanische Stiftskirche jahrhundertelang die größte nördlich der Alpen war. Bei Bebra knickt der Flusslauf nach Nordwesten ab, um eingeengt im lieblichen, von steilen Waldhängen umsäumten Tal von der schmucken Residenzstadt Rotenburg durch die Enge von Beiseförth nach Melsungen zu eilen. Nach der großen Schleife bei Büchenwerra lockern die schroff abfallenden Berghänge ihre enge Umarmung, und die Fulda, von links gestärkt durch das klare Wasser der Eder, tritt in die Talweite von Kassel ein. Ein reizvoller architektonischer Teil der schönen Großstadt geworden, durchsägt sie nördlich die letzten Ausläufer des Kaufunger Waldes, um am Weserstein in Hann. Münden durch den berühmten »Kuss« mit der Werra die Weser entstehen zu lassen.

Unsere Flusswanderung beginnt in Bad Hersfeld, wo schon im frühen Mittelalter die dort ansässigen Benediktinermönche mittels Einbäumen einen Bootsverkehr zwischen ihrem Kloster und dem in Fulda aufrechterhielten. Nach der Stadtbesichtigung finden wir eine gute Einsatzstelle am Hersfelder Kanuclub oder beim Reit- und Fahrverein. Am nahen Steilwehr erleichtert ein Treppchen das Umtragen der Boote.

Unter mehreren Brücken hindurch trägt uns die Fulda zuerst im ausgebauten, regulierten Flussbett zum Mecklarer Wehr, an dem wir links umtragen. Kurz danach folgt Bebra, heute ein wichtiger Eisenbahnknotenpunkt. Hier ändert die Fulda in einem Linksbogen ihre Fließrichtung nach Nordwesten. Rechts, unweit des Flusses, liegt das 1200-jährige Lispenhausen mit seiner Wasserburg. Nach der Haselbachmündung paddeln wir am Rotenburger Campingplatz vorbei und steuern links vor der Stadtbrücke zur ehemaligen, heute verschütteten Schleuse, wo wir links umtragen können.

△ *In der Fuldaschleife bei Schwarzenberg.*

Anfahrt
BAB 7 Fulda–Kassel, vom Kirchheimer Dreieck auf die BAB 4, Ausfahrt Bad Hersfeld.

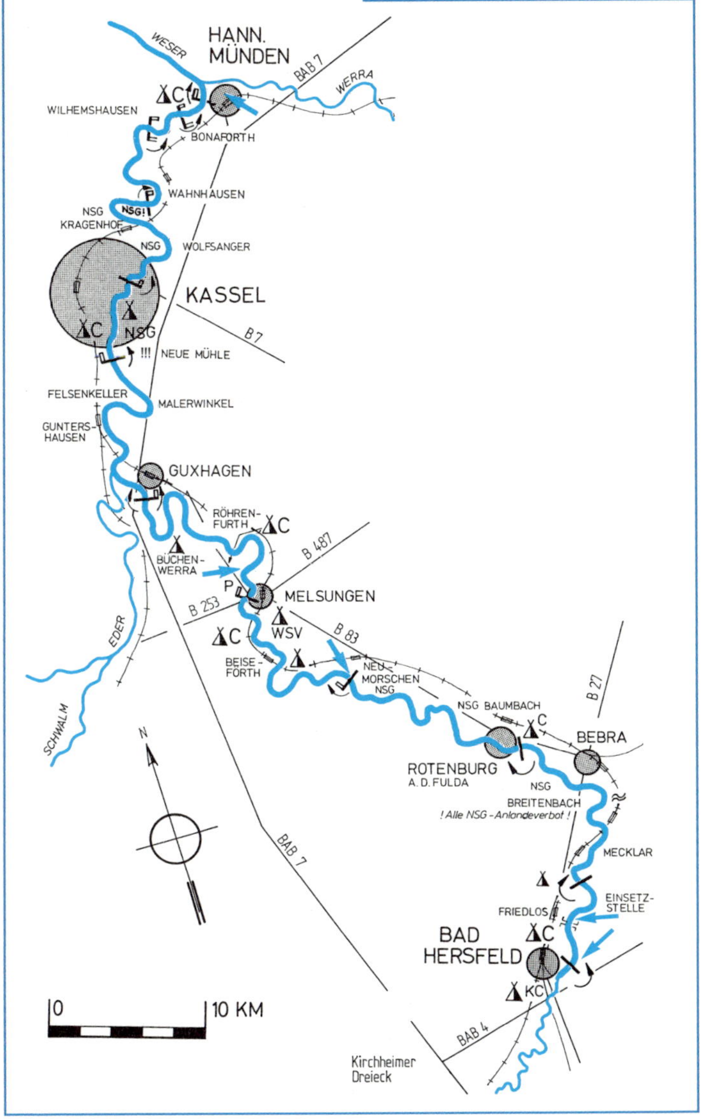

HANN.
MÜNDEN

WESER

BAB 7

WERRA

WILHEMSHAUSEN

BONAFORTH

WAHNHAUSEN

NSG
KRAGENHOF

NSG!

NSG

WOLFSANGER

KASSEL

B 7

NSG

!!! NEUE MÜHLE

FELSENKELLER

MALERWINKEL

GUNTERS-
HAUSEN

GUXHAGEN

RÖHREN-
FURTH

B 487

BUCHEN-
WERRA

EDER

B 253

MELSUNGEN

WSV

B 83

BEISE-
FÖRTH

NEU-
MORSCHEN
NSG

NSG BAUMBACH

B 27

SCHWALM

N

ROTENBURG
A. D. FULDA

NSG

BEBRA

BREITENBACH
! Alle NSG -Anlandeverbot !

MECKLAR

BAB 7

EINSETZ-
STELLE

FRIEDLOS

BAD
HERSFELD

KC

0   10 KM

Kirchheimer
Dreieck

BAB 4

Charakter, Tipps

Geruhsam fließender Wander- fluss, ab Bad Hersfeld ganzjährig auch mit Faltbooten befahrbar. Landschaftlich eindrucksvoll, steil abfallende Waldhänge begleiten in langen Abschnitten den Fluss- lauf, nur bei Kassel weitet sich das Tal kesselartig aus. Ab Meck- lar Bundeswasserstraße, teilwei- se mit Kilometrierung versehen, wenig Bootsverkehr. Unterhalb Kassel an Feiertagen verstärkter Motorbootbetrieb, von Kassel bis Spiekershausen Personenschiff- fahrt. Alle Wehre unterhalb Ro- tenburg sind mit Schleusenanla- gen versehen.

Flussaufwärts von Kassel sind die Schleusen für Selbstbedienung eingerichtet, flussabwärts wer- den sie von Personal bedient (Schleusenzeiten 16.4.–30.9. bei Tageslicht, gebührenfrei). Ein Teil der Schleusen ist jedoch außer Betrieb; in diesem Fall stehen zum Umfahren der Boote Gleis- loren zur Verfügung (diese bitte wieder zum Oberwasser zurück- schieben!).

Zeltmöglichkeiten

Bad Hersfeld, Camping im Geis- tal, Camping Rotenburg, Beise- förth, Obermelsungen, WSV Mel- sungen, Wagenfurth, Büchen- werra, mehrere Plätze in Kassel, Hann. Münden.

Sehenswertes

Bad Hersfeld: Stadtmauer mit Wehrturm, Rathaus mit herrli- cher Renaissancefassade, Ruine der riesigen Stiftskirche (9. Jh.), Katharinenturm mit Lullusglo- cke, gotische Stadtkirche, schöne Fachwerkhäuser, Duden-Denk- mal, Kurpark, Schloss Eichhof u.a. *Rotenburg a. d. Fulda:* Ehemalige Residenzstadt, mittelalterliches Stadtbild, Renaissanceschloss, Rathaus mit Freitreppe, Stadtkir- che St. Jakob, Stadtmauer mit Hexenturm, Gut Elingerrode u.a. *Altmorschen:* Zisterzienserkloster Heydau mit gotischem Kreuz- gang und Engelsaal, schöne Fach- werkhäuser, Orangerie. *Kassel:* Eine der schönsten und grünsten deutschen Städte, Stadt der Kirchen, Museen, Galerien und Parks, Brüderkirche (13. Jh.), Martinskirche mit Grabstätten der hessischen Landgrafen, Lan- desmuseum, Deutsches Tapeten- museum, Brüder-Grimm-Muse- um, Staatstheater, Ottoneum, Neue Galerie, Murhard-Park, Park Schönfeld mit botanischem Gar- ten, Karlsaue, Wilhelmshöhe mit Schloss und Park, Herkules, Kas- kade u.v.a.

Auto nachholen

Zwischen Bad Hersfeld und Hann. Münden regelmäßiger Bahnver- kehr.

Karten, Kanu-Literatur

Generalkarte 1:200000, Blatt 11; ADAC Freizeitatlas Hessen 1:100000. – Deutsches Flusswan- derbuch, Kanuführer für Süd- westdeutschland.

Bei der Weiterfahrt begleitet uns entlang des Flusses eine schöne Fachwerkfront. Wir haben nun eine reizvolle Strecke durchs wiesenreiche Fuldatal vor uns, das beiderseits von bewaldeten Höhenzügen eingefasst ist. In Morschen lugt die gotische Kirche des sehenswerten ehemaligen Zisterzienserklosters hervor. Die links liegende Stauanlage können wir selbst bedienen, doch schneller geht das Umtragen über die festen Landestege. Mit Faltbooten achten wir auf die Untiefen und spitzen Steine unter der nächsten Brücke sowie unter der neuen Eisenbahnbrücke der Schnellstrecke Hannover–Würzburg.

Das Tal verengt sich noch weiter, es folgt der Durchbruch von Beiseförth. Über kleine Schwalle und Schnellen paddeln wir durch die bewaldete Engstrecke, die bis Guxhagen mit vielen schönen Flussschlingen aufwartet. Nur das Wehr in der alten »Bartenwetzerstadt« Melsungen unterbricht die flotte Strömung. Es wäre fast eine Sünde, hier nicht aus den Booten zu steigen, um die Altstadt zu besuchen. Vor der Selbstbedienungsschleuse an der sechsbogigen Steinbrücke nisten manchmal Schwäne, deshalb bitte im weiten Bogen anfahren. Ebenso treibt sich ein Schwanenpärchen an der Anlegestelle am großen Parkplatz herum; doch ist es recht zahm und friedlich.

Am Schwall unter der Grebenauer Brücke beginnt dann die einzigartige große Fuldaschleife, in welcher der lang gestreckte Umlaufberg von Büchenwerra den Fluss mehrere Kilometer in südliche Richtung abdrängt, bis er sich in einer scharfen Kurve wieder seinen Weg nach Norden zurückerkämpft.

Am Auslauf der Guxhagener Schleuse beachten wir bei Niedrigwasser die flachen Stellen, da eine Grundberührung mit dem Faltboot meist nicht ohne böse Folgen bleibt. Nach der Autobahnbrücke gesellt sich unauffällig die Eder zu uns, deren grünes, klares Wasser sich lange mit dem dunklen der Fulda mischt. Nach Guntershausen (guter Ausbootplatz in Bahnhofsnähe) leuchtet am Hang links oben das Hotel »Felsenkeller«. Dahinter treiben die Kanus in die schöne, ebenmäßige Malerwinkel-Schleife.

Die nächste Autobahnbrücke sagt uns das neue Mühlenwehr an. Wegen des starken, gefährlichen Wehr- und Turbinensogs legen wir frühzeitig rechts vor der Wehrkrone an Treppen an, um so die Kanus mit einem Gleiswagen zum Unterwasser weiterzubefördern.

Danach zieht uns schon die Großstadt Kassel in ihren Bann. Linksufrig am Städtischen Campingplatz oder an einem der vielen Vereinsplätze finden wir sicher eine Möglichkeit zum Aufstellen unserer Zelte, um mindestens einen Tag den historischen Gebäuden, Museen, Schlössern oder Kirchen zu widmen. Großzügig angelegte Grünanlagen verschaffen der Stadt eine angenehme Atmosphäre, so dass wir am nächsten oder übernächsten Tag erholt weiterpaddeln können.

Am Städtischen Walzenwehr (Vorsicht, Sog!) schleusen wir oder fahren die Kanus rechts mit dem Gleiswagen um. Das wieder sehr enge

Ab Bad Hersfeld ist die Werra ganzjährig befahrbar.

Flusstal überrascht mit immer neuen Landschaftsbildern, die sich nach jedem Bogen kulissenartig vorbeischieben.

Ein Teil der herrlichen Kragenhofener Schleife steht unter Naturschutz; wir halten die Boote streng links in der Außenkurve, um das geschützte Gebiet nicht zu gefährden. Es folgen noch die Schleusen von Wahnhausen und Wilhelmshausen. Hier gibt es eine Bootsgasse, genauso wie am umgebauten Wehr in Bonaforth.

Bald darauf erblicken wir die ersten Häuser der wunderschön am Zusammenfluss mit der Werra liegenden Stadt Hann. Münden. Das den linken Flussarm sperrende Wehr ist bei gutem Wasserstand von erfahrenen Kanuwanderern befahrbar. Doch zum Zelten und für eine Stadtbesichtigung steuern wir zur Schleuse hinüber und legen auf der Insel »Tanzwerder« an. Dort erwartet uns ein kanufreundlicher Campingplatz; die Wanderfahrt ist zu Ende.

▷ 203 km

🕐 Ferienfahrt

Bei ihrer Entstehung durch den Zusammenfluss von Werra und Fulda in Hann. Münden ist die Weser schon ein stattlicher, ausgewachsener Fluss, der mit ruhiger Strömung in vielen unregelmäßigen Schleifen die landschaftlich ungemein reizvollen norddeutschen Mittelgebirgszüge durchquert, an der Porta Westfalica bei Minden das norddeutsche Tiefland erreicht und nach 430 km Flusslänge bei Bremerhaven von der Nordsee aufgenommen wird. Auf ihrem Wege zeigt uns die Weser viele, manchmal sehr verschiedene Gesichter. Ohne Hindernisse gemächlich strömend, ist sie ein Fluss der Ruhe, gleichzeitig ein Tummelplatz der Wassersportler, wenn an Wochenenden hunderte der verschiedensten Boote die Fluten beleben. Sie ist auch ein Fluss der Märchen und Sagen – erinnern wir uns nur an Doktor Eisenbart, der in Hann. Münden lebte, oder an das Märchen vom Dornröschen. Die im geheimnisvollen Reinhardswald versteckte Sababurg lieferte sicher den Brüdern Grimm die Kulisse für ihre Erzählungen. In Bodenwerder gab der »Lügenbaron« Freiherr von Münchhausen seine phantastischen Geschichten zum Besten. Auch Hameln mit seiner Rattenfängersage sowie die Bremer Stadtmusikanten dürfen hier nicht vergessen werden.
Die Weser ist aber genauso ein Fluss der deutschen Geschichte.

Viele Klöster wurden um die Jahrtausendwende an ihren Ufern gebaut und beherbergen heute unschätzbare historische Kunstwerke. Auch mehrere mittelalterliche Städte mit gut erhaltenen, reich gezierten Fachwerkhäusern und Schlössern der Weserrenaissance säumen den Strom und laden zum Aufenthalt ein. Das alles, zusammen mit der beschaulichen Landschaft, macht aus einer Kanuwanderfahrt auf der Weser ein unvergessliches Erlebnis.
Trotz wesentlicher Verbesserung der Wasserqualität gehört die Weser leider noch immer zu den von der Industrie meistbelasteten Flüssen Deutschlands. Die Versalzung über die Werra ist zwar durch teilweise Stilllegung der Kalibergwerke zurückgegangen, doch bleiben noch immer viel Salz und verschiedene Abwässer der Che-

△ *Die Türme der Kilianskirche begrüßen uns in Höxter.*

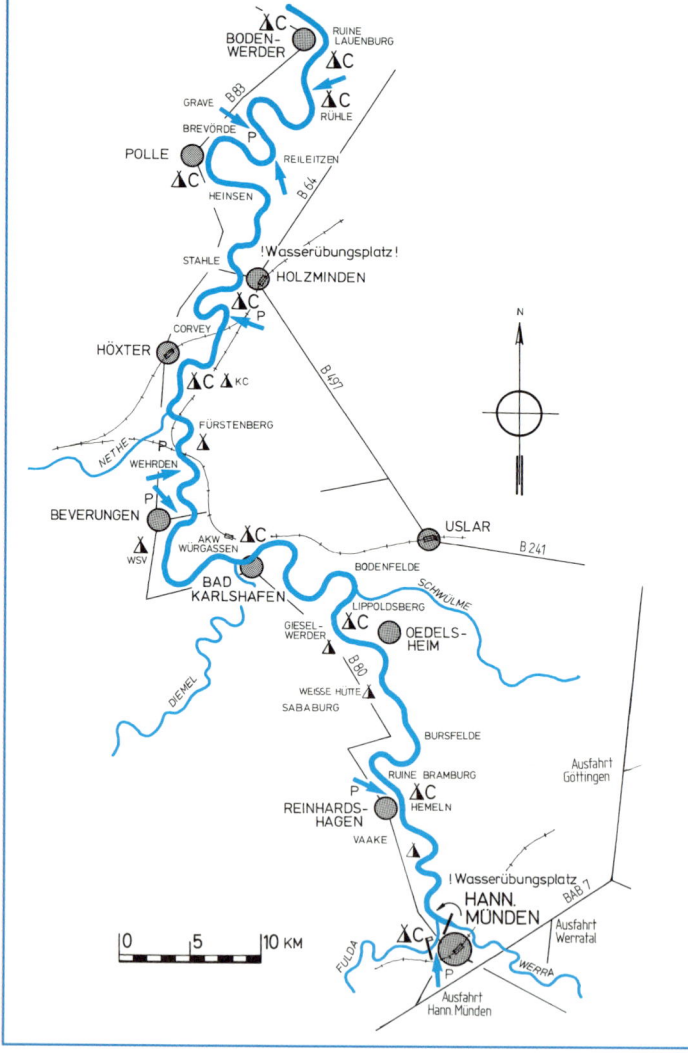

Anfahrt
BAB 7 Ausfahrt Hann. Münden oder BAB 7
Ausfahrt Hann. Münden–Werratal,
BAB 2 Hannover–Osnabrück, Ausfahrt Bad
Eilsen, B 83 über Hameln nach Karlshafen,
B 80 nach Hann. Münden (durchs Wesertal).

BODEN-
WERDER

RUINE
LAUENBURG

GRAVE

B 83

BREVÖRDE

RÜHLE

REILEITZEN

POLLE

B 64

HEINSEN

STAHLE

!Wasserübungsplatz!

HOLZMINDEN

CORVEY

HÖXTER

KC

B 497

FÜRSTENBERG

NETHE

WEHRDEN

BEVERUNGEN

USLAR

B 241

WSV

AKW
WURGASSEN

BODENFELDE

SCHWÜLME

BAD
KARLSHAFEN

LIPPOLDSBERG

GIESEL-
WERDER

OEDELS-
HEIM

B 80

DEMEL

WEISSE HÜTTE

SABABURG

BURSFELDE

Ausfahrt
Göttingen

RUINE BRAMBURG

REINHARDS-
HAGEN

HEMELN

VAAKE

!Wasserübungsplatz!

HANN.
MÜNDEN

BAB 7

Ausfahrt
Werratal

0   5   10 KM

FULDA

WERRA

Ausfahrt
Hann Münden

N

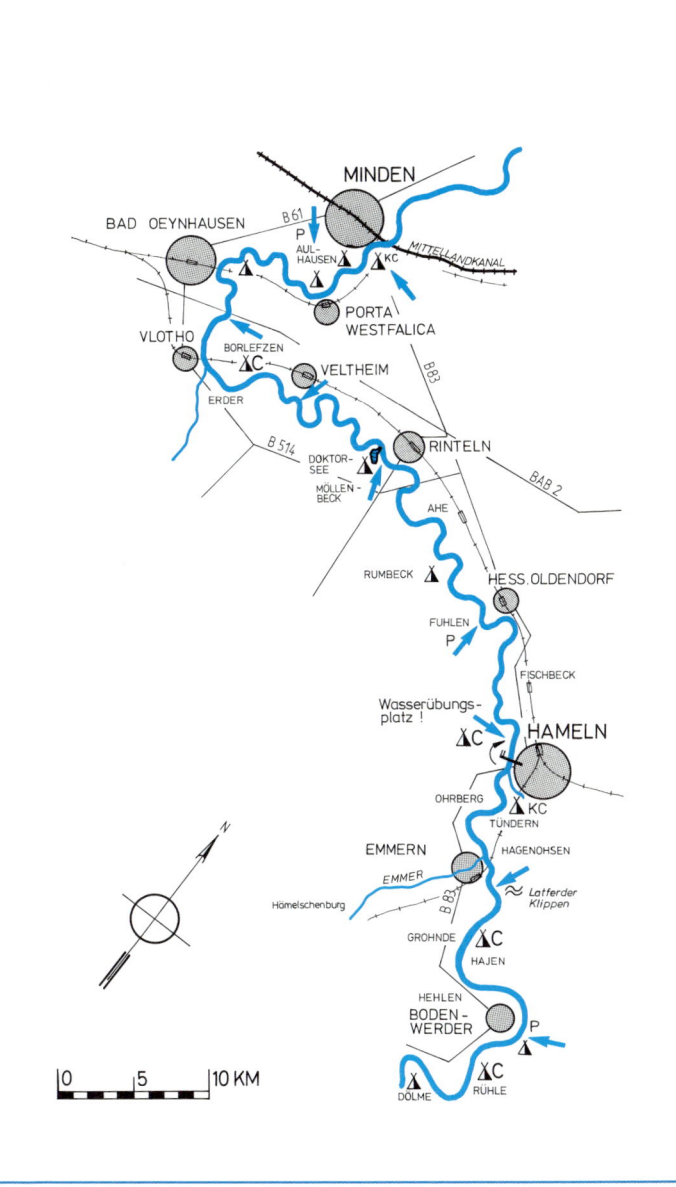

MINDEN

BAD OEYNHAUSEN
B 61
P
AUL-
HAUSEN
KC
MITTELLANDKANAL
PORTA
WESTFALICA
VLOTHO
BORLEFZEN
C
VELTHEIM
ERDER
B 83
B 514
DOKTOR-
SEE
RINTELN
BAB 2
MÖLLEN-
BECK
AHE
RUMBECK
HESS.OLDENDORF
FUHLEN
P
FISCHBECK
Wasserübungs-
platz !
C
HAMELN
OHRBERG
KC
TÜNDERN
EMMERN
HAGENOHSEN
EMMER
B 83
Hämelschenburg
Latferder
Klippen
GROHNDE
C
HAJEN
HEHLEN
BODEN-
WERDER
P
N
DÖLME
RÜHLE
C

0   5   10 KM

mieindustrie übrig. Weitere Besserung ist angesagt.

Wenn wir nicht bereits im Boot sitzend von der Fulda oder Werra ankommen, beginnen wir unsere Wanderfahrt am besten in Münden, oft noch Hannoversch Münden genannt. Malerisch auf einer Landzunge zwischen Fulda und Werra liegend, bietet diese alte Stadt so viel Sehenswertes, dass ein Tag zur Besichtigung kaum ausreicht.

Im paddlerfreundlichen Campingplatz auf der Flussinsel vor den Toren der Stadt sind wir gut aufgehoben; von hier aus setzen wir unsere Boote unterhalb der Schleuse ins Wasser. Vorbei am berühmten Weserstein mit der so oft zitierten Inschrift »Wo Werra sich und Fulda küssen...« führen uns die ersten Paddelschläge in den ruhigen, doch zügig strömenden Weserfluss. Wenn wir keinen Gegenwind haben, können wir ab jetzt in den Kanus herrlich faulenzen, uns an der vorbeiziehenden Landschaft erfreuen, und nur hie und da mit dem Paddel ein wenig die Richtung korrigieren.

Die nächsten 40 km sind wahrscheinlich die reizvollsten; doch die Weser überrascht uns auch weiter flussabwärts immer wieder mit neuen prächtigen Landschaftsbildern. Über weite Strecken reichen jetzt die steilen Buntsandsteinhänge des Bramwaldes, des Sollings und des sagenumwobenen Reinhardswaldes rechts und links bis an den Fluss. Zwischen den vielen kleinen Dörfern, die die Weserufer schmücken, verkehrt noch wie in alten Zeiten so manche handgetriebene Hochseilfähre. Hier heißt es aufpassen, denn so eine Fähre hat natürlich Vorfahrt!

Gimte, Hilwartshausen und Vaake mit seiner schönen Häuserfront hinter uns lassend, verbringen wir anschließend im einladenden Veckerhagener »Brauhaus« eine angenehme Vesperpause. Am gegenüberliegenden Ufer, am Fuße des Bramwaldes, liegt Hemeln. Kurz danach, in einer scharfen Rechtskurve hoch über dem Fluss, versteckt sich im Wald die Ruine Bramburg, von der wir eine prächtige Aussicht ins Wesertal genießen können. Die Burg wurde zum Schutze des Benediktinerklosters Bursfelde errichtet, dessen weit emporragenden Türme wir zuerst vom Fluss aus erblicken. Nachher bewundern wir die kostbaren Fresken in der dreischiffigen Klosterkirche. Von Gieselwerder, heute ein Ortsteil von Oberweser, kommen wir nach einer Wanderung durch urwaldähnlichen Forst zu einem Dornröschenschloss – der Sababurg.

Wieder zurück in den Kanus, paddeln wir nach Lippoldsberg in einem großen Bogen nach Süden, um anschließend in einer vollendeten Schleife am Umlaufberg Kalberg vorbeizuziehen. Das Tal ist sehr eng; eine einsame Strecke, der so genannte Sollingdurchbruch, führt uns nach Karlshafen, wo wir am großen Campingplatz rechtsufrig gegenüber der Stadt anlegen. Über eine der wenigen Weserbrücken spazieren wir in die 1699 gegründete Hugenottenstadt. Im alten Hafenbecken spiegelt sich die weiß leuchtende Barockfassade des Rathauses. Der Hafen ist ein Überbleibsel des ehrgeizigen Schiffskanal-Projekts, das die Weser über das Diemeltal mit Kassel verbinden sollte.

Wenn wir etwas Zeit haben, scheuen wir nicht den steilen Aufstieg zum Hugenottenturm; der Ausblick auf die symmetrisch angelegte Stadt und ins Wesertal ist sehr hübsch.

Von links mündet knapp unterhalb der Stadt die Diemel, ein lohnendes Wanderflüsschen. Weiter flussabwärts säumt das rechte Ufer eine Felsgalerie – die Hannoverschen Klippen. Das enge Tal öffnet sich, vor uns liegt der Große Weserbogen. Unverhofft ragen wie riesige antike Amphoren die Kühltürme des stillgelegten Kernkraftwerks Würgassen hoch über dem Fluss auf. Wir paddeln links im Außenbogen vorbei und spüren, dass dieses technische Monstrum nicht in die liebliche Weserlandschaft hineingehört. Es dauert lange, bis unterhalb des reizvollen Städtchens Beverungen die drohenden Ungetüme am Horizont verschwinden.

In weiten, rhythmischen Schleifen teilt jetzt die Weser die hellen Kalksteinschichten des Lipper Berglandes vom rötlichen Buntsandstein des Sollings. Der flache Auboden des nunmehr breiten Tals ist von Kiesgruben zerwühlt und mancher Berghang durch Steinbrüche verwundet. Von den übrig gebliebenen Weideflächen entlang der Ufer beäugen uns Schafe und gescheckte Kühe, die an heißen Ta-

gen ins kühlende Wasser steigen. Rechts gegenüber der Nethemündung ragt hoch über dem Fluss das auf einem Felssporn erbaute Schloss Fürstenberg auf, seit fast 250 Jahren Sitz einer weltberühmten Porzellanmanufaktur. Eine Besichtigung des interessanten Museums und die Werksführung geben einen Einblick in die Geschichte der Porzellanherstellung.

Nach der nächsten Flussbiegung erblicken wir weit voraus Höxter, eine über 1100 Jahre alte Stadt, deren Kern noch immer mittelalterliche Züge trägt. Hier finden wir manches Kleinod der Weserbaukunst: reich geschnitzte, renovierte farbige Fachwerkhäuser mit ihren typischen »Fächerrosetten«, die romanische Kilianikirche, die Dekanai, das Rathaus mit seinem reizenden Erker. Ein Spaziergang am Weserufer führt uns zur berühmten Benediktinerabtei Corvey, die über viele Jahrhunderte hinweg als religiöses, politisches und kulturelles Zentrum des Nordens Deutschlands wirkte. Es lohnt sich, hier eine Tagespause einzuplanen. Auf dem geräumigen Campingplatz rechtsufrig vor der Brücke oder auch auf dem Zeltgelände des Wassersportvereins Höxter sind wir gut aufgehoben.

Bei der Weiterfahrt können wir vom Kanu aus noch einmal die majestätisch vorbeiziehenden Türme und alten Mauern der Abtei Corvey bewundern, bevor uns die Strömung in eine enge, unübersichtliche Südschleife hineinzieht. Hier müssen wir bei Begegnungen mit Ausflugsschiffen der Weserflotte

Auf der Weser ist noch manche Seilfähre in Betrieb.

besonders aufpassen, rechtzeitig ausweichen und die Kanadier und Kajaks mit dem Bug gegen die ankommenden Wellen halten. Bei Holzminden können wir vielleicht einige der 30 000 Düfte der dort ansässigen Aroma- und Parfümindustrie erschnuppern. Auf jeden Fall lohnt ein kurzer Aufenthalt am schattigen Marktplatz der Altstadt.

Flussabwärts von Holzminden pendelt die Weser von einem Prallhang zum anderen, vom Kiekenstein zum Kapenberg, Eckberg und Kollberg, oft nackten Fels dabei freilegend, und sägt so ihren Weg durch die Muschelkalkschichten der Ottensteiner Hochfläche. Nach dem Städtchen Bodenwerder, wo der bekannte Geschichtenerzähler Freiherr Hieronymus von Münchhausen lebte, verlässt der Fluss das enge Tal. In großen, sanften Bögen nähern wir uns dem zweiten Kernkraftwerk an der oberen Weser, Grohnde, das umgeben vom hohen Sicherheitszaun klotzig und steril in der Landschaft steht. Flott strömt die Weser über die »Latferder Klippen«, als möchte sie die Begegnung mit dem Atomzeitalter schnell hinter sich bringen. Doch die aus den Trichtern der hochgeschwungenen, mächtigen Betonkühltürme herausströmenden dicken, weißen Dampfwolken verfolgen bei ungünstigen Wetterverhältnissen weit ihren Lauf.

Beim Dorf Emmern verlangsamt sich die Strömung, der Rückstau des Hamelner Wehrs macht sich bemerkbar. Von hier aus können wir eine schöne Wanderung ins Emmertal zum Schloss Hämelschenburg, einem Juwel der Weserrenaissance, unternehmen. Im ruhigen Wasser erreichen wir dann langsam das Hafengebiet von Hameln und können dort rechts vor der Fußgängerbrücke am Anleger des KC Hameln anlanden.

Bei einer Weiterfahrt lenken wir kurz nach der Fußgängerbrücke unsere Boote halblinks zur großen Schiffsschleuse; an ihr rechts vorbei leitet eine Beschilderung zur Bootsschleuse und zur automatischen Bootsgasse. Sofern sie in Betrieb ist, öffnen wir durch Betätigen eines Druckschalters (dazu erst die dort angebrachte Anweisung durchlesen!) diese Gasse, fahren mit einigen Schlägen hinein, legen die Paddel an, fahren durch, paddeln im Unterwasser weiter und steuern weg vom Wehr zum linken Ufer.

Beim Durchfahren von Hameln halten wir uns links und achten auf den Schiffsverkehr. Nach Unterqueren der Straßenbrücken erreichen wir den Campingplatz. Hier schlagen wir unser Zelt auf, um der Metropole der Oberweser einen Besuch abzustatten. Wir werden nicht enttäuscht sein. Diese voller Leben pulsierende und doch so historisch wirkende Stadt zieht uns sofort in ihren Bann.

Viele Häuserreihen mit formenreichen, bunten Fachwerkfassaden, die in den letzten Jahren sorgfältig renoviert wurden, versetzen unsere Phantasie in die Zeit der Rattenfängersage, in die Zeit des mittelalterlichen Wohlstands, als Hameln eine reiche, bedeutende Hansestadt war. Die ausgedehnte Fußgängerzone ermöglicht ein ermüdungsfreies Laufen durch Gassen und Plätze dieser so sehenswerten Stadt. Voller Eindrücke kriechen wir spätabends in unsere Schlafsäcke und hören vielleicht noch im Traum das Flötenspiel des Rattenfängers...

Am nächsten Morgen trägt uns die Weser mit neuem Schwung weiter flussabwärts. Die Orte liegen jetzt etwas mehr vom Fluss entfernt; wahrscheinlich hat man sie wegen der oftmals drohenden Überschwemmungen so gebaut. Rechts beherrschen den Horizont die Süntelhöhen; mit ihren ausgedehnten Waldkomplexen und bizarren Felsformationen sind sie ein Paradies für Wanderer und Kletterer. Links begrenzt das Massiv des Rumbecker Berges das breite Tal. Mehrere Kieswerke säumen den Flusslauf, und es folgen viele einsame Flusskilometer, bis wir die nächste Stadt erreicht haben.

Rinteln begrüßt uns mit dem markanten mehrstöckigen Turm der Nikolaikirche und schönen Fachwerkhäusern. Erstaunt stellen wir fest, dass diese kleine Stadt schon vor mehr als 350 Jahren eine Universität besaß, die von Jérôme Napoleon erst 1810 geschlossen wurde.

Immer dichter wird jetzt am Fluss der Motorbootverkehr. Bei Erder sowie auf mehreren Strecken müssen wir auf Wasserskifahrer achten, die manchmal bedrohlich nah an unseren Booten vorbeiflitzen. Hier beginnt die letzte »Engtalstrecke«, und die Weser zeigt sich nochmals von ihrer schönsten Seite. Als nehme sie Anlauf, lässt sie sich weit nach Westen abdrängen und ändert ihre Richtung erst im großen Bogen bei Vlotho und Bad Oeynhausen. Das weltberühmte Bad ist durch eine Autobahn und Umgehungsstraße vom Fluss etwas abgeschirmt. Knapp vor der Werremündung finden wir in Rehme einen guten Anlegeplatz, um von da aus durch den schönen Kurpark zum stärksten Thermalsolegeysir der Welt zu spazieren.

Nun ist es nicht mehr weit zum letzten Höhepunkt unserer Weserfahrt. Links nähern sich die steilen Waldhänge des Wiehengebirgs. Bis zuletzt sehen wir nirgendwo einen Durchschlupf; erst knapp vor der Brücke kommt ein Linksbogen, und wir paddeln durch die Scharte – die »Porta Westfalica«. Unterhalb der Brücke finden wir dann eine gute Ausbootmöglichkeit sowie Zeltplätze.

Von hier aus ist der beste Aufstieg zum monumentalen, 87 m hohen Kaiser-Wilhelm-Denkmal am Wittekindberg. Auf der Terrasse erwartet uns ein großartiger Ausblick, mit dem wir vom so vielgestaltigen Weseroberlauf Abschied nehmen. Wir können natürlich auch weiter nach Minden fahren und am Bootshaus des MTV Minden oder der Faltbootabteilung des TV Jahn die Fahrt beenden, um mit einer Besichtigung der im letzten Krieg stark zerstörten und heute wieder aufgebauten alten Bischofs- und Hansestadt Minden nach dem landschaftlichen noch den urbanen Abschlusspunkt zu setzen.

Charakter, Tipps

Ganzjährig befahrbarer, ca. 50 m breiter Wanderfluss, der im regulierten Flussbett in vielen weiten Schleifen durch ein teils enges, teils breiteres, landschaftlich sehr schönes Tal mit guter Strömung fließt.

Für alle Bootstypen geeignet, bietet der Fluss die einzigartige Möglichkeit, die 200 km von Hann. Münden bis Minden nur mit einem Wehr (Bootsgasse) zu bewältigen. Die Strömung treibt uns dabei prächtig an; 40–50 km am Tage zu paddeln, ist kein Problem, doch für die unzähligen Sehenswürdigkeiten sollte man sich Zeit lassen und mindestens eine Woche für die Strecke planen.

Obwohl der Fluss ab Hann. Münden als Bundeswasserstraße eingestuft ist (Binnenschifffahrtsstraßenordnung!), herrscht auf der oberen Weser bis Hameln so gut wie kein Frachtverkehr; nur eine Personenschifffahrtslinie verbindet Münden mit Hameln. Unangenehm kann der rege Motorbootverkehr an Wochenenden werden. Darum ist es wichtig, mit Wanderbooten stets in der Nähe des Ufers zu fahren.

Zeltmöglichkeiten

Städt. Campingplatz Hann. Münden, hier auch DKV Zeltplatz, weitere Campingplätze in Hemeln, Oedelsheim, Gieselwerder, Karlshafen, Beverungen, Fürstenberg, Höxter, Holzminden, Polle, Rühle

(Rühler Schweiz, An der Himmelspforte), Grohnde, Hameln, Rinteln KC, Borleffzen, Porta, Minden. Zwischen Hann. Münden und Bursfelde nicht frei zelten, hier rechtsufrig Naturpark Münden.

Sehenswertes

Hann. Münden: Altstadt mit hervorragend restaurierten Fachwerkhäusern, Renaissance-Rathaus mit prächtigem Portal und Freitreppe, St.-Blasius-Kirche, Ägidienkirche, Werrabrücke (14. Jh.), Heimatmuseum, ehemaliges Welfenschloss, Weserstein u.a.

Vaake: Wehrkirche (Wandmalereien), Friedhof mit alten gusseisernen Kreuzen.

Veckerhagen: Barockes Jagdschloss.

Ruine Bramburg: Aussicht ins Wesertal.

Bursfelde: Benediktinerabtei, Klosterkirche mit Wandfresken, Sababurg (4 km) mit Tierpark, Urwald.

Gieselwerder: Wasserburg, Freilichtmuseum.

Lippoldsberg: Dreischiffige romanische Basilika, ehemaliges Jagdschloss des Landgrafen Karl von Hessen.

Bad Karlshafen: Barockes Hugenottenstädtchen, Rathaus, Hafen an der Diemelmündung, Invalidenhaus, Solequelle, Ruine Kruckenburg.

Beverungen: Fachwerkhäuser, Burgturm.

Wehrden: Wuchtiges Schloss – ehemalige Wasserburg, Schloss

Fürstenberg mit weltberühmter Porzellanfabrik.

Höxter: Ehemal. Hansestadt, romanische Kilianskirche, frühgotische Minoritenkirche, Fachwerkhäuser mit reicher Balkenornamentik, Rathaus mit Glockenspiel, Steinbrücke über die Weser, Benediktinerabtei Corvey.

Holzminden: Lutherkirche, Marktplatz, Geschmacksstoff-Industrie.

Polle: Burgruine (Freilichtbühne), Kirche, Fachwerkhäuser.

Bodenwerder: Romanische Klosterkirche, Kemnade, Geburtshaus des Freiherrn »Baron von Münchhausen« mit Museum, Brunnen, Schiffswerften.

Hehlen: Wasserschloss mit Türmen.

Emmern: Von hier Wanderung (4 km) zum Schloss Hämelschenburg.

Hameln: Ehemalige Hansestadt. Altstadt mit bürgerlichen Fachwerk- und Renaissancehäusern, Stadtmauerreste mit Pulverturm, Rattenfängerhaus, Stiftsherrenhaus, Münster St. Bonifatius, Lachsbrunnen, Marktkirche u. v. a.

Fischbeck: Romanische Kirche – dreischiffige Basilika mit Säulenkrypta, Kirchenschatz, Teppich mit Klosterlegende.

Hessisch-Oldendorf: Spätgotische Hallenkirche, Herrenhäuser, NSG Hohenstein im Sönte.

Rinteln: Ehemalige Universitätsstadt, Rathaus und frühgotische Kirche, Marktplatz mit Fachwerkhäusern.

Möllenbeck: Klosterkirche, Klosterkomplex mit Kreuzgang.

Veltheim: Denkmal, gegenüber Schloss Varenholz.

Vlotho: Alte Schifferstadt, Burgruine Wittekindstein, Schwedenschanze, Kleine oder Lippische Porta.

Bad Oeynhausen: Kurpark, Jordansprudel-Geysir, Deutsches Märchen- und Sagenmuseum, Auto- und Motorradmuseum.

Porta Westfalica: Kaiser-Wilhelm-Denkmal am Wittekindsberg.

Minden: Früher Hansestadt, Dom St. Peter mit Domschatz, Heimatmuseum, eines der ältesten deutschen Rathäuser, malerische Fischerstadt, »Schachtschleuse« – Schiffshebewerk.

Auto nachholen

Zwischen Hann. Münden und Minden überwiegend gut ausgebauter Bahn-/Busverkehr. Umsteigen notwendig. Einzelne Teilstrecken auch ohne Umsteigevorgang.

Karten, Kanu-Literatur

Generalkarte 1:200000, Blatt 7 und 9; ADAC Freizeitatlas Hessen und Nordrhein-Westfalen 1:100000, Panoramakarte Weserlauf mit Beschreibung (Stollfuß Verlag, Bonn). – Deutsches Flusswanderbuch; Kanuwanderbuch für Nordwestdeutschland; Wasserwandern auf der Weser – Prospekt der Kreisverwaltung Minden-Lübbecke.

⮂ 95 km

🕐 Kleine Ferienfahrt

Im zusammenhängenden Waldgebiet des Rothaargebirges, nicht weit von den Quellen der Lahn und Sieg, erblickt auch die Eder, »die Eilige«, in einer Bergmulde am Hang des fast 680 m hohen Ederkopfes das Licht der Welt. Als schmales Bächlein durchflitzt sie Erndtebrück, und in östlicher Richtung durch ein enges Tal hüpfend, sammelt sie die Gewässer des Wittgensteiner Landes. Nach den letzten Schleifen bei Battenberg wird aus ihr ein ausgewachsener Mittelgebirgsfluss, der im steinigen Bett eilend die alte Hessenstadt Frankenberg mit ihrem zehntürmigen Rathaus berührt. Von hier aus fließt die Eder durch ein bewaldetes Tal nordwärts bis nach Herzhausen, um den 26 km langen Eder-Stausee, der sich wie ein enger Fjord zwischen den grünen Kuppen der Ederhöhen windet, zu speisen. Unterhalb der Staumauern, nicht weit von Bad Wildungen, erreicht der Fluss eine fruchtbare Senke und grüßt südlich vorbeifließend die altehrwürdige Domstadt Fritzlar. In der Waberner Ebene wird bei Altenburg die windungsreiche Schwalm aufgenommen. Vorüber an Felsberg und dem aussichtsreichen Heiligenberg, die landschaftlich schöne Wolfershausener Schleife hinter sich lassend, vereint die Eder ihr grünklares Wasser mit den dunklen Fluten der Fulda.

Von den 177 Flusskilometern sind für Kanuwanderer ca. 150 km befahrbar. Doch die Befahrung der sportlichen Strecke von Raumland nach Frankenberg, die zwar durch ein reizendes Tal führt, aber dafür mit 17 teilweise befahrbaren Wehren gespickt ist, ist nur bei sehr gutem Wasserstand im Frühling oder nach Regenperioden ratsam. Für eine Wanderfahrt setzen wir unsere Boote in Frankenberg (unter dem Wehr – hier Parkplatz) oder linksufrig über eine Zufahrt von der Straße Frankenberg – Schreufa rechts vor einer Schlosserei ein. Dabei umgehen wir die lange Treidelstrecke, die im Frühsommer durch Ableiten des Flusswassers in Frankenberg entsteht. Gegenüber der Einsatzstelle schießt das Wasser wieder zurück in den Fluss.
Linksufrig begleitet uns noch eine Eisenbahnstrecke, rechts schmiegt

△ *Manche versteckte Halbinsel an der Edertalsperre lockt mit einem Kiesstrand zum Verweilen.*

Anfahrt
Von Kassel auf der BAB 49
Ausfahrt Wabern, B 253
(Fritzlar) über Bad Wildungen
(hier B 485 zur Edertal-Sper-
re), B 253 nach Frankenberg,
oder BAB 5 Frankfurt–Hers-
feld, Ausfahrt Alsfeld West,
B 62 nach Cölbe, B 252 nach
Frankenberg.

KASSEL

FULDA

BAB 44

GUNTERS-
HAUSEN

BAUNATAL

GRIFTE

FULDA

BAB 7

WOLFERS-
HAUSEN

NSG

FELSBERG

ALTENBURG

RHÜNDA

NIEDER-
MÖLLRICH

FRITZLAR

EDERAUEN
NSG

WABERN

BERGHEIM

WALDECK

AFFOLDERN

NSG

UNGEDANKEN

P

SCHWALM

EDERSEE

VÖHL

DKV

NSG
Ausgleich-
becken Affoldern

BRINGHAUSEN

BAD
WILDUNGEN

Korbach

HERZ-
HAUSEN

KIRCHLOTHEIM

B 252

B 253

Stufe
bei NW !

ORKE

Hessenstein

N

Wiederinbetrieb-
nahme geplant

VIER-
MÜNDEN

NUHNE

SCHREUFA
HERRENWIESE

P

KC

FRANKEN –
BERG

0   10 KM

sich die gut ausgebaute und an Wochenenden dicht befahrene B 252 an den Fluss, doch hier unten am Wasser wirkt sie nicht störend. Wir paddeln uns ein, und die ersten leichten Schwallstrecken mit lustig spritzenden Wellen lassen diesen typischen Mittelgebirgsfluss gleich am Anfang sympathisch erscheinen. Das Wasser ist sauber, ellenbogenlange Forellen flitzen gegen die Strömung an den Booten vorbei. Nach 3 km erscheint das einzige Wehr bis zum Stausee; wir sind in Viermünden. Ohne Probleme tragen wir rechts an der Wehranlage kurz um.

Wir wundern uns über die Netze, die über den Mühlenkanal gespannt sind. Die Lösung des Rätsels sehen wir etwas später in den grau gefiederten Gestalten der Graureiher, die regungslos im seichten Wasser des Flusses ihrer Beute auflauern. Wir legen die Paddel an, die Strömung trägt uns sehr nah an diese prächtigen Wasservögel heran. Erst wenn wir uns ihnen bis auf ungefähr 30 m nähern, heben sie leicht und elegant ab. Noch einmal begegnen wir einer größeren Kolonie; etwa 15 Reiher sitzen links auf hohen Fichten über dem Fluss. Rechts am Hang lugt aus dem Wald Burg Hessenstein, heute eine Jugendherberge.

Nach der Orkemündung legen wir rechts an, eine Vesperpause ist fällig. Später, nach einem Wechsel von spritzigen Abschnitten und ruhigeren Passagen, bekommen wir unter der Schmittlotheimer Brücke Bodenberührung. Bei wenig Wasser lauert hier mancher Stein tückisch

unter der Wasserfläche. Die Berghänge drängen dichter an die Eder heran, nach dem Linksbogen zeigt sich der winzige Ort Kirchlotheim. Vor der Wegebrücke kommt eine spritzige Flachstelle, dann beruhigt sich der Fluss; der Rückstau des Edersees reicht bis hierher. Vorbei am großen Campinggelände erreichen wir die Herzhausener-Brücke. Bei extremem Niedrigwasser erscheint eine Stufe, sonst kommen wir gut durch.

In vielen Windungen zwischen steilen Waldhängen paddeln wir nun durchs ruhige Wasser des künstlichen Sees und haben den Eindruck, in einem norwegischen Fjord zu sein. Langsam ziehen die Kulissen der grünen Hänge an uns vorbei, stellenweise zerwühlt ein kurzer Fallwind die glatte Wasserfläche, kleine Kreuzwellen schlecken an unseren Kanus, hie und da spritzen sie auch über Bord. Eine Landzunge folgt der anderen, Harbshausen, Hohe Fahrt mit Campingplatz und Bootshäusern, Asel Süd, und kurz danach erreichen wir das schöne DKV-Heim »Edersee« mit Zeltplatz.

Auf einem der vielen Campingplätze schlagen wir unsere Zelte auf, baden, faulenzen und beobachten den regen Betrieb am Wasser. Um die mit Ferienhäusern bebaute Halbinsel Scheid paddeln wir durch den tief eingeschnittenen Seearm zum Einkaufen. Dahinter entfaltet sich der See in seiner vollen Breite. Am nördlichen Ufer entlang schieben sich unsere Boote in die Bucht beim eleganten Café »Seeblick«, von wo wir einen lohnenden Spa-

Wie das Gleiten über einen Teppich aus Wasser und Gras gestaltet sich auf manchen Abschnitten eine Fahrt auf der Eder.

ziergang in das Städtchen Waldeck und zum gleichnamigen Schloss unternehmen. Später, wieder in den Kanus sitzend, blicken wir noch lange zurück und bewundern die dominierende Schlosssilhouette am Bergrücken.

Vor der Sperrmauer steuern wir links die Anlege- und Umtragestelle an, befestigen den Bootswagen unter dem Kanu und ziehen ihn ca. 1 km weit über die Staumauerstraße. Dann nehmen wir links den zum Ort Edersee hinunterführenden Fahrweg und kommen schließlich durch den Ort zum Unterwasser.

An diesem unteren Ausgleichsbecken dürfen wir am linken Ufer entlangpaddeln; der rechte Seeteil ist Naturschutzgebiet. Die fast 50 m hohe Staumauer im Rücken, von links durch die vom Wasser aufsteigenden Felshänge des Michelkopfes bedrängt, schieben sich die Kanus durch das enge Tal. Später kommen wir an der lang gezogenen Insel des Affolderner Stausees vorbei; dabei halten wir uns immer links. An den Treppen der Anlegestelle nehmen wir nochmals

das Gepäck aus den Booten und transportieren das Ganze auf dem Bootswagen hinunter zur wieder frei gewordenen Eder. Kurz nach der Einsatzstelle steuern wir den schönen Campingplatz in Affoldern an. Spätnachmittags sitzen wir noch am Ufer und beobachten den patrouillierenden Schwan »Egon«, wie er mit Bedacht seinen langen Hals zwischen die meterhohen grünen Wasserpflanzen taucht. Ein leichter Dunst liegt noch über dem Fluss, wenn wir morgens zeitig in die Boote steigen und uns von der überraschend guten Strömung davontragen lassen. Wie eine grüne Wiese sieht streckenweise die Eder aus; doch beim Paddeln gibt es keine Schwierigkeiten, eine Fahrrinne ist immer da. Kurz nach dem Start erspähen wir das zwischen den Bäumen des schönen Parks versteckte Bergheimer Schlösschen.

Gleich danach können wir links am Festplatz anlegen, um im Lebensmittelgeschäft unsere Wandervorräte zu ergänzen.

Die runden Bergrücken treten noch

weiter zurück. Nach der Brücke beginnt beiderseits des Flusses ein ausgedehntes Naturschutzgebiet, zu dem die Eder selbst gehört. Selbstverständlich betreten wir hier nicht die Ufer und verhalten uns besonders ruhig. Nach dem Camping in Ungedanken macht sich der Stau des Fritzlarer Wehrs bemerkbar. Am Wehr tragen wir die Boote rechts um; bei gutem Wasserstand können wir mit Einer-Kajaks sogar über die Wehrkrone fahren. Danach wird der Fluss etwas seicht, doch bald treibt uns ein Schwallchen an mehreren Pferdekoppeln vorbei in eine schöne, parkähnliche Landschaft.

Der Fritzlarer Dom blickt durch die Bäume; vor der alten Steinbrücke legen wir an, um der ehemaligen Freien Reichsstadt unsere Referenz zu erweisen. Die fast vollständig erhaltene Stadtmauer mit dem dominierenden Grauen Turm, die vielen Fachwerkhäuser am Marktplatz, der Rolandsbrunnen und der mächtige romanische Dom bestimmen das historische Flair dieser Stadt.

Nach Fritzlar ändert sich die Umgebung des Flusses; wir erreichen die Ebene bei Wabern. Riesige Schotter- und Sanddeponien erheben sich an den Ufern, und irgendeine Fabrik verpestet die Luft mit ihrem Gestank. Dann kommen wir nach Niedermöllrich und können beim Kanufahrer-freundlichen Gasthaus an der Ederbrücke nach Anfrage zelten. Ein selbstbewusster Schwan begleitet uns durch das Naturschutzgebiet Ederauen. Schließlich liegt Altenburg vor uns. Dunkel ragt der schlanke Turm der Burgruine über den Fluss. Heute ist die Ruine in Privatbesitz, langsam dem Verfall preisgegeben. 1860 hat man hier noch Gold mit Sacktuch und Trog aus dem Fluss gewaschen. Bis zum Krieg verkehrte zwischen Altenburg und Rhünda auch eine Fähre. Am schrägen Wehr unterhalb der Burg lassen wir unsere Boote über die Krone gleiten.

Von rechts mündet die windungsreiche Schwalm in die Eder. Bald erreichen wir Felsberg. Von der in Wirklichkeit so markanten Burg ist vom Wasser aus nur wenig zu sehen. Es lohnt sich, beim Gasthaus »Zum Schwan« anzulegen und das »Hessische Kufstein« zu durchwandern.

Flussabwärts zeigen sich wieder Graureiher; wahrscheinlich kommen sie vom Naturschutzgebiet bei Böddiger. Rechts nähert sich ein Bergrücken, dahinter müsste die Fulda sein. Nach der schönen Flussbiegung befahren wir rechtsseitig das lang gezogene Schrägwehr; sogar der Kanadier kommt ohne Schäden im Unterwasser an. Dann der letzte Schwall bei Haldorf, noch eine Eisenbahnbrücke und schließlich das Wehr in Grifte. Hier könnte man die Fahrt beenden, andernfalls müssen wir nochmals die Boote kurz rechts umtragen.

Fast unmerkbar gesellt sich die Fulda zu uns; ihr dunkles braunes Wasser mischt sich mit dem klaren grünen der Eder. Unter der weit gespannten Eisenbahnbrücke hindurchpaddelnd ziehen wir linksufrig auf einer Wiese bei Guntershausen unsere Kanus an Land.

Charakter, Tipps

Am Oberlauf bis zum Stausee typischer Mittelgebirgsfluss, der ab Frankenberg oft bis in den Frühsommer mit allen Bootstypen auch von weniger geübten Kanuten befahrbar ist. Sehr sauberes Wasser mit flotter Strömung und kleinen Schwallen, unterhalb von Brücken schön spritzig. Wegen des steinigen Flussbetts sind bei niedrigerem Wasserstand Kunststoffboote den Faltbooten vorzuziehen. Nach der Talsperre ruhiger, doch zügig fließender Wanderfluss, dessen Wasserstand von der Wasserabgabe des Eder-Stausees abhängig, aber fast den ganzen Sommer befahrbar ist. (Info: WSA Münden, Tel. 05541/9520) An allen Wehren kann man leicht umtragen; für die Umtragestellen an den Staumauern ist ein Bootswagen erforderlich. Wenn unter dem Fritzlarer Wehr kein Wasser ist, dann links in den Mühlgraben umtragen, aber hier Vorsicht bei niedrigen Brücken und zwei Wehren (immer rechts umtragen, rechtzeitig anlegen – Sog!).

Befahrungsregelungen

Bei einer Befahrung des Eder-Stausees müssen bei allen Booten (auch Gummibooten) Name und Wohnort des Eigentümers außen und innen gut lesbar angebracht sein! Auf Sperrgebiete (mit Tonnen gekennzeichnet) und NSG achten. Affolderner Ausgleichsbecken 16.10.–15.3. gesperrt, sonst nur links paddeln!

Zeltmöglichkeiten

Camping Herzhausen, Edersee – Hohe Fahrt, Asel Süd, DKV Edersee, Scheid, weiter am Fluss Affoldern, Bergheim, Ungedanken, Zeltwiesen in Niedermöllrich (Gasthaus an der Ederbrücke).

Sehenswertes

Frankenberg: Gotische Liebfrauenkirche, zehntürmiges Rathaus mit Markthalle, Kreisheimatmuseum.
Edertalsperre: Stadt Waldeck, Schloss, Stadtkirche, Sperrmauer.
Bad Wildungen: Evangelische Stadtkirche, Heimatmuseum, schöne Fachwerkhäuser (16. Jh.), Kurpark, Schloss Friedrichstein.
Fritzlar: Dom St. Peter mit Krypta und Domschatz, schöner Marktplatz mit dem Rolandsbrunnen, Rathaus (12. Jh.), Hochzeitshaus, Minoritenkirche, Stadtmauer, Der Graue Turm.
Felsberg: Mittelalterliche Kleinstadt, Stadtkirche, St.-Jakobs-Kapelle, Burg mit Turm, nicht weit davon Altenburg und Burg Heiligenberg.

Auto nachholen

Zwischen Bad Wildungen und Kassel regelmäßiger Bahnverkehr.

Karten, Kanu-Literatur

Generalkarte 1:200000, Blatt 11; ADAC Freizeitatlas Hessen 1:100000. – Deutsches Flusswanderbuch; Gewässerführer für Nordrhein-Westfalen.

⟳ 46 km

🕐 2-Tage-Fahrt

Nur wenige Kilometer von ihrer Quelle an den Nordhängen der Kahlen Pön im Sauerland speist die Diemel zusammen mit mehreren kleineren Flüssen den malerisch im Kranz der bewaldeten Hügel liegenden Diemel-Stausee, der heute Teil eines Naturparks ist. Unterhalb der 42 m hohen Staumauer, in einem tief eingeschnittenen, einsamen Waldtal sich windend, nimmt sie von links die wilde Hoppecke auf, durchfließt die Gemeinde Marsberg, deren Ursprung mindestens ins 8. Jh. zurückreicht, um im flachen, ausgedehnten Westbogen die von der weit sichtbaren Burgruine Desenberg beherrschte Stadt Warburg zu erreichen. Ein sehr reizvolles Tal mit flacheren und steilen Wald- und Wiesenhängen umrahmt den weiteren Flusslauf. Im flachen Talkessel von Trendelburg lässt die flotte Strömung etwas nach. Nach der Stadtumrundung durchsägt die Diemel in weiten Umlaufschleifen die nördlichen Ausläufer des Reinhardswaldes, um bei Karlshafen als linker Zufluss der Weser ihren eigenen Lauf zu beenden.

Bei Hochwasser oder ausreichender Wasserabgabe des Stausees ist die Diemel schon ab Helminghausen als sportlicher Fluss mit vielen Wehren für Wildwasserfahrer möglich, doch für unsere Wanderung wählen wir den ganzjährig befahrbaren, landschaftlich sehr ansprechenden Flussabschnitt von War-

burg bis zur Mündung in die Weser. Vor dem Start machen wir noch einen Spaziergang durch die sehenswerte Warburger Altstadt, klettern sogar auf den steilen Basaltkegel zur Burgruine Desenberg, von wo wir einen phantastischen Rundblick übers Land haben. Freundlich werden wir am schönen Vereinsgelände des Warburger Kanuclubs aufgenommen; eine bessere Einsatzstelle können wir uns nicht vorstellen.

Der hohe Schornstein der Textilfabrik begleitet uns durch die ersten Flussschleifen, die sich so rhythmisch aneinander reihen, gerade recht zum Eingewöhnen. Wiesen und Waldhänge begleiten die einsame Flussstrecke, bis zum Wehr ist die Strömung recht flott. Aufmerksam, jedoch ohne Drohgebärden werden wir beim Überset-

△ *Von steilen Hängen genießen wir einen herrlichen Blick ins Tal der Diemel.*

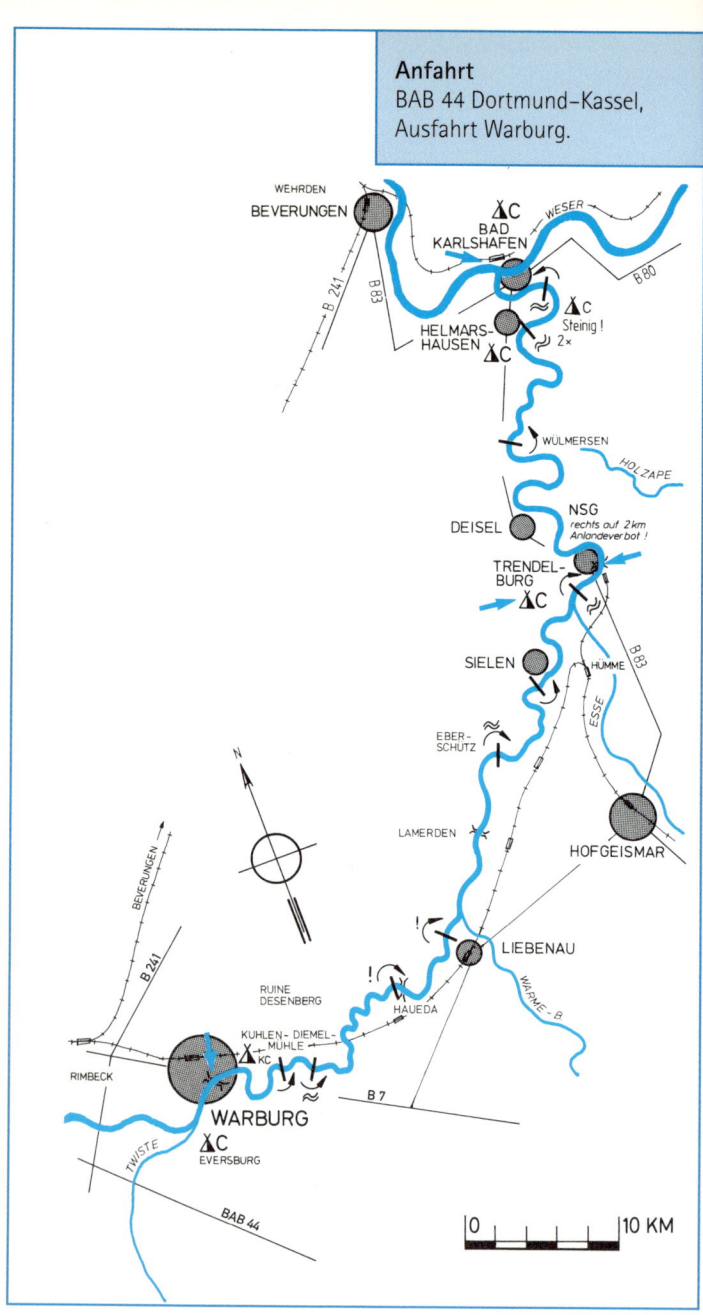

WEHRDEN

BEVERUNGEN

WESER

BAD
KARLSHAFEN

B 80

B 241

B 83

HELMARS-
HAUSEN

Steinig !

2×

WÜLMERSEN

HOLZAPE

DEISEL

NSG
rechts auf 2 km
Anlandeverbot !

TRENDEL-
BURG

B 83

SIELEN

HUMME

EBER-
SCHÜTZ

ESSE

N

LAMERDEN

HOFGEISMAR

BEVERUNGEN

!

LIEBENAU

B 241

WARME - B

RUINE
DESENBERG

!

HAUEDA

KUHLEN- DIEMEL-
MÜHLE

KC

RIMBECK

B 7

WARBURG

C

EVERSBURG

TWISTE

BAB 44

0   10 KM

zen der Boote von einem Schwan beobachtet. Die Kuhlenmühle ist schön renoviert; das riesige Fass kündigt eine Gartenwirtschaft an. Lange Trockenperioden wirken sich auch auf den Wasserstand der Diemel aus, so dass wir dann wenige Meter nach dem Wehr Grundberührung bekommen.

Nach mehreren Mäandern folgt das nächste Wehr; eigentlich besteht es aus zwei teilweise verfallenen Stufen. Wir schieben die Kanus hinüber. Bei gutem Wasserstand macht das Befahren sicher Spaß. Längere Stromschnellen gestalten die Fahrt sehr angenehm, müssen wir doch nicht viel paddeln. Das ganze Tal wirkt sehr warm, irgendwie südländisch, vielleicht wegen der Wacholdergruppen und der freigelegten Muschelkalkschuttkegel auf den Hängen. Unterhalb des hohen Eisenbahnviadukts ist eine kleine Naturstufe und vor dem großen Steinbruch in Haueda eine schöne »Dschungelstrecke«.

Am nächsten Wehr tragen wir rechts um, unter der neuen Straßenbrücke folgt eine kurze Treidelstrecke. Nach der alten Brücke haben wir wieder genug Wasser unterm Kiel. Die Landschaft setzt weitere Akzente: Wetterföhren, Akazien, Wiesen und Gehölze. Über unseren Köpfen ziehen Bussarde ihre Kreise.

Am Liebenauer Wehr kann man leicht umtragen. Rechts liegt das Dorf mit seiner schönen Kirche, links folgen wieder steile Felsabbrüche. Ein Bauernhof mit rot gedecktem Dach steht einsam

darunter. Das Wasser ist jetzt sehr sauber, immer wieder flitzen Fischschwärme vorbei. In flotten Schwallen durchbricht das Flüsschen nacheinander drei Muschelkalksteinriegel. Auf einen steigen wir hinauf, um den herrlichen Blick ins Tal zu genießen.

Die flachen Stellen vor der Brücke in Lamerden verlangen vorsichtiges Manövrieren. In Eberschütz schließen wir bei den Einern die Spritzdecken und schubsen die Boote über die Wehrkrone ins Unterwasser. Danach verlässt die Eisenbahnstrecke den Flusslauf. In stetigem Wechsel zwischen spritzigen und ruhigen Abschnitten nähern wir uns Sielen. Am hiesigen Wehr ist das Umtragen etwas schwierig. Wir tragen die Boote entweder direkt über das Fabrikgelände oder wir paddeln zuerst im Fluss rechts, legen schon ca. 150 m vor dem Wehr an und tragen die Boote über die steile Böschung zum Unterwasser. Es folgen kurze Treidelstellen, 50 m nach der Straßenbrücke wartet noch ein niedriges Wehr, das bei gutem Wasserstand zu befahren ist; andernfalls müssen wir die Boote über die bemoosten Stufen hinunterschieben. Die Diemel erreicht hier die kesselartige Talerweiterung zwischen Hümme und Stammen und pendelt durch feuchte Wiesen in mehreren Mäandern Trendelburg entgegen. Endlich zeigt sich die schöne Stadtsilhouette mit dem markanten Burgturm in der abendlichen Sonne. Im kanufreundlichen Camping »Alte Mühle« finden wir Aufnahme. Wir spazieren in das Burgstädt-

Charakter

Gut strömendes, etwas sportlich angehauchtes Wanderflüsschen, das teils im tief eingeschnittenen, teils im flachen Tal durch eine ungemein reizvolle Landschaft fließt. Von Warburg aus ganzjährig befahrbar, im Sommer jedoch nur bedingt für Faltboote zu empfehlen.

Alle Wehre leicht umgehbar, nur am Doppelwehr in Sielen je nach Wasserstand schwierige Umtragestelle. Das Wasser ist sauber, nur mäßig belastet und sehr fischreich. Das »Hausrecht« brütender Schwäne sollte respektiert werden. Zwischen Twistemündung und Kuhlenmühle ganzjähriges Uferbetretungsverbot. Eine in Flussnähe verlaufende Straße macht Pkw-Begleitung teilweise möglich.

Zeltmöglichkeiten

Zeltplatz am Bootshaus des KC Warburg, Camping Eversburg, Camping in Trendelburg, Helmarshausen, Bad Karlshafen.

Sehenswertes

Warburg: Mittelalterliches Stadtbild, Wehranlage mit Toren und Türmen, Renaissance-Rathaus, Kirchen, Erasmuskapelle, Gymnasium Marianum, Amtshaus, Heimatmuseum, Burgruine Desenberg.

Trendelburg: Fachwerk-Rathaus, Kirche mit Helmturm, Burg (Schlosshotel).

Helmarshausen: Burgruine Krukenburg, Reste der Benediktinerabtei.

Bad Karlshafen: Barockes Rathaus, Invalidenhaus, Solequelle, Hugenottenturm, Museum.

Auto nachholen

Bahn- bzw. Busverbindungen von Bad Karlshafen ermöglichen das Zurückholen des Autos.

Karten, Kanu-Literatur

Generalkarte 1:200 000, Blatt 9; amtliche Karte 1:50 000, Blätter Warburg, Hann. Münden u. Höxter. – Gewässerführer für Nordrhein-Westfalen.

---

chen, das malerisch am Felssporn über einer Flussschleife liegt.

Am nächsten Tag fahren wir weiter. Nach mehreren Schleifen treten wieder bewaldete Hänge an den Fluss heran. Am Kraftwerk Wülmersen erleichtert rechtsufrig ein Treppchen das Umtragen der Boote. Danach macht sich auch schon der nächste Stau bemerkbar. Das Wehr ist gerade noch befahrbar, doch an den fünf kleinen Stein-

stufen knirscht es dann unterm Kiel.

Die Häuser von Helmarshausen begleiten uns durch die große Linksschleife, überragt von der Ruine Krukenburg. Rechts folgt ein hoher, steil aufsteigender Waldrücken. Kurz vor der Mündung in die Weser wartet das letzte Wehr. Wir legen auf dem Oberwasser kurz vor dem Wehr an und tragen kurz um.

Kurz nach der Straßenbrücke paddeln wir im dunklen Weserwasser. Am gegenüberliegenden Ufer (Campingplatz) können wir mit unseren Booten gut anlegen. Am frühen Nachmittag bleibt uns noch viel Zeit zu einer ausgedehnten Besichtigung der ehemaligen Hugenottenstadt Karlshafen.

Die Diemel ist ein durch reizvolle Landschaft führendes, sportlich angehauchtes Wanderflüsschen für die ganze Familie.

31 km

Tagesfahrt

Von ihrem Ursprung an den Osthängen des Eggegebirges, das die Wasserscheide zwischen Weser und Rhein bildet, eilt die quirlige Nethe in östlicher Richtung an der sehenswerten Vituskapelle von Wille-Badessen vorbei und erreicht, aufgestaut durch manches Mühlenwehr, Niesen, um hier nach Norden abzuknicken. Eingebettet zwischen Wiesen und Feldern des Nethegaus, sägt sie bei Rheder eine kurze, doch recht eindrucksvolle Felsenschlucht in die Landschaft und berührt das Schloss des Grafen von Spiegel, dessen Brauerei schon über 300 Jahre die Umgebung mit Bier versorgt. Am Zusammenfluss mit der Driburger Aa liegt hoch über dem Tal die ehemalige Hansestadt Brakel, heute ein bekannter Luftkurort. Jetzt fließt die Nethe in östliche Richtung und windet sich, von Pappelalleen umsäumt, zwischen Wiesen und Berghügeln unter alten Steinbrücken hindurch zur Weser, in die sie bei Godelheim mündet.

Im Frühjahr, meistens bis Mitte Mai, können wir schon in Niesen oder Siddessen die Einer-Kajaks einsetzen. Sportlich geht es durch die enge Felsschlucht bei Rheder. Am dortigen Wehr tragen wir rechts um (bei Niedrigwasser in den Mühlengraben). Flott treibt uns die Strömung dann bis zur Mündung der Driburger Aa. Ein paar Meter flussabwärts liegt das schöne Bootshaus der Brakeler Ka-

nuten. Hier finden wir für unsere Zweier-Wanderboote einen idealen Einsatzplatz. Wenn man um Erlaubnis bittet, darf man auf der Wiese auch zelten.

Die Joche der Straßenbrücke am Zeltplatz sind manchmal mit Schwemmholz verstopft, sodass nur ein enger Durchschlupf frei bleibt. Durch die glitzernden Wellen der vielen Schwallstrecken steuern wir die Kanus zwischen Wiesen und Weiden an steilen Bergkuppen vorüber. Nach der hohen Betonbrücke der Umgehungsstraße B 64 kommt die große Nethe-Südschleife um den runden Ortberg. Am schrägen Wehr von Erkeln (bei mittlerem Wasserstand befahrbar) schieben wir im Sommer die Boote rechts über die Krone, am neuen Klappenwehr tragen wir um; im Dorf selbst überquert eine alte Steinbogenbrücke den

△ *In der Ferne zeigt sich das Schloss Fürstenberg.*

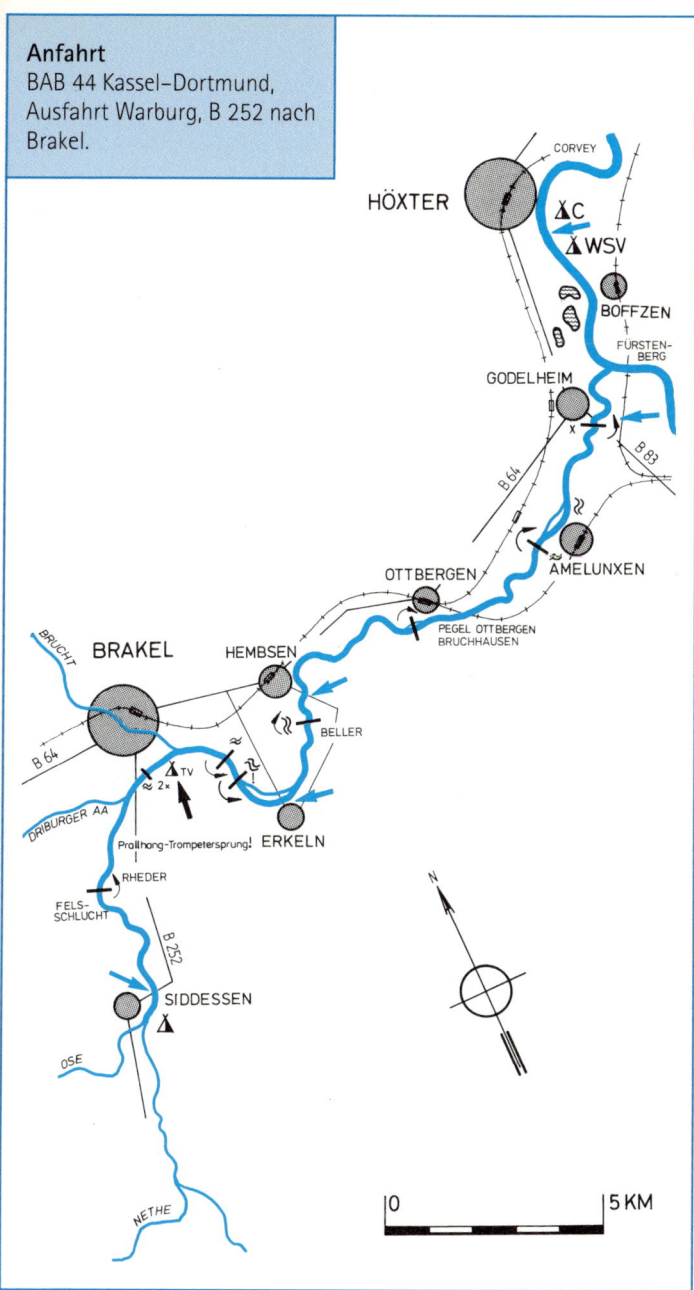

Anfahrt
BAB 44 Kassel–Dortmund,
Ausfahrt Warburg, B 252 nach
Brakel.

HÖXTER

CORVEY

△C

△WSV

BOFFZEN

FÜRSTEN-
BERG

GODELHEIM

x

B 64

B 83

OTTBERGEN

AMELUNXEN

BRAKEL

BRUCHT

HEMBSEN

BELLER

PEGEL OTTBERGEN
BRUCHHAUSEN

B 64

△TV

2×

DRIBURGER AA

Prallhang-Trompetersprung!

ERKELN

RHEDER

FELS-
SCHLUCHT

B 252

SIDDESSEN

N

OSE

0   5 KM

NETHE

Fluss. Mehrere Kehren, Kiesbänke und einige umgestürzte Bäume charakterisieren den kommenden Abschnitt zum Wehr in Beller, an dem wir umtragen. Vielleicht erschwert eine Treidelstrecke das Weiterkommen. Doch danach folgt eine wunderschöne Waldpassage, rechts mit hohen Buchen, links mit Pappelreihen und anschließend mit einem Schwall unter der steinernen Brücke von Hembsen. Bald er-

Auf der Nethe bekommen wir unter alten Steinbrücken oft Grundberührung.

Charakter, Tipps

Schnell fließender Wiesenfluss mit etwas sportlichem Charakter, doch ohne besondere Schwierigkeiten; ab Brakel ganzjährig (Pegel Ottbergen 115 cm) ab Niesen im Frühling oder nach längeren Regenperioden befahrbar (Pegel 140 cm).

Im Hochsommer bei niedrigem Wasserstand nach manchem Wehr Treidelstellen. Eine landschaftlich besonders reizvolles, abwechslungsreiches Tal. Das Wasser ist sauber. Pkw-Begleitung teilweise möglich.

Zeltmöglichkeiten

Kanugelände TV Brakel (nach Anfrage), Camping Höxter, auch WSV Höxter für DKV Mitglieder.

Sehenswertes

Rheder: Schloss (18. Jh.) – Brauerei, Pfarrkirche.

Brakel: Spätgotisches Rathaus mit Renaissanceportal, St.-Michaelis-Kirche, Kapuzinerkirche, Schloss Hinnenburg.

Ottbergen: Schöne Fachwerkhäuser (18. Jh.).

Godelheim: Benedictusquelle, Pfarrkirche mit Barockaltar.

Höxter: Siehe Wandervorschlag Weser, S. 122.

Auto nachholen

Regelmäßige Bahnverbindung von Höxter nach Brakel.

Karten, Kanu-Literatur

Generalkarte 1:200000, Blatt 9; ADAC Freizeitatlas Hessen 1:100000. – Deutsches Flusswanderbuch; Gewässerführer für Nordrhein-Westfalen; Kanuführer für Südwestdeutschland.

---

reichen wir Ottbergen, wo wir an der Eisenbahnbrücke den Pegelstand ablesen können. Bei 115 cm ist noch genug Wasser unterm Kiel. Nach der grünen Eisenbahnbrücke wird es eng, der Bahndamm rückt an den Fluss heran. Im flotten Tempo steuern wir aus dem Tal heraus. Die Bergkuppen treten langsam zurück. Am Amelunxener Wehr erwarten uns im Sommer zwei Treidelstellen. Noch einmal trägt uns die Nethe in Schlingen munter durch Wiesen; eine große umgestürzte Weide versperrt den halben Flusslauf, und in der Ferne zeigt sich, hoch über der Weser thronend, das Schloss Fürstenberg.

Links kündigt der weit sichtbare Schornstein der Kartonagenfabrik in Godelheim das nächste Wehr an, wo wir rechts anlegen und die Boote ca. 100 m über die Wiese tragen. An der Straßenbrücke der B 83 befindet sich eine gute Ein- und Aussetzstelle; kurz danach zieht uns die Strömung im nur 3–5 m engen, tief eingeschnittenen Flussbett weiter zur Nethemündung. Unter einem Steg hindurch erreichen wir die Weser und paddeln noch 4 km bis Höxter.

⇄ 30 km

🕐 1–2-Tage-Fahrt

Von ihrer Quelle am Ostrand des Eggegebirges, nördlich von Bad Driburg, eilt die Emmer als munterer Wiesen- und Feldbach in östlicher Richtung durch einige kleine Ortschaften und entwässert durch viele Zuflüsse die wellige Landschaft des Abenburger Weserberglands. Bei Schieder, zuerst zu einem Erholungssee aufgestaut, fließt sie unterhalb der Staumauer in einem reizvollen, teilweise engen Tal durch die alte Ortschaft Lügde, am weltberühmten Bad Pyrmont und dem Juwel der Weserrenaissance – der Hämelschenburg – vorbei, um bei Emmern die Weser zu erreichen. Für unsere Kanuwanderung bieten sich mehrere günstige Einsatzstellen an, zum Beispiel am oberen Ende des Stausees, wo wir am großen Parkplatz das Auto abstellen können. Beim Durchpaddeln der Talsperre begegnen wir sonntags vielen Badenden und Surfern. Zum Umtragen der Kanus an der Staumauer ist ein Bootswagen hilfreich; es sind mindestens 200 m zurückzulegen. Wer sich das ersparen will, setzt erst am Waldrestaurant »Fischanger« ein.

Nun pendelt das Flüsschen im flachen, doch engen Wiesental von Hang zu Hang und nähert sich über kleine Schwalle der Stadt Lügde, deren niedriges Steilwehr wir lieber nicht befahren, sondern rechts umtragen. Von der Staumauer bis hierher sind es nicht ganz 2 Stunden. Es lohnt sich, eine Pause einzulegen, um das nette Fachwerkstädtchen mit seinen fußgängerfreundlichen Zonen zu durchwandern. Schon Karl der Große soll in Lügde geweilt haben. Zur Erinnerung an ihn wurde die romanische Kilianskirche errichtet.

Gleich nach der Brücke erwarten uns ein Schwall und ein Schwanenpärchen mit seinen Jungen; alles zusammen harmlos, wenn wir uns richtig verhalten. Über den steilen Ufern sehen wir sanft aufsteigende Hänge, links mit Feldern und Wiesen, rechts zieht ein bewaldeter Höhenzug vorbei. Im Pyrmonter Talkessel mäandert der Fluss, wir paddeln unter Holzstegen hindurch und finden am Fußballplatz eine Anlegestelle. Von hier ist es nicht weit zum sehenswerten Kurpark von Bad Pyrmont, dessen Palmengarten uns in subtropische

△ *Kleine Schwalle gestalten die Fahrt auf der Emmer abwechslungsreich.*

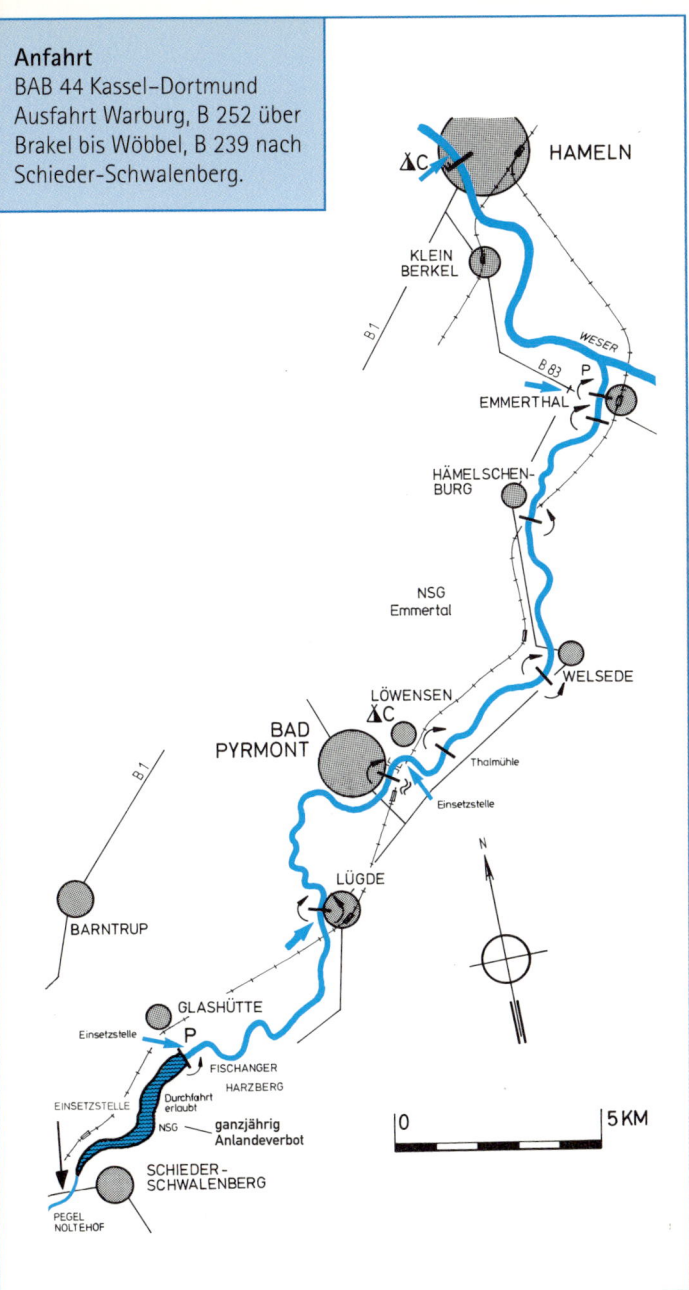

Anfahrt

BAB 44 Kassel–Dortmund Ausfahrt Warburg, B 252 über Brakel bis Wöbbel, B 239 nach Schieder-Schwalenberg.

Charakter, Tipps

Im Oberlauf sportlicher Wiesenfluss, ab Schieder als flottes Wanderflüsschen (zuerst Talsperre) fast ganzjährig befahrbar. Landschaftlich sehr ansprechend. Alle Wehre leicht zu umtragen. Einsatzstellen in Schieder beim Waldrestaurant »Fischanger«, in Lügde und Bad Pyrmont. Pkw-Begleitung möglich. Die Bahnstrecke führt am Fluss entlang. Auf der Emmertalsperre ist nur das Durchfahren erlaubt. Pegelregelung: Mindestens 80 cm am Pegel Stausee, Unterwasser, für eine Befahrung des NSG Emmertal (Lügde – Flussmündung).

Zeltmöglichkeiten

Fischanger beim Stausee, Elbrinxen, Bad Pyrmont – Friedenstal (nicht am Fluss), Welsede, Hameln.

Sehenswertes

Schieder-Schwalenberg: Trachten- und Malerstadt, Fachwerk-Rathaus, Kurpark, Sanatorium (ehemaliges Schloss, 17. Jh.), Burgruine.
Lügde: Schöne Fachwerkhäuser, St.-Kilians-Kirche, Stadtmauer mit Türmen, Zigarrenfabrik.
Bad Pyrmont: Quelle »Der Hyllige Born«, herrlicher Kurpark mit Palmengarten, Theater, Spielbank, Wandelhalle, Schloss (18. Jh.), Heimatmuseum, Kurhäuser.
Hämelschenburg: Schloss der Weserrenaissance (16.–17. Jh.) mit Schlossbrücke und prunkvollen Innenräumen, Dorfkirche.

Auto nachholen

Auf der DB-Strecke zwischen Schieder und Emmerthal/Hameln regelmäßige Zugverbindungen.

Karten, Kanu-Literatur

Generalkarte 1:200000, Blatt 9; ADAC Freizeitatlas Hessen 1:100000. – Deutsches Flusswanderbuch; Gewässerführer für Nordrhein-Westfalen.

Länder entführt. Am Wehr tragen wir kurz links um; bei gutem Wasserstand macht das Befahren mit Einern Spaß. Danach wechseln Schwallstrecken mit ruhigen Abschnitten. Die Berghänge drücken sich dicht an den Fluss, kleine Felswände reichen bis zur Eisenbahnstrecke, die eng am Wasser vorbeiführt.
Alte Steinbogenbrücken und zwei unbefahrbare Wehre würzen die Strecke. Nach der Eisenbahnbrücke taucht links vor uns das dreiflügelige Schloss Hämelschenburg auf. Ein Besuch lohnt sich; nur wenige Burgen und Schlösser beherbergen so schöne, reichlich ausgestattete Innenräume. Unter dem Schloss läuft die Emmer flott im teils regulierten Flussbett den hohen, weiß strahlenden Kühltürmen des Atomkraftwerks Grohnde entgegen.
Wir unterqueren die Umgehungsstraße Emmertal und umgehen das Wehr links. Noch ein kurzer, ruhiger

Abschnitt, und wir steigen links vor dem großen Gebäude der Papiermühle aus. Hier beenden wir die Fahrt, am kleinen Parkplatz warten die abgestellten Autos. Wer bis nach Hameln weiterpaddeln will (sicher lohnend – noch 6 km auf der Weser), setzt im tief eingeschnittenen Flussbett nach dem Steg wieder ein; 2 km flussabwärts pflügt der Kajakkiel dann das Weserwasser.

Ein Besuch im Schloss Hämelschenburg ist sehr lohnend.

79 km

3–4-Tage-Fahrt

Die Hasequelle liegt am 173 m hohen Kersenbrocker Berg im Teutoburger Wald. Ein paar Kilometer nördlich von hier weiß die Hase noch nicht, zu welchem Strom sie sich wenden soll; also teilt sie ihr Gewässer bei Gesmold in zwei Arme und lässt den westlichen als Hase in die Ems, den östlichen als Else in die Weser fließen. So etwas nennen die Hydrologen eine Bifurkation; es ist die einzige in Deutschland. Wir verfolgen weiter die eigentliche Hase, die uns über Osnabrück zum Mittellandkanal führt. Von hier durchquert sie in nördlicher Richtung als reizvoller Wiesenfluss das fruchtbare Artland sowie das malerische Städtchen Quakenbrück, um anschließend nach Westen abzuknicken. Weiter an Löningen und Haselünne vorbeifließend, erreicht die Hase, in unzähligen Mäandern pendelnd, die am Zusammenfluss mit der Ems liegende historische Stadt Meppen, die auch wir zum Ziel unserer Kanuwanderung machen.

Am Rande der malerischen Stadt Quakenbrück, unweit des Schützenhofs, wo sich die Mühlen- und Überfall-Hase teilen, finden wir unterm Wehr einen guten Einsatzplatz für unsere Flusswanderung. Im Flussbett der zwar begradigten, doch idyllisch wirkenden Überfall-Hase paddeln wir zuerst in nördlicher Richtung. Das Brokhager Wehr ist über die Bootsgasse auf der rechten Seite glatt befahrbar.

Die zuerst hohen Ufer werden nach und nach niedriger, und wir blicken über sie hinweg in die leicht wellige Landschaft, die von Schafherden belebt wird. Zwei, drei einsame Häuser erwecken den Eindruck, als seien wir hier am Ende der Welt. Die Eisenbahn- und die Straßenbrücke der B 68 bleiben hinter uns zurück. Nach der niedrigen Volkersbrücke gesellt sich die langsame Lager Hase leise zu uns. An der Landzunge vor dem Zusammenfluss lässt sich gut picknicken. Danach steigen wir wieder in die Bootsluken und paddeln auf der Großen Hase, wie sie hier genannt wird, zügig weiter. Der Wasserstau des Farwicker Wehrs macht sich bemerkbar; bald sind wir am Wehr und tragen, wenn es nicht offen ist, rechts um. Es folgen Oster- und Westerbrücke, und in weiten Bögen nähern wir uns bei guter Strömung

△ *Bei Herzlake weiden Schafherden unter den Pappelreihen.*

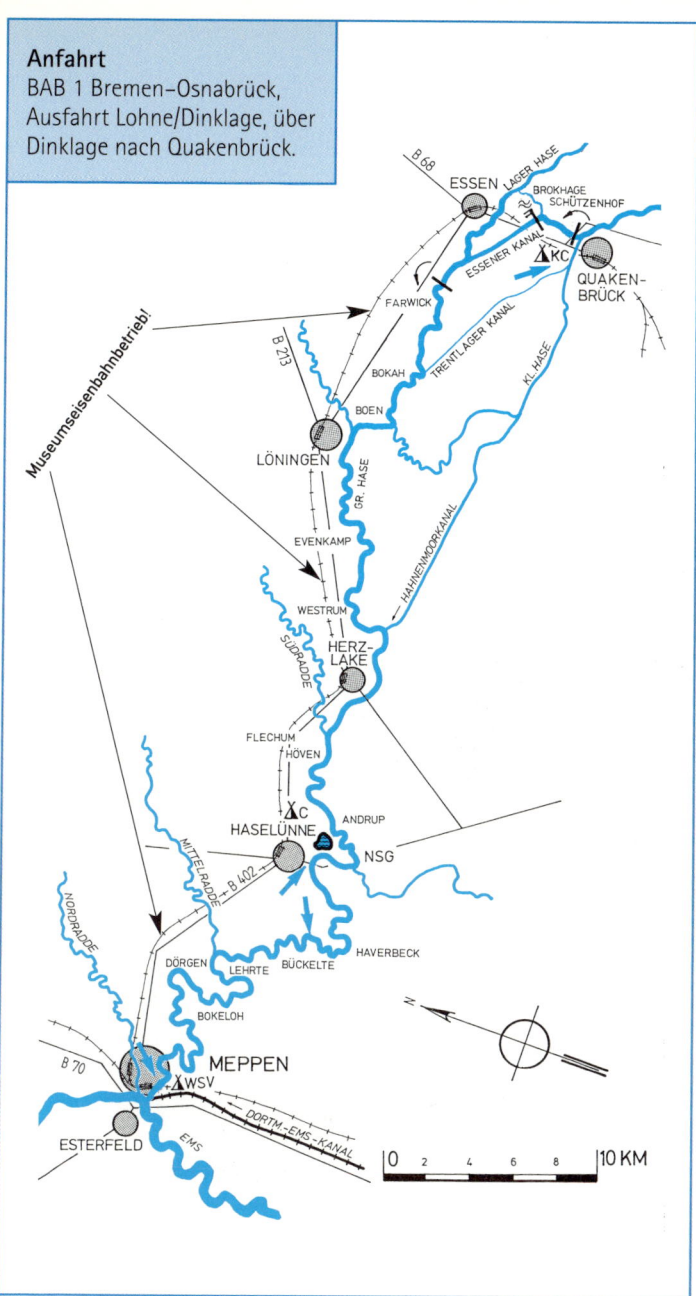

Anfahrt
BAB 1 Bremen–Osnabrück,
Ausfahrt Lohne/Dinklage, über
Dinklage nach Quakenbrück.

Museumseisenbahnbetrieb!

B 68

ESSEN

LAGER HASE

BROKHAGE
SCHÜTZENHOF

ESSENER KANAL

KC

QUAKEN-
BRÜCK

FARWICK

B 213

BOKAH

TRENTLAGER KANAL

KL. HASE

BOEN

LÖNINGEN

GR. HASE

HAHNENMOORKANAL

EVENKAMP

WESTRUM

SÜDRADDE

HERZ-
LAKE

FLECHUM

HÖVEN

C

HASELÜNNE

ANDRUP

NSG

MITTELRADDE

B 402

NORDRADDE

DÖRGEN

LEHRTE

BÜCKELTE

HAVERBECK

BOKELOH

N

B 70

MEPPEN

WSV

DORTM.-EMS-KANAL

ESTERFELD

EMS

0   2   4   6   8   10 KM

143

Löningen. Ein breites, bassinartiges Flussbett leitet an der Stadt vorbei, von der wir nur den Kirchturm über den hohen Ufern sehen. Nach den Brücken verengt sich das Flussbett wieder, und umgeben von Weiden und Pappeln wendet sich die Hase nach Südwesten. Lange Pappelreihen werfen schöne Spiegelbilder auf die ruhige Wasserfläche.

Bei Einhaus mündet von links der Hahnenmoor-Kanal, danach erreichen wir den netten Erholungsort Herzlake. Die Südradde, ein begradigtes und nur bei ausreichendem Wasserstand befahrbares Wanderflüsschen, ergießt sich von rechts in die Hase. Die Landschaft wird vielfältiger. Sandufer, Wacholdergruppen und Kiefernwäldchen begleiten uns bis nach Haselünne, wo ein einladender Campingplatz liegt. Wir bleiben dort und wandern am nächsten Tag in die Umgebung.

Die Hasemündung in Meppen an der Höltingmühle.

Charakter, Tipps

Im vorgeschlagenen Streckenabschnitt ein mit allen Kanutypen ganzjährig leicht befahrbarer, reizvoller Wiesenfluss. Mäßige Strömung, wenige Wehre und ziemlich sauberes Wasser.

Zeltmöglichkeiten

Quakenbrück (Verein), Camping Haselünne, Meppen (Vereinsplatz).

Sehenswertes

Quakenbrück: Altstadt, Patrizierhäuser, Marktplatz, Stadttor Hohe Pforte, St.-Sylvester-Kirche, Rathaus.
Löningen: St.-Vitus-Kirche, Glockenturm, Werwe-Hünengrabstätte.
Herzlake: Aseburg – ehemalige Burganlage (9. Jh.).

Haselünne: Altes Hansestädtchen, gotische Kirche (14. Jh.) mit Kronleuchter, Heimatmuseum, NSG Wacholderhain, NSG Hudener Moor.
Meppen: Rathaus mit reich geziertem Erker, Stadtwälle, Pfarrkirche (15. Jh.), Jesuitenkolleg mit Kapelle.

Auto nachholen

Zwischen Quakenbrück und Meppen Busverkehr (über Haselünne).

Karten, Kanu-Literatur

Generalkarte 1:200000, Blatt 6; ADAC Freizeitatlas Westliches Niedersachsen 1:100000. – Deutsches Flusswanderbuch.

Es gibt hier manches zu sehen: ein Wildgehege, einen großen See, der zum Baden einlädt, das Freilichtmuseum – und nicht zu vergessen den unter Naturschutz stehenden Wacholderhain, ein wahrer Urwald von mächtigen, 6–8 m hohen Exemplaren, die eingebettet in der hügeligen, ungemein reizvollen Heidelandschaft uns herrliche fotografische Motive bieten.

Nicht weniger reizvoll sind die anschließenden zahlreichen Flussschleifen, in denen sich steile Sandufer mit flachen Stränden abwechseln und in deren Spitzkehren uns umgestürzte Bäume überraschen. Dieser natürliche, einsame Flussabschnitt endet erst vor Meppen. Einer Eisenbahnbrücke folgt die verlandete Mündung (mit grünen Tonnen ist die richtige Fahrstrecke abgesteckt) in den Ems-Kanal. Links am sanft gerundeten Hügel ragen die Windflügel der alten Höltingmühle, und nur wenige Meter rechts davon liegt der Anlegesteg des Wassersportvereins Meppen.

Unsere Hase-Befahrung beenden wir mit einem Spaziergang durch die schöne Altstadt von Meppen, wo besonders das Rathaus mit seinem Renaissanceerker und der reich geschmückte Barockbau der turmlosen Gymnasialkirche unsere Aufmerksamkeit wecken.

⮑ 66 km

🕐 3-Tage-Fahrt

Von ihrer Quelle an den Südhängen des Teutoburger Waldes, unweit von Paderborn, bis zur Mündung in Dollart in die Nordsee hat die Ems eine Lauflänge von 370 km. Als typischer Niederungsfluss mäandert sie in zahlreichen Windungen durch eine breite, feuchte Talaue und entwässert dabei mit ihren größten Nebenflüssen, der Werse, der Hase und Leda, als drittgrößter norddeutscher Fluss über 12 000 km² Land. Über Jahrhunderte diente die Ems bis nach Greven der Schifffahrt, doch wegen des wechselnden Wasserstands damals nur kleinen Schiffen mit wenig Tiefgang, so genannten »Pünten«, mit denen die Ware zur und von der Nordsee verfrachtet wurde. Heute ist ein Teil des Unterlaufs in den viel genutzten Dortmund-Ems-Kanal einbezogen, doch überwiegend fließt die Ems noch ungestört in der flachen, verträumten Landschaft.
Für Kanufahrer schon ab Rietberg bei Gütersloh befahrbar, bietet sie eine beschauliche Ferienfahrt quer durch das geschichtsträchtige Münsterland. Doch wegen der vielen, wenn auch teilweise befahrbaren Wehre und Stufen im Oberlauf beginnen wir unsere Wanderung erst bei Münster, im gemütlichen, schmucken »Dorf der Kaffeekannen« in Handorf an der Werse, wo wir eine schöne Einsatzstelle finden. Am einladenden Campingplatz »Hof zur Linde« bauen wir unsere Zelte auf, fahren mit dem Bus oder mit Fahrrädern über das Boniburger Wäldchen, am Haus Dyckburg – einer ehemaligen Wasserburg – vorbei zur Stadt, wo es manches anzuschauen gibt.
Beherrschend ragt der wuchtige St.-Pauls-Dom mit seinen zwei Türmen und dem 100 m langen Mittelschiff über dem weitläufigen Domplatz auf. Ein ganzer Tag genügt nur knapp für eine Stippvisite in der alten Bischofsstadt, deren viele Kirchen ihr zum Beinamen »Rom des Münsterlandes« verholfen haben.
Am nächsten Morgen paddeln wir die windungsreiche Werse hinunter und tragen bei der Sud- und Havichhorster Mühle die Boote jeweils auf der rechten Seite um. An den Resten einer prägermanischen Wallanlage vorbeiziehend, erreichen wir vor den Kastenbrücken des Dortmund-Ems-Kanals   unseren

△ *Manches schmucke Häuschen liegt an den Werseufern.*

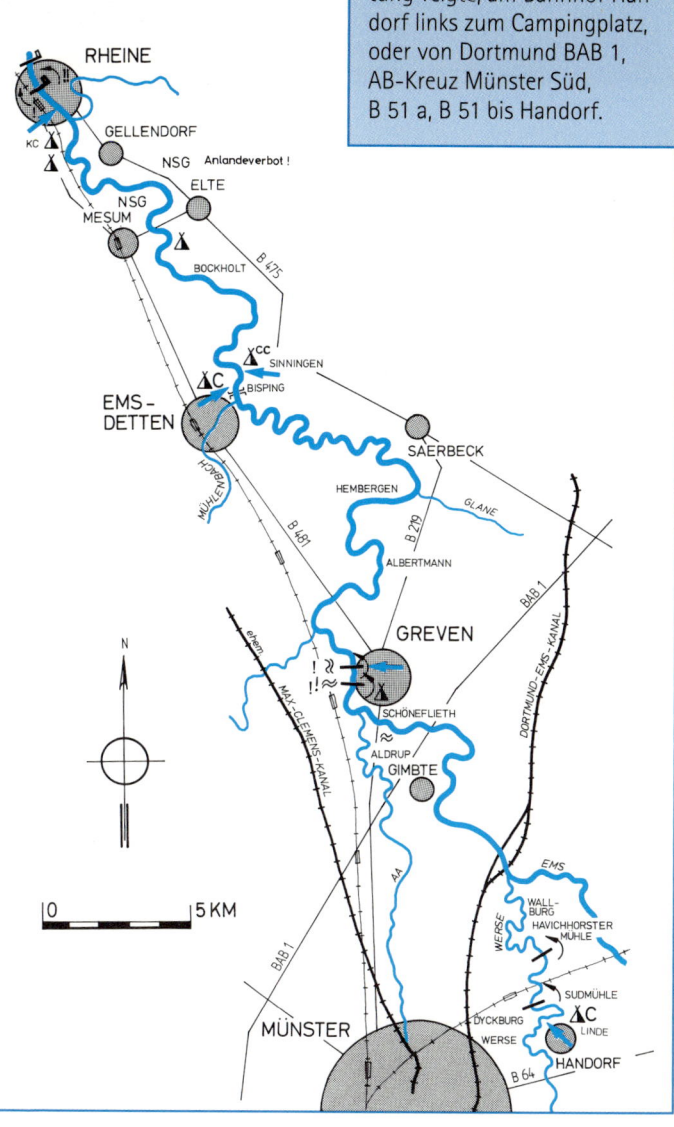

Anfahrt
BAB 1 von Bremen, Ausfahrt
Münster Nord, Umgehungs-
ring Nord auf die B 51 Richtung Telgte, am Bahnhof Handorf links zum Campingplatz,
oder von Dortmund BAB 1,
AB-Kreuz Münster Süd,
B 51 a, B 51 bis Handorf.

RHEINE

GELLENDORF

KC

NSG   Anlandeverbot !

ELTE

NSG
MESUM

BOCKHOLT

B 475

CC

SINNINGEN

BISPING

EMS-
DETTEN

SAERBECK

HEMBERGEN

MÜHLENB.

B 481

B 219

GLANE

ALBERTMANN

GREVEN

BAB 1

DORTMUND-EMS-KANAL

MAX-CLEMENS-KANAL

ems

SCHÖNEFLIETH

ALDRUP

GIMBTE

EMS

AA

WALL-
BURG

HAVICHHORSTER
MÜHLE

WERSE

N

0   5 KM

BAB 1

SUDMÜHLE

DYCKBURG

C

LINDE

MÜNSTER

WERSE

HANDORF

B 64

Wie ein römisches Aquädukt überbrückt der Dortmund-Ems-Kanal unseren Wanderfluss.

eigentlichen Wanderfluss, die Ems. Am Zusammenfluss noch recht schmal, zieht hier die Ems lieblich zwischen niedrigen Ufern in weiten Bögen und mit guter Strömung dahin. Links sehen wir bald das rote Dach der Dorfkirche in Gimbte, rechts stehen ein paar Ferienhäuser und kleine Villen. Der Autobahnbrücke folgt das Freibadgelände von Greven. Am Parkplatz nahe der Straßenbrücke Greven – Nordwalde können wir unsere Autos abstellen, wenn wir hier die Etappe beenden oder anfangen wollen.

Greven erwartet uns mit einer sauber restaurierten Innenstadt, der St.-Martins-Kirche mit herrlicher Orgel und in der Martinistraße mit einer gemütlichen Konditorei.

Wieder am Fluss angelangt, können wir die steinige Sohlschwelle vor der Straßenbrücke eventuell ganz rechts befahren; in der Mitte bildet sich ein gefährlicher Rücksog (beladene Boote sollten besser umgetragen werden). Kurz danach folgt bei niedrigen Wasserständen eine harmlos aussehende Betonstufe, die einen gefährlichen Rücksog bildet. Hier ist äußerste Vorsicht geboten. Oft ist das Umtragen rechtsufrig empfehlenswert. Danach schwingt die Ems im großen Bogen in westlicher Richtung nach Emsdetten. Hier ragen an der Bispinger Brücke noch ein paar alte Fundamente aus dem Fluss; zwei rot-weiße Rauten zeigen die richtige Durchfahrt an. Beim Hotel »Waldesruh« liegt ein kleiner Campingplatz, und kurz danach sehen wir rechts den Zeltplatz der Emsdettener Kanuten am großzügig gebauten Bootshaus und Vereinsheim.

Die Eintönigkeit der nächsten Flusskilometer ist beim schönen Wirtshaus »Emsfähre« vergessen, wo wir anlegen und bei einem guten Pils eine Pause machen. Es folgen verträumte Schleifen, Altarme mit niedrigen, verwachsenen Ufern, an denen manches Ferienhaus seinen Platz gefunden hat. Bis Rheine überspannt nur die Mesumer Brücke den einsamen Fluss. Es folgt ein Naturschutzgebiet (nicht anlegen), und am Horizont zeigen sich die Türme des auf dem Hügel stehenden, neuromanischen St.-Antonius-Doms.

Charakter, Tipps

Die Ems ist ein ruhig fließender Wanderfluss und mit allen Kanutypen ab Rietberg ganzjährig ohne Schwierigkeiten befahrbar.

Die wenigen Wehre sind durch selbst bedienbare Schleusen oder problemloses Umtragen zu überwinden. Das Wasser der Ems ist nur wenig verschmutzt. Pkw-Kontakt nur an Brücken.

Befahrungsregelungen

Die Ems durchfließt von Warendorf bis Rheine das Naturschutzgebiet Emsaue. In der Zeit vom 1. 5.–31. 10. ist an Wochenenden und Feiertagen eine Anmeldung beim KV NRW vor Antritt der Fahrt erforderlich. (Mo.–Do. 8.00–16.00 Uhr, Fr. 8.00–13.00 Uhr, Tel. 0203/7381653 oder www.kanu-nrw.de)

Zeltmöglichkeiten

An der Werse: Handorf – hier auch Busverkehr nach Münster; an der Ems: Greven, Emsdetten, Bockholt, Rheine KC, Emsbüren, Lingen.

Sehenswertes

Münster: Bischofs- und Universitätsstadt, Rathaus (14. Jh.) mit prachtvoller Innenausstattung, viele Bogenhäuser, St.-Paulus-Dom (größte Kirche Westfalens) mit herrlichen Plastiken und Domschatz, St.-Mauritz-Stiftskirche (11. Jh.), Martinikirche, Liebfrauenkirche u. a. Kirchen, Residenzschloss – heute Universität, Krameramtshaus, Buddenturm, Museen, Theater, Stadthafen, Zoo, botanischer Garten u.a.
Handorf: St.-Petronilla-Kirche, gemütliche Gartencafés, Haus Dyckburg, Kloster.
Greven: Textilstadt, spätgotische Hallenkirche St. Martinus mit großer Orgel und Sonnenuhr von 1616.
Emsdetten: Pfarrkirche, NSG Emsdettener Venn-Hochmoor, Hof Deitmar (Heimatmuseum).
Rheine: Altstadt, Schloss Bentlage, Bürgerhaus Falkenhof, St.-Antonius-Basilika (116 m hoher Turm), St.-Dionysius-Kirche (15. Jh.), Heilquelle – Solbad Gottesgabe.

Auto nachholen

Zwischen Münster und Rheine gut ausgebauter Nahverkehr durch Bus und Bahn.

Karten, Kanu-Literatur

Generalkarte 1:200000, Blatt 6 und 8; ADAC Freizeitatlas Nordrhein-Westfalen 1:100000. – Gewässerführer für Nordrhein-Westfalen.

Nach der Eisenbahnbrücke paddeln wir an der Uferpromenade im aufgestauten Flusslauf entlang zum Klubhaus des Rheiner Wassersportvereins, wo wir unsere Wanderung beenden. Bei einer Weiterfahrt müssen wir am unbefahrbaren Wehr in Rheine die Boote in Selbstbedienung schleusen.

⮂ 90 und 70 km

🕐 Ferienfahrt (2 Etappen)

Aus einem weitläufigen Quellennetz entsteht unterhalb der Paderborner Hochfläche bei Bad Lippspringe das Flüsschen Lippe, das bei Paderborn einen weiteren kräftigen Wasserzuschuss von den in der Stadt liegenden, unterirdisch gespeisten Pader-Quellteichen erhält. Nahe des Residenzschlosses der Paderborner Bischöfe nimmt sie die aus einem reizvollen Tal kommende Alme auf und fließt nun als typischer Niederungsfluss mit zahlreichen Windungen durch eine breite Talaue über Lippstadt, Hamm, Lünen, Haltern, um nach fast 260 km Flusslänge bei Wesel rechtsufrig in den Rhein zu münden. An den Lippeufern begegnen wir vielen schönen Renaissance-Schlössern, deshalb nennt man sie manchmal die »Loire des Münsterlandes«. In den letzten Jahren gab es leider umfangreiche Regulierungsmaßnahmen am Fluss. Der Unterlauf wird vom Datteln-Hamm- bzw. Wesel-Datteln-Kanal begleitet; doch ist eine längere Wanderfahrt in zwei Abschnitten auf der wieder beachtlich sauberen Lippe empfehlenswert.

Eine geeignete Einsatzstelle finden wir bei der Straßenbrücke der B 68 am Zusammenfluss mit der Pader am Schloss Neuhaus. Sicher durchwandern wir vor unserer Kanutour noch Paderborn, die Stadt der vielen Kirchen, in der Karl der Große vor fast 1200 Jahren den Papst empfing.

Im Angesicht von Schloss Neuhaus lassen wir die Boote in das flott strömende, saubere Flüsschen, das uns durch den Schlosspark trägt. Am Ende des Parks schließt sich im spitzen Winkel die von Süden kommende Alme an. Kurz danach sind wir am ersten Schützenwehr; wenn dieses offen steht, fahren wir durch, ansonsten ziehen wir die Boote rechts an der Kanalabzweigung über die Landspitze um. Ein begradigter Flusslauf führt uns weiter unter die Autobahnbrücke und bald zum Brückenwehr vor dem neu entstandenen Sande-Lippesee.

Hier wird rechts umgetragen, und schon schlecken bei Gegenwind die steilen Wellen gierig an unseren Booten. Voll ausgebaut, präsentiert sich der See als gutes Segelbootre-

△ *Einen Hauch der »Loire des Münsterlandes« verspüren wir am Schloss der Grafen von Plettenberg.*

PADERBORN

BAB 33

SCHLOSS
NEUHAUS

KC

P

LIPPESEE

P

RECHTS !

SANDE

B 1

ALME

BOKE

DELBRÜCK

NSG
Anlandeverbot

MANTINGHAUSEN

KC

REBBECKE

METTING-
HAUSEN

GESEKE

P

B 1

ESBECK

Rechten Arm
fahren !

LIPPSTADT

BENNING-
HAUSEN

EICKELBORN

BAB 2

x

P

HERZFELD

HOVESTADT
PLETTENBERG

BECKUM

KESSELER
MÜHLE

LIPPBORG

B 475

SOEST

C

UENTROP

OBERWERRIES

B 61

Aussetzstelle für
1. Abschnitt

HEESSEN

KC WERRIES

HAMM

B 63

Empfehlung :
Mit Auto umfahren

NSG

0   5   10 KM

STOCKUM

BAB 1

FORTSETZUNG LIPPE II.

Datteln

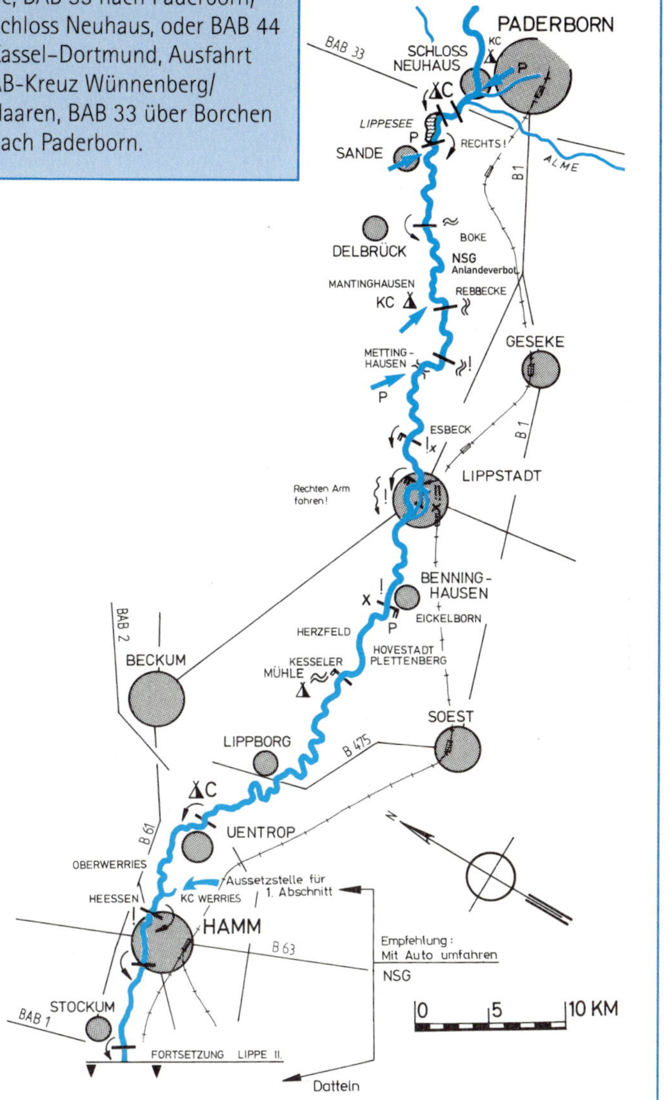

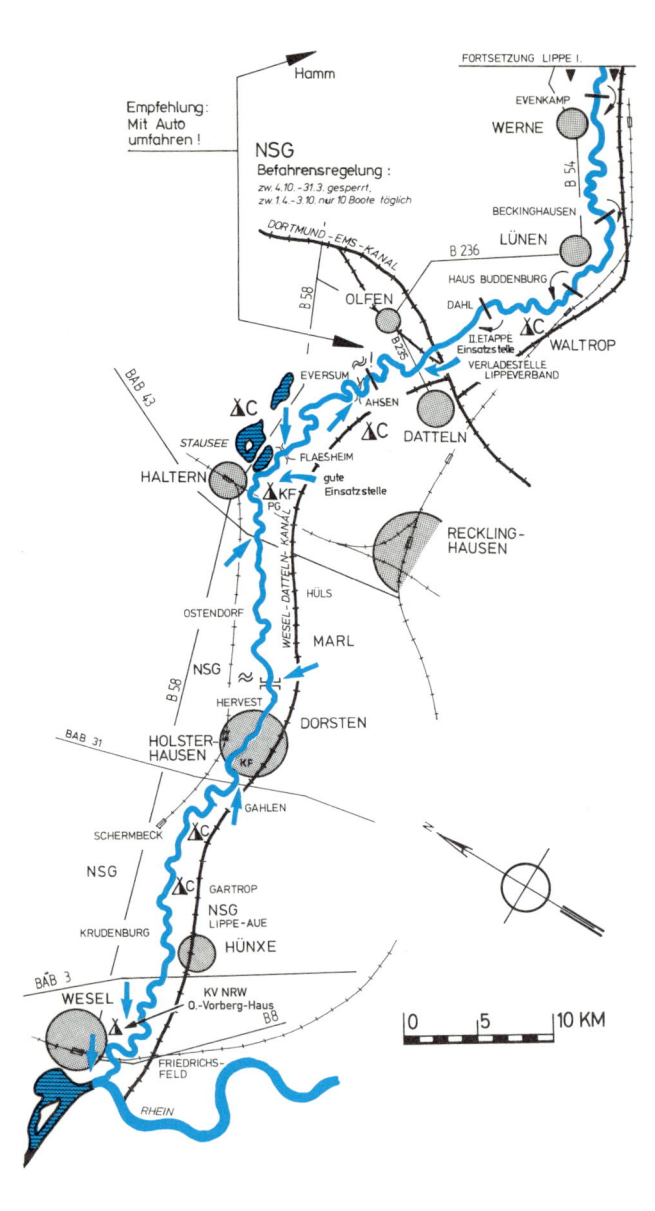

Hamm

Empfehlung:
Mit Auto
umfahren!

NSG
Befahrensregelung:
zw. 4.10.-31.3. gesperrt,
zw. 1.4.-3.10. nur 10 Boote täglich

FORTSETZUNG LIPPE I.

EVENKAMP
WERNE

B 54

BECKINGHAUSEN
LÜNEN

DORTMUND - EMS - KANAL

B 236

B 58

OLFEN

HAUS BUDDENBURG

DAHL

II.ETAPPE
Einsatzstelle

WALTROP

VERLADESTELLE
LIPPEVERBAND

EVERSUM

AHSEN

BAB 43

XC

STAUSEE

FLAESHEIM

XC

DATTELN

HALTERN

KF

PG

gute
Einsatzstelle

RECKLING-
HAUSEN

WESEL - DATTELN - KANAL

HÜLS

OSTENDORF

MARL

NSG

B 58

HERVEST

BAB 31

HOLSTER-
HAUSEN

DORSTEN

KF

GAHLEN

SCHERMBECK

XC

NSG

XC

GARTROP

NSG
LIPPE-AUE

KRUDENBURG

HÜNXE

BAB 3

WESEL

KV NRW
O.-Vorberg-Haus

B8

FRIEDRICHS-
FELD

RHEIN

N

0   5   10 KM

vier mit kleinem Yachthafen am Nordufer und genügend Parkplätzen. Am Halbkreiswehr des Seeauslaufs tragen wir die Boote über Treppchen rechts ins Unterwasser. Unter der Straßenbrücke hindurch fließt die Lippe, weitgehend reguliert, mit guter Strömung gegen Westen und bietet uns zur Abwechslung ein paar nette Schwalle nach mehreren niedrigen Sohlstufen. An den Ufern stehen inmitten Wiesen und Weiden verstreut behäbige Bauernhöfe.

Zwischen Boke und Mettinghausen befinden sich drei Wehre. Alle sind bei normalem Wasserstand in der Mitte befahrbar. Bei Hochwasser und Rücklauf an den Wehren kann links oder rechts umtragen werden. Bei Mantinghausen liegt in einem Wäldchen versteckt das Bootshaus der hiesigen Kanuabteilung. Das unbefahrbare Esbecker Wehr bewältigen wir durch die Bootsgasse. Nach der Halbbogenbrücke bei Esbeck sehen wir schon die Lippstädter Türme. Gleich am ersten, linksführenden Flussarm, im neuen Parkgelände eingebettet, liegt das Kanuvereinsheim, an dem wir günstig anlegen können, um in wenigen Spazierminuten die sehenswerte Altstadt zu erreichen. Am nächsten Tag paddeln wir in den nördlichen Umfluter; hier wartet die Bootsgasse auf uns, die eine freie Durchfahrt durch Lippstadt ermöglicht. Benninghausen erreichen wir dann ohne Hindernisse und fahren kurz nach der St.-Nikolaus-Brücke links an der Insel in die Bootsgasse hinein. Bei Herzfeld zieht links das Schloss des Grafen von Plettenberg

vorbei, und im Wirtshaus an der Kesseler Mühle kann man vorzüglich essen. Die alte Schleuse wurde restauriert, und durch das offene Schützenwehr können wir immer durchpaddeln.

Das riesige Kohlekraftwerk bei Lippborg erinnert uns, dass wir eine Industrielandschaft erreichen mit vielen Kohlezechen und Stahlwerken. Am Uentroper Wehr wird rechts umgetragen, und wir kommen an vielen schönen, teils versteckten Renaissance-Schlössern – wie Uentrop, Oberwerries, Heessen, Buddenburg, Dahl und Vogelsang – vorbei.

Flussabwärts vom ehemaligen Schloss Oberwerries finden wir links im Altarm das Bootshaus des Kanu-Vereins. Hier oder 1,5 km weiter (Parkplatz der Firma Ebel, links) beenden wir die erste Etappe und besuchen die Stadt Hamm. Die nächsten sieben Wehre und eine Landschaft voller Fördertürme und dunkler Abraumhalden umfahren wir am besten mit dem Auto.

Nach Datteln, beim Übergang in den Naturpark Hohe Mark, wird der Fluss wieder sehr ansprechend, und wir finden ca. 500 m oberhalb der Brücke an der B 235, am Hotel Rauschenburg, eine gute Einsatzstelle, um von hier über 70 km bis Wesel zurückzulegen. In großen Schleifen nähern wir uns durch eine heideartige Landschaft Haltern; links vor der Straßenbrücke der B 51 können wir als Gäste der PG »Nasse Brüder« unsere Zelte aufstellen.

Gleich hinter dem Vereinsheim liegt der Wesel-Datteln-Kanal. Es ist interessant, ein paar Stunden an

Auf dem Unterlauf der Lippe freuen wir uns über mäßigen Gegenwind.

seinem Ufer zu sitzen und den regen Schiffsverkehr zu beobachten. In der alten Bossendorfer Kapelle am gegenüberliegenden Ufer werden noch regelmäßig Sonntagsmessen abgehalten.

Auch Haltern lohnt einen Besuch; außer der Altstadt mit dem leuchtend weißen Rathaus und großen Marktplatz sowie teilweise erhaltenen Befestigungsanlagen locken ein herrlicher Stausee am Stadtrand zum Baden und die Sandhügel der Westruper Heide zum Wandern. Ausgeruht paddeln wir westwärts weiter und freuen uns, wenn kein zu starker Gegenwind unsere Fahrt verlangsamt. Die ersten Kilometer nach Haltern begleiten uns wieder Kohlekraftwerke,

und ganze Wälder von Hochspannungsmasten stehen an den Ufern. Unter der Hervester Brücke belebt ein kräftiger Schwall das Geschehen am Wasser. Sandkuppen und Kiefernwälder säumen immer öfter den Fluss. Erst jetzt leuchten die bunten Zelte etlicher Campingplätze durch das Ufergebüsch. Das ausgedehnte Wandergebiet der Hohen Mark lockt viele zu längeren Spaziergängen. Ein idealer Ausgangspunkt ist Hünxe, das Dorf im Grünen.

Noch einmal umpaddeln wir eine Autobahnbrücke (BAB 3), dann nähern wir uns schon dem Ziel dieser Wanderung – der alten Garnisonsstadt Wesel. Rechtsufrig am Lippehafen im Süden der Stadt finden wir beim Otto-Vorberg-Haus des NRW Kanuverbands eine gute Aussetzstelle und als Gäste Übernachtungsmöglichkeit. Wir können auch bis in den mächtigen Rhein hineinfahren und im Sporthafen unsere Fahrt beenden. Danach sollten wir uns noch einen halben Tag Zeit nehmen, um die Sehenswürdigkeiten der Stadt zu besichtigen.

Charakter, Tipps

Mäßig strömender, ab Schloss Neuhaus (Paderborn) ganzjährig befahrbarer Wanderfluss, auch für wenig Geübte geeignet. Bootsgassen und gut ausgebaute Umtragestellen an den Wehren locken trotz weitgehender Flussregulierung viele Kanuwanderer zu ausgedehnten Ferienfahrten. Den Flussabschnitt Hamm-Datteln empfehlen wir, mit dem Auto zu umfahren.

Befahrungsregelungen

Im NSG Lippe Aue, zwischen Waltrop und Hünxe, herrscht Anlegeverbot; hier nur ausgewiesene Raststellen bzw. Ein- und Aussetzstellen benutzen. Dieselbe Regelung gilt vom Ende Lippesee bis 1 km flussabwärts vom Bootshaus Mantinghausen. Durchpaddeln ist erlaubt.

Zeltmöglichkeiten

KC Paderborn, Camping Thune (nicht am Fluss), Mantinghausen (Kanugelände), Camping Uentrop, Ahlen, Haltern, Gahlen, Gartrob, Wesel.

Sehenswertes

Paderborn: Schloss Neuhaus, Paderquellen, Dom mit Krypta, Paradiesportal und Kaiserpfalz, St.-Josefs-Kirche, Stiftskirche Busdorf, Abdinghofkloster, Rathaus, Museen, Theater u.a.
Lippstadt: Große Marienkirche (13. Jh.) mit spätromanischen Wandmalereien, Stiftskirche St.-Marien-Ruine, frühgotische Jakobikirche, Heimatmuseum, in Cappel Stift, Schloss Schwarzenraben bei Bökenförde.
Hovestadt: Wasserschloss Haus Plettenberg.
Hamm: Schloss Oberwerries, Schloss Heessen, Lutherkirche, Gustav-Lübke-Museum.
Haltern: Pfarrkirche, Stausee, Siebenteufelsturm.
Wesel: St.-Willibrord-Dom mit herrlichem Netzgewölbe, Reste der Befestigungsanlage mit Toren, Berliner Tor, Stadtmuseum, Theater, moderne Kirchen.

Auto nachholen

Zwischen Paderborn–Hamm und Datteln–Wesel gut ausgebauter Nahverkehr mit Bus und Bahn.

Karten, Kanu-Literatur

Generalkarte 1:200000, Blatt 8 und 9; ADAC Freizeitatlas Nordrhein-Westfalen 1:100000. – Deutsches Flusswanderbuch; Gewässerführer für Nordrhein-Westfalen.

⮂ 45 km

🕐 2–3-Tage-Fahrt

Die Lenne, neben der nördlich fließenden Ruhr der wichtigste Fluss des bergigen Sauerlands, entspringt unmittelbar am Gipfelhang des Kahlen Asten (841 m). Von dort in westlicher Richtung entlang des Rothaargebirges ihren Weg suchend, durchsägt sie in viel gewundenem Lauf zwischen Finnentrop und Plettenberg die Kalksteinsedimente der Attendorfer Mulde, um anschließend die alten, im Tal eingeengten Städte Werdohl und Altena in vollkommenen Schleifen zu durcheilen. Bei Letmathe zwängt sich die Lenne entlang der bizarren Felsen des Iserlohner Massenkalkzugs. In Hohenlimburg fließt sie in einer herrlichen Kanuslalomstrecke am Schloss des Fürsten Bentheim-Tecklenburg vorbei, um dann im regulierten Flussbett nach 130 km am Fuße der stolzen Feste Hohensyburg in die Ruhr zu münden.

Bei gutem Wasserstand im Frühjahr oder nach längeren Regenfällen im Sommer beginnen wir unsere Kanuwanderung in Werdohl an der Straßenbrücke der B 236, dessen alten Ortskern die Lenne mit einer engen Schleife umschlingt. Hier können wir auf dem großen städtischen Parkplatz am Lenneufer die Autos abstellen. Eine flotte Strömung zieht unsere Boote unter mehreren Brücken hindurch. Rechts fällt ein steiler, bewaldeter Hang bis ins Flussbett, links gleiten die etwas eintönigen Fassaden des Industriegebiets vorbei. Das halb-

runde Wehr bei der neuen Brücke der B 236 ist je nach Wasserstand mit Einer-Kajaks links befahrbar; man kann aber auch leicht umtragen. Nach der Schleife folgen rechts das beheizte Freibad, das Sportgelände und links nach einer Eisenbahnbrücke ein Grillplatz. Am Fluss wird es einsam und ruhig. Bis hierher reicht der Stau von Wilhelmstal, an dessen Wehr wir rechts in den Obergraben paddeln, um kurz danach über eine Rutsche wieder das Flussbett zu erreichen. Das nächste Wehr am Industriegelände in Dressel ist glatt befahrbar. Schwieriger wird es am Kraftwerk Elverlingsen; beide Stufen sind praktisch unpassierbar (Länge der Umtragestelle ca. 200 m, Einsatzstelle erst nach der Brücke zum Werk). Zwischen bewaldeten Berghängen zwängen sich Straße, Eisenbahn und Fluss dicht nebenein-

△ *Einsam und ruhig ist es an den Ufern der Lenne nach Werdohl.*

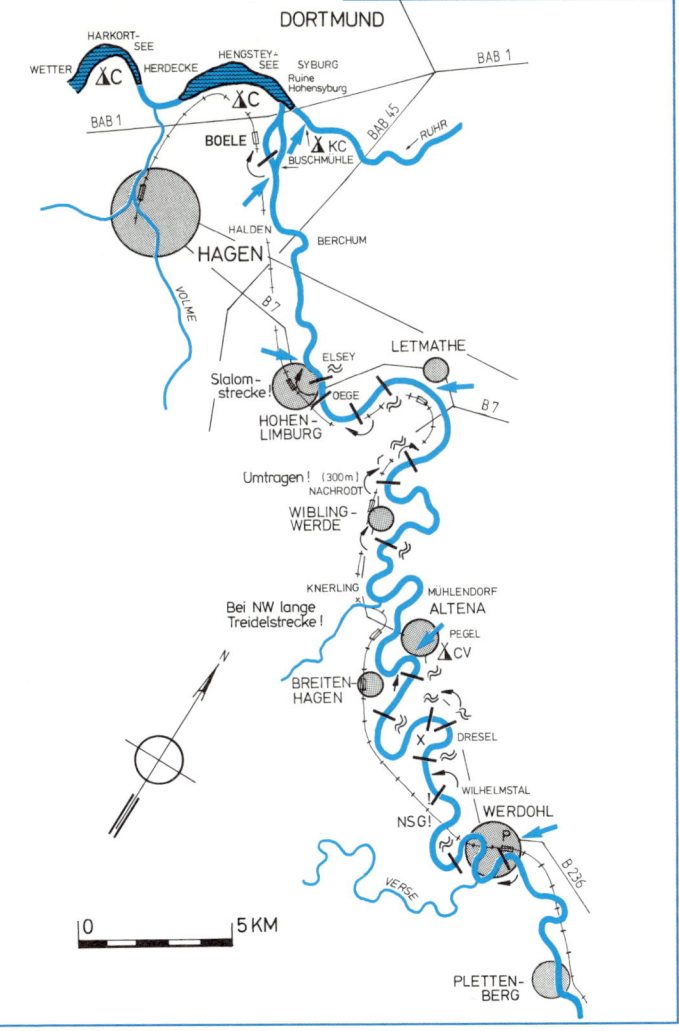

Anfahrt
BAB 45 Offenbach–Dortmund,
Ausfahrt Lüdenscheid, B 229
nach Werdohe, oder BAB 1
Wuppertal–Münster, Ausfahrt
Schwerte, B 236 durch das
Lennetal flussaufwärts.

DORTMUND

HARKORT-
SEE
WETTER △C HERDECKE HENGSTEY-
SEE SYBURG BAB 1
Ruine
Hohensyburg
BAB 1 △C
BOELE X KC RUHR
BUSCHMUHLE BAB 45

HALDEN BERCHUM
HAGEN
VOLME
B 7
ELSEY LETMATHE
Slalom-
strecke! OEGE B 7
HOHEN-
LIMBURG

Umtragen! (300 m)
NACHRODT
WIBLING-
WERDE

KNERLING MÜHLENDORF
Bei NW lange ALTENA
Treidelstrecke! PEGEL
△CV
N
BREITEN-
HAGEN
X DRESEL
WILHELMSTAL
NSG! WERDOHL
P
VERSE B 236

0   5 KM

PLETTEN-
BERG

Die lange Bootsgasse am Nachrodter Wehr ist meistens trocken, manchmal können wir hier die Boote treideln.

ander durch das tief eingeschnittene Tal. Neben dem Bootshaus der Altenaer Kanuten liegt das nächste Wehr, an dem wir rechts umtragen. Eine sehr günstige Einsatzstelle für eine Tagesfahrt finden wir an der Straßenbrücke, die zum VDM Altena-Werk führt. Am Parkplatz neben dem Werk können wir unsere Startvorbereitungen treffen.

Wir sollten einen Tag in Altena bleiben und zu der hoch über dem

Charakter, Tipps

In einem überaus reizvollen, überwiegend bewaldeten, tief eingeschnittenen Tal flott fließender, leicht sportlicher Wanderfluss, ab Werdohl ganzjährig befahrbar (Pegel Altena 70 cm). Der Oberlauf ist nur bei erhöhtem Wasserstand für geübte Wildwasserfahrer zu empfehlen.

Die relativ vielen Wehre sind teils problemlos befahrbar, teils zu umtragen. Nach der Lenne-Regatta, die meist im Juni stattfindet, bleiben viele Wehre ein paar Tage mit Bootsrutschen ausgestattet.

Befahrungsregelungen

Für den Lennestau zwischen Werdohl und Wilhelmstal besteht eine Befahrungsbeschränkung; ein zügiges Durchfahren mit 10 m Abstand vom rechten Ufer ist erlaubt. Durchgehende Pkw-Begleitung möglich (B 236). In Hohenlimburg Olympiastützpunkt für Kanuslalom.

Zeltmöglichkeiten

Finnentrop – Heggen, Altena – Kanuclub DKV, An der Lennemündung bei Kabel – Camping auf der Ruhr, Hohenlimburger KV am Hengsteysee.

Sehenswertes

Plettenberg: Christuskirche (13. Jh.) mit romanischem Portal und Gewölbemalereien, Böhler Kapelle, Schloss Brünninghausen.
Altena: Ausgedehnte Burganlage (urspr. 12. Jh.), Kapelle, Märkisches Heimatmuseum, Deutsches Drahtmuseum, Haus Holtzbrinck, Lutherkirche.
Letmathe: Neugotischer Lennedom St. Kilian, Dechenhöhle, Dorfkirche (12. Jh.), Heimatmuseum, Herrenhaus Letmathe.
Hohenlimburg: Schloss mit Brunnen, Heimatmuseum, Stiftskirche in Elsey.
Hagen: Jugendstilbauten, Karl-Ernst-Osthaus-Museum, Freilichtmuseum, Theater.
Hohensyburg: Burgruine, St.-Peters-Kirche, Brunnen.

Auto nachholen

Zwischen Werdohl und Hagen-Boele (Nähe Hengsteysee) regelmäßige Bahnverbindung.

Karten, Kanu-Literatur

Generalkarte 1:200000, Blatt 8 und 10; ADAC Freizeitatlas Nordrhein-Westfalen 1:100000. – Deutsches Flusswanderbuch; Gewässerführer für Nordrhein-Westfalen.

Fluss auf einem lang gestreckten, steil abfallenden Felssporn thronenden Burg hinaufwandern. Hinter den vorbildlich restaurierten Mauern befinden sich mehrere Museen (z. B. Drahtmuseum, Schmiedemuseum) und die erste Jugendherberge der Welt.
Im begradigten Flussbett zwischen hohen Ufermauern paddeln wir dann durch die alte »Drahtzieherstadt«, die, an den Burghang ange-

schmiegt, kaum Platz zwischen Fluss und Burg gefunden hat. Das nächste Wehr flussabwärts bewältigen wir links. Kurz danach teilt sich die Lenne an einer Inselspitze; wir tragen in den linken Flussarm um (wenn die Rutsche eingebaut ist, ist das Wehr befahrbar – doch Vorsicht auf Schrägströmung!).

An der Eisenbahnbrücke vereinigen sich die zwei Flussarme, und nach einer längeren Schwallstrecke folgen ruhige Passagen, das Tal weitet sich. Rechts ziehen weiß leuchtende Fachwerkhäuser und das Waldwirtshaus »An der Obstfuhr« vorbei. Die dunkle Felsenwand der Dümplerlei zwingt den Fluss zu einer scharfen Linkskehre. Eine kurze, aber heftige Stromschnelle lässt uns kaum Zeit, die schöne Nachrodter Brücke zu betrachten; es folgt die nächste Brücke mit gelbem Rohr, dann ein spritziger Schwall, eine Rechtsschleife, und schon legen wir am Wehr an. Die lange Bootsrutsche ist überwiegend trocken, so dass wir die Boote links, je nach Wasserstand ca. 200–300 m weit, umtragen müssen.

Das nächste Wehr lässt nicht lange auf sich warten, doch hier gleiten die Kajaks links über die Fischtreppe langsam ins Unterwasser. Das abgeleitete Wasser kommt von rechts zurück ins Flussbett. Bizarre Felsgestalten begleiten uns nach Letmathe, einem Ortsteil von Iserlohn. Nicht weit von hier liegt die Dechenhöhle, wo man Skelette vom voreiszeitlichen Höhlenbär und dem Wollhaarigen Nashorn gefunden hat. Anschließend säumen weit gedehnte, vergammelte Fabrikfronten die Lenne.

Das nachfolgende Wehr befahren wir im Knick, wo uns eine lang gezogene Schwallzunge prächtig durchschüttelt. Nur wenige hundert Meter flussabwärts werden die Boote wieder umgetragen, sofern nicht linksseitig eine Rutsche eingehängt ist (markiert mit zwei Holzpflöcken). Bald danach erblicken wir in einer weiten Rechtsschleife die ersten Häuser von Hohenlimburg. Das Wehr vor der Brücke ist rechts im ersten Brückenjoch passierbar, die manchmal eingehängte Rutsche in der Wehrmitte ist vom Oberwasser aus nicht zu sehen. An der mittelschweren Kanuslalomstrecke probieren wir unser Paddelkönnen aus, Anfänger tragen links um. Eine gute Aussetzstelle befindet sich nach der Brücke; hier sind auch Parkplätze.

Im flotten Lauf eilt die Lenne jetzt wieder mehr oder weniger begradigt unter der Autobahnbrücke hindurch und am ausgedehnten Industriegelände vorbei zur Ruhr. Am Buschmühlenwehr tragen wir um und bleiben im linken Flussarm. Vor uns baut sich der steile Hang der Hohensyburg auf, von oben blickt die dunkle Burgruine ins Tal. Am Hengsteysee auf der Ruhr endet unsere Lennefahrt. Rechtsufrig stromaufwärts liegt der Zeltplatz des Hohenlimburger Kanuvereins, wo DKV-Mitglieder nach Anmeldung auch zelten dürfen.

Den Hochmooren des Hohen Venn in Belgien entspringend, überquert der bis hier Roer genannte Fluss bei Kalterherberg als flinker Wildbach die bundesdeutsche Grenze und fließt anschließend im engen, nur bei Hochwasser befahrbaren Flussbett durch ein landschaftlich sehr reizvolles Tal. Etwas später zwängt sich das Flüsschen zwischen den malerischen Fachwerkhäusern der idyllischen Bergstadt Monschau hindurch. Zwischen Einrur und Heimbach hat man die Rur zu einem viel gewundenen, über 200 Mill. m³ fassenden See aufgestaut, dem sich unmittelbar der schmale Urfter Stausee anschließt. An der restaurierten Heimbacher Ringburganlage vorbei sägt sich der Fluss mühsam durch die letzten Ausläufer der Nordeifel, um bei Düren die Tiefebene zu erreichen. Ab Jülich pendelt die Rur in vielen Mäanderschleifen in nordwestliche Richtung. Sie ist nur wenig reguliert und zieht bei Effeld über die niederländische Grenze, um nach über 200 km Flusslänge bei Roermond in die Maas zu münden.

Den oberen, wildwasserähnlichen Abschnitt der Rur überlassen wir den Spezialisten, die hier im Frühling auf ihre Kosten kommen. Wir befahren bei unserer Wanderung in zwei Etappen den noch immer sportlichen Unterlauf. Nachdem wir uns beim KV NRW angemeldet (siehe Infokasten) und

⟳ 20 und 22 km

🕐 2 Tagesfahrten

die Kennzeichnungskarte am Kanu angebracht haben, rutschen wir von der Holzrampe in Heimbach in den hier flott fließenden, sauberen Fluss. Nach der folgenden Rechtskurve schaukelt ein lang gestreckter Schwall unsere Boote am ersten der vielen Campingplätze vorbei. Kurz danach folgt der nächste. Zwei Flussschlingen weiter treiben wir bei sehr guter Strömung an Hausen vorüber, vor uns liegt das Naturschutzgebiet Mühlenberg. Eine rote Felsenwand und mehrere dunkle Felstürme ragen über die Baumkronen am rechten Uferhang der Rur. An der Blenser Brücke können wir rechts anlegen und die kleine Blenser Burg besuchen. Danach ziehen wir an einem einsam stehenden Steinhaus vorbei, das zu Lüppenau gehört. Anschließend erfrischt uns ein herrlicher Schwall;

△ *An der Steinbogenbrücke in Heimbach befindet sich eine gute Einbootstelle.*

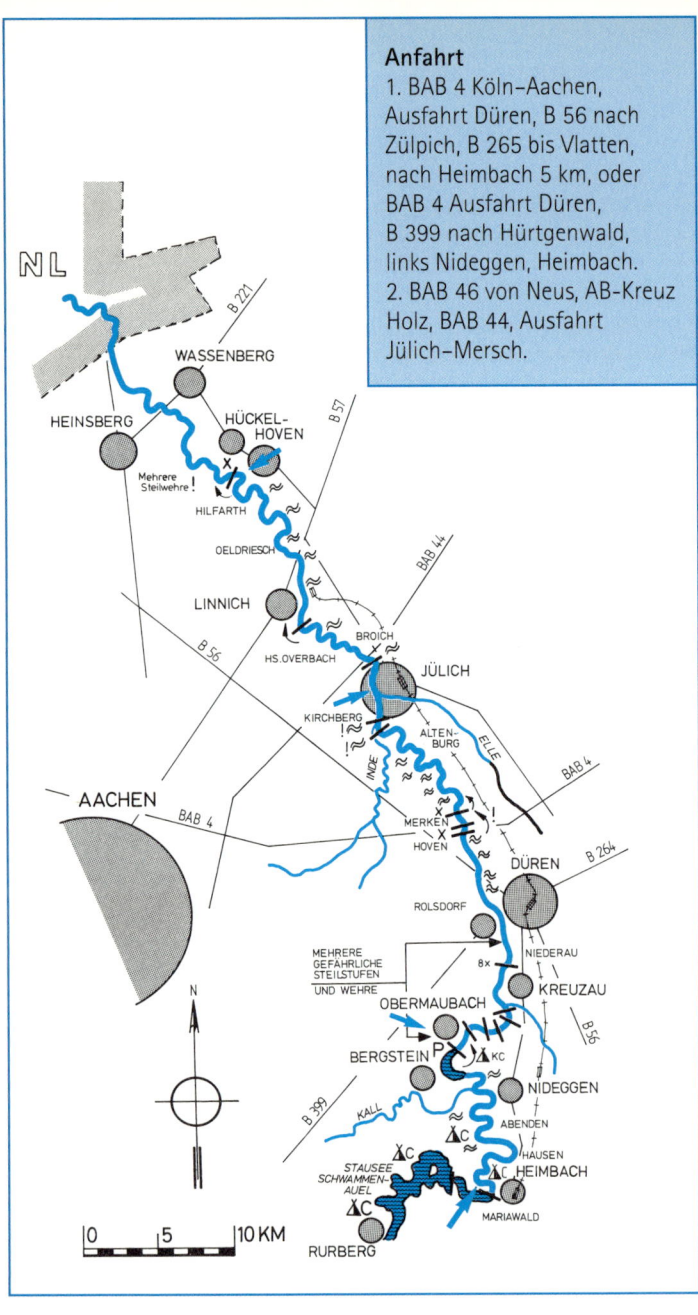

Anfahrt
1. BAB 4 Köln–Aachen, Ausfahrt Düren, B 56 nach Zülpich, B 265 bis Vlatten, nach Heimbach 5 km, oder BAB 4 Ausfahrt Düren, B 399 nach Hürtgenwald, links Nideggen, Heimbach.
2. BAB 46 von Neus, AB-Kreuz Holz, BAB 44, Ausfahrt Jülich–Mersch.

NL

B 221

WASSENBERG

HEINSBERG

HÜCKEL-
HOVEN

B 57

Mehrere
Steilwehre!

HILFARTH

OELDRIESCH

BAB 44

LINNICH

B 56

BROICH

HS.OVERBACH

JÜLICH

KIRCHBERG

ALTEN-
BURG

ELLE

BAB 4

AACHEN

BAB 4

INDE

MERKEN

HOVEN

DÜREN

B 264

ROLSDORF

MEHRERE
GEFÄHRLICHE
STEILSTUFEN
UND WEHRE

NIEDERAU

8x

KREUZAU

N

OBERMAUBACH

B 56

BERGSTEIN

P

KC

NIDEGGEN

B 399

KALL

ABENDEN

HAUSEN

STAUSEE
SCHWAMMEN-
AUEL

C

C

C

HEIMBACH

MARIAWALD

0   5   10 KM

RURBERG

162

in seinem Auslauf müssen wir kräftig durchziehen. Vor Abenden überspannt eine Eisenbahnbrücke den Fluss; die Bundesbahnstrecke ist hier noch voll in Betrieb. Umgestürzte Bäume zwingen uns in der schnellen Strömung zum vorsichtigen Manövrieren. Nach einem lang gezogenen Campinggelände sehen wir bald die hochragende, das ganze Tal beherrschende Burgruine Nideggen vor uns. Dieses Baudenkmal aus dem 12. Jh. mit seinen hohen Fensteröffnungen sowie das nahe Städtchen sind eine Besichtigung wert. Ein wunderbarer Ausblick in das sich windende Tal belohnt uns für die Mühe des Aufstiegs.

Mehrere Brücken kreuzen nun die Rur, und bei der Eisenbahnbrücke Zerkall kann man gut anlegen. Dem Rohrsteg und Wasserpegel folgt die nächste längere Schwallstrecke, gewürzt mit umgestürzten Baumstämmen. Vor dem Gut Neuenhof sehen wir links eine Felswand mit der Maria-Grotte. Die steilen hohen Berghänge vor der Klamm wurden teilweise abgeholzt. Noch zwei Kehren, dann schiebt sich rechts der Hof Mausauel vorbei, und unter der »grünen Brücke« beginnt die Stauwurzel der Talsperre Obermaubach. Die kleine Insel umpaddeln wir links, um die hier nistenden Schwäne nicht zu stören, und nach einer $^1/_2$ Stunde erreichen wir die Anlegetreppe auf der rechten Dammseite. Nicht weit davon finden wir den Bahnhof und ein einladendes Wirtshaus.

Weil es im anschließenden Flussabschnitt viele Steilstufen und Wasserableitungen gibt, umfahren wir diesen mit den Autos und starten zur nächsten Etappe unserer Rurwanderung erst in Jülich. Ab hier ist der Fluss ohne Schwierigkeiten ganzjährig befahrbar. Einsetzen können wir die Kanus an der Straßenbrücke neben dem kleinen Zoopark, der im Bereich der ehemaligen Napoleon-Festung seinen Platz gefunden hat. Die Stadt selbst, schon zu Römerzeiten ein wichtiges Kastell, wurde im Zweiten Weltkrieg fast restlos zerstört; nur der Hexenturm, Reste der Zitadelle und des Rathauses blieben erhalten.

Jülich hinter uns lassend, paddeln wir dann am Schwimmbad und Sportgelände vorbei. Die erste der sieben befahrbaren Sohlgleiten (Vorsicht im Faltboot wegen scharfkantiger Steine!) begrüßt uns mit einem herrlichen, spritzigen Schwall, und nach dem »Brückentrio« (Autobahnbrücke, neue und alte Straßenbrücke) folgt eine reizvolle, natürlich erhaltene Auenwaldpassage mit vielen Flussschlingen, Kiesbänken und kleinen Inseln. Oft sehen wir Graureiher und Enten und hören die Rufe der Fasane, die im Dickicht des Auwaldgürtels ideale Lebensbedingungen vorfinden.

Vor einem Pumpwerkhäuschen spritzt der nächste Schwall der lang gestreckten Sohlgleite. Das Steilwehr von Linnich befahren wir links durch die enge Fischtreppe, doch vorher überzeugen wir uns, ob diese frei von Schwemmgut ist. Eine überdachte Grillstelle mit Holztischen und -bänken lockt zum Aufenthalt. Wir legen an, entfa-

In kanufreundliche Sohlgleiten mit langen spritzigen Schwallen wurden an der Rur viele gefährliche Steilwehre umgebaut.

chen ein Feuer, und bald brutzeln auch schon unsere mitgebrachten Würste.

Nach einer ausgedehnten Mittagspause warten auf uns noch ein paar Kilometer mit guter Strömung und fünf leicht befahrbare Sohlgleiten. In einer Linkskurve vor der Straßenbrücke in Hilfarth sehen wir schon von den Booten aus die auf dem Parkplatz beim Wirtshaus abgestellten Autos. Eine schöne, sportliche Wanderfahrt geht zu Ende.

Charakter

Gut fließender, ohne nennenswerte Schwierigkeiten befahrbarer Wanderfluss. Oberhalb der Talsperre sehr sportlich, hier von Wildwasserfahrern gerne besucht. Der Untersee der Rurtalsperre ist gebührenpflichtig, der Obersee gesperrt.

Der Flussabschnitt ab Heimbach ist nur bei einer minimalen Wassermenge von 7 m^3/s befahrbar (Tel. 02452/124). Im Abschnitt unterhalb Jülich immer genügend Wasser, hier sportliche Einlagen durch befahrbare Sohlgleiten.

Befahrungsregelungen

Flussabschnitt zwischen Heimbach und Obermaubach 1.3.–14.7. gesperrt, in der übrigen Jahreszeit darf hier nur nach Anmeldung beim KV NRW gepaddelt werden (Tel. 0203/7381653). Ein- und Aussetzen an bezeichneten Stellen und Stegen (einhalten – sonst drohende Flusssperrung!).

Eine gebührenpflichtige Kennzeichnungskarte, die in Heimbach ausgegeben wird, ist deutlich sichtbar am Boot zu befestigen.

Zeltmöglichkeiten

Camping Rurberg, Heimbach (Gut Wittscheidt), Hausen, KC Eschweil.

Sehenswertes

Heimbach: Burg Hengebach (hier Schlosshotel), Kloster Mariawald, Pfarrkirche St. Klemens mit holländischem Schnitzaltar.
Nideggen: Mächtige Burgruine (12. Jh.), kath. Pfarrkirche Nytstor, Dürener Tor, Zülpicher Tor.
Niederau: Schloss Burgau.
Düren: Moderne ev. Pfarrkirche, Leopold-Hoesch-Museum (Kunst), Reste der Stadtbefestigung mit Türmen.
Jülich: Altes Rathaus, Römisch-Germanisches Museum, Propsteikirche, Roertor (Hexenturm).
Barmen: Hallenkirche (15. Jh.) mit Flügelaltar, Haus Kellenberg, Haus Overbach (ehemalige Wasserburgen).
Linnich: Kath. Pfarrkirche mit schönem Hochaltar.

Auto nachholen

Zwischen Heimbach und Obermaubach regelmäßige Bahnverbindung; zwischen Jülich und Hilfarth kein akzeptabler Nahverkehr.

Karten, Kanu-Literatur

Generalkarte 1:200000, Blatt 10; ADAC Freizeitatlas Nordrhein-Westfalen 1:100000. – Deutsches Flusswanderbuch; Gewässerführer für Nordrhein-Westfalen.

⮌ 65 km

🕐 3-Tage-Fahrt

Die Sieg entspringt am Südrand des Rothaargebirges, unweit der Eder- und Lahnquelle. Sie durchfließt die Städte Netphen und Siegen und sägt in das harte Gestein zwischen dem Bergischen Land und dem Westerwald ein tiefes, viel gewundenes Tal, um bei Siegburg die flache Rheinebene zu erreichen. Nördlich von Bonn mündet die Sieg nach über 130 km Flusslänge rechtsufrig in den Rhein. Wie alle Mittelgebirgsflüsse ist auch die Sieg während des Jahres sehr von der Niederschlagsmenge abhängig, und so ist der Oberlauf nur bei erhöhtem Wasserstand, meistens im Frühling, befahrbar (für sportliche, erfahrene Kanufahrer). Erst ab Wissen, in dessen Umgebung mehrere Bäche ihr Wasser der Sieg zuführen, ist der Fluss ganzjährig befahrbar. In Wissen finden wir an der Straßenbrücke nach Morsbach, unweit des Bahnhofs, an einem Parkplatz gute Einbootmöglichkeiten. Vor uns liegen fast 18 km ohne Hindernisse. Kaum in den Booten, zieht uns eine gute Strömung in die Linksschleife am hohen Prallhang entlang unter die erste der vielen Eisenbahnbrücken, die wir auf dieser Wanderung unterqueren. Nach der Schleife mündet linksufrig die nur im Frühling befahrbare sportliche Nister, kurz danach rechts der Holpebach. In herrlichen Bögen paddeln wir durch das zwischen steilen Berghängen eingeengte Flusstal,

vorbei an winzigen, versteckten Ortschaften wie Ospen oder Imhausen mit einladenden Wirtshäusern.

Unter der ersten Rosbacher Brücke fahren wir aufmerksam in die enge Durchfahrt. In Schladern unterbricht eine Felsstufe den Lauf der Sieg. Bei gutem Wasserstand stürzt hier der Fluss tosend über Basaltsäulen und Rippen mehrere Meter in die Tiefe. Doch meist entzieht die ansässige Firma Kabelmetall fast das ganze Wasser in einen Werkskanal, und dann fließt nur ein klägliches Rinnsal zwischen den schwarzen Felsen. Mit den schweren Kanus legen wir an der Brücke vor der schönen Parkanlage an und ziehen den beladenen Bootswagen rechtsufrig auf einem Weg am Aussichtsfelsen vorbei und am Fabrikzaun entlang 1 km

△ *Bei gutem Wasserstand ziehen wir lautlos über die glatte Wasserfläche.*

Anfahrt
BAB 45 Hanau–Dortmund,
Ausfahrt Siegen, B 62 durch
das Siegtal nach Wissen, oder
BAB 3 Köln–Frankfurt, Ausfahrt Bonn/Siegburg, zuerst
auf die B 8, in Hennef Richtung Eitorf durch das Siegtal
nach Wissen.

B 62

KC
WISSEN
PIRZENTHAL
HOLPEBACH
NISTER
ROTH
B 256
OPPERTSAU
HAMM

B 256
ROSBACH
SCHLADERN
KATARAKT
IMHAUSEN
DATTENFELD
DREISEL
C
WILBERS-
HOFEN
KALTBACH-
MÜHLE
WERFEN
HERCHEN
STROMBERG
UNKEL-
MÜHLE
ALZENBACH
EITORF
EITORFER BACH
BACH
C
B 8
B 478
MERTEN
BRÖL
OBERAUEL
STADT
BLANKEN-
BERG
WAHNBACH-
SEE
C
LAUTHAUSEN
A 560
ALLNER
Weingorts-
gosse
SELIGEN-
THAL
SIEGBURG
HENNEF
STV
BAB 3

0   5 KM

weit zum ehemaligen Gut Schönbeck, wo wir am Altenpflegeheim wieder einsetzen können (Autos mit Anhänger hier nicht parken!).

Etwas vom Fluss entfernt, hoch über einer ehemaligen Schleife, thront die Burgruine Windeck, die außer einem weiten Blick auch ein Heimatmuseum bietet. Über mehrere harmlose Stufen und Schwalle, an einer Reiherkolonie vorüber, erreichen wir Dattenfeld. Am Schrägwehr benutzen wir links die spritzige Rutsche, und auch die nachfolgenden Stufen können wir befahren. Hoppengarten hinter uns lassend, steuern wir entlang der Felshänge bei Herchen im kaum 20 m breiten, etwas regulierten Flussbett. Erst nach Stromberg erweitert sich wieder die enge Talsohle, wo Fluss, Eisenbahnstrecke und Straße um Platz kämpfen. Am steilen Winkelwehr der Unkelmühle vor Alzenbach paddeln wir bei genügend Wasser über die Bootsrutsche und lassen uns von der flotten Strömung zum Park in Eitorf treiben.

Flussabwärts auf der felsigen Landzunge über der großen Siegschleife liegt das alte St.-Agnes-Kloster, heute eine Erholungs- und Tagungsstätte. Ein Schwall unter der nächsten Eisenbahnbrücke leitet einen abwechslungsreichen Abschnitt ein. Kiesbänke lassen den Hauptstrom von einem Ufer zum anderen pendeln. In Stein legen wir links vor der Eisenbahnbrücke an, um nach 20-minütigem Spaziergang das pittoreske Städtchen Blankenberg zu erreichen, das 100 m hoch über dem Siegtal malerisch neben einer mächtigen Burgruine aus dem 12. Jh. liegt.

An den vielen Baggerstellen bei Dondorf vorbeipaddelnd, nähern

Die Sieg strömt zügig durch eine reizende Talaue.

wir uns der Stadt Hennef, unterqueren die klotzigen, doch schallgedämmten Autobahnbrücken und wandern vielleicht noch hinauf ins Seligenthal zur ältesten Franziskanerkirche Deutschlands. Dazu legen wir rechts vor der Hängebrücke am Wirtshaus Sieglinde an (mögliches Fahrtende Weingartsgasse). Nachher lassen wir uns zum Kanugelände des STV Siegburg treiben, wo unsere Fahrt endet. Wenn wir uns angemeldet haben (Tel. 0 22 41/6 32 20), sind wir dort willkommene Gäste und können nach dem Aufbau der Zelte die alte, geschichtsträchtige Stadt an der Sieg besichtigen.

Charakter, Tipps

Durch ein reizvolles Tal gut strömender Wanderfluss, der ganzjährig (außer in sehr trockenen Sommerperioden) auch mit Faltbooten ab Wissen befahrbar ist. Die Wehre auf der Wanderstrecke sind alle durch Umtragen oder mittels Bootsrutschen zu überwinden. Nur für die 1 km lange Umtragestelle in Schladern ist ein Bootswagen empfehlenswert. Ufer nur an Ein- und Ausstiegsstellen betreten.

Zeltmöglichkeiten

Wissen – am KC-Gelände (DKV-Mitglieder nach Anfrage), Dreisel, Kaltbachmühle, Eitorf-Bach, Lauthausen, vor Hennef, Siegburg – (DKV-Zeltplatz).

Sehenswertes

Wissen: Schöne Häuserzeilen an der Brücke.
Windeck: Burgruine (12. Jh.), Heimatmuseum.
Merten: Ehemaliges Kloster St. Agnes (12. Jh.), frühromanische Kirche mit ungleichen Türmen.
Stadt Blankenberg: Burgruine (12. Jh.), sehenswerte Fachwerkhäuser, alte Pfarrkirche St. Katarina, Stadtmauer mit Türmen.
Hennef: Pfarrkirche mit gotischen Fresken, Station der Thurn- und Taxisschen Reit- und Fahrpost, Ortsteil Allner – Schloss mit herrlichem Park, Seligental – ehemaliges Minoritenkloster, Franziskanerkirche (13. Jh.), Talsperre.
Siegburg: Benediktinerabtei St. Michael mit kostbarem Annaschrein, St.-Servatius-Kirche (Kirchenschatz), Reste der Stadtmauer, Torhaus – Museum, Pranger (14. Jh.).

Auto nachholen

Zwischen Wissen und Siegburg regelmäßiger Bahnverkehr.

Karten, Kanu-Literatur

Generalkarte 1:200 000, Blatt 10; ADAC Freizeitatlas Nordrhein-Westfalen 1:100 000. – Deutsches Flusswanderbuch.

⚡ 47 km

🕐 2-Tage-Fahrt

Irgendwo am Großen Weißenstein bei Linden entspringend, schlängelt sich die Wied zuerst ruhig in nördlicher Richtung durch die hügelige Landschaft der Westerwälder Seenplatte. Saftige Wiesen, Felder und herrliche Laubmischwälder begleiten ihren Lauf. Vor Altenkirchen wird sie durch einen Bergriegel nach Westen abgedrängt, berührt das alte Städtchen, um sich bei Döttesfeld tief in die mächtigen Sedimentschichten des ehemaligen Devonmeeres einzugraben. In weit ausholenden Umlaufschleifen, gesäumt von steilen Erosionshängen und einem urwaldähnlichen Schluchtwald durchquert sie als größter Flusslauf den stillen Naturpark Rhein-Westerwald und erreicht südlich der finster dreinschauenden Burgruine Altwied bei Segendorf das dicht besiedelte Neuwieder Becken, um schließlich im Stadtteil Irlich in Neuwied rechtsufrig in den Rhein zu münden.

Für uns Kanufahrer bietet sich der abwechslungsreiche, 47 km lange Flussabschnitt von Oberlahr bis zur Laubachsmühle (bzw. Altwied) an. Ab hier ist die Wied überwiegend bis Ende Mai und in den Herbstmonaten auch mit wendigen Kunststoff-Zweiern problemlos befahrbar, in regenreichen Sommern auch ganzjährig.

Am weitläufigen Parkplatz des Schwimmbades »Lahrer Herrlichkeit« bei Oberlahr können wir die Autos bequem abstellen und finden unterhalb vom Restaurant eine flache Einsatzstelle. Kaum in den Booten sitzend, unterqueren wir die neue Straßenbrücke und gelangen zum ersten Wehr in Oberlahr. Bei gutem Wasserstand ist es leicht befahrbar, bei niedrigem Wasser tragen wir links kurz um. Rechts am Hang liegt der Lusthof, in früheren Zeiten Sitz der kurkölnischen Verwaltung, die hier ihre Rechte ausübte.

Nach einem weiten Linksbogen nähern wir uns dem Ort Burglahr, der sich im malerischen Halbkreis an einen ehemaligen Umlaufberg der Wied anschmiegt, auf dessen Gipfel die Burg des Grafen von Isenberg aufragt. Eine befahrbare Stufe sorgt für sportliche Abwechslung. Nach der Straßenbrücke, die zum Wallfahrtsort Pe-

△ *In vielen harmlosen Schwallen läuft die Wied von Prallhang zu Prallhang.*

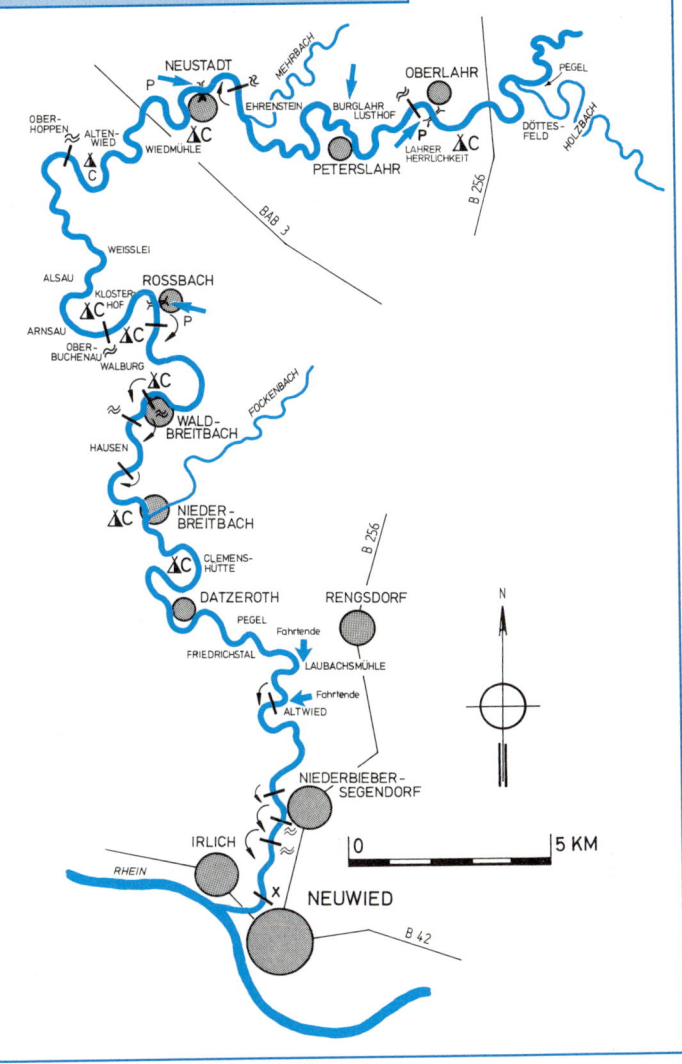

Anfahrt
BAB 3 Frankfurt–Köln, Ausfahrt Neu-
stadt/Wied, oder BAB 61, AB-Kreuz, BAB
48 Ausfahrt Bendorf, B 42 nach Neuwied; BAB 3 Ausfahrt Neuwied, B 256
Richtung Flammersfeld bis Wiedtal.

NEUSTADT
MEHRBACH
OBERLAHR
PEGEL
EHRENSTEIN
BURGLAHR
LUSTHOF
DÖTTES-
FELD
OBER-
HOPPEN
ALTEN-
WIED
WIEDMÜHLE
LAHRER
HERRLICHKEIT
PETERSLAHR
HOLZBACH
B 256
WEISSLEI
BAB 3
ALSAU
ROSSBACH
KLOSTER-
HOF
ARNSAU
OBER-
BUCHENAU
WALBURG
FOCKENBACH
WALD-
BREITBACH
HAUSEN
NIEDER-
BREITBACH
CLEMENS-
HÜTTE
B 256
DATZEROTH
RENGSDORF
PEGEL
Fahrtende
FRIEDRICHSTAL
LAUBACHSMÜHLE
Fahrtende
N
ALTWIED
NIEDERBIEBER-
SEGENDORF
IRLICH
0   5 KM
RHEIN
NEUWIED
B 42

171

terslahr führt, folgt eine einsame Flussschleife. Das Tal wird eng und felsig; wir durchpaddeln die Mettelshahner Schweiz. Riesige Steinblöcke liegen an den Hängen, und ein halb zerfallenes Eisenbahnviadukt der vor Jahrzehnten stillgelegten Bahnstrecke wird vom Wald zurückerobert.

Von rechts mündet der Mehrbach; kurz danach legen wir an und machen einen kleinen Spaziergang zum Schmuckstück des Wiedtales. Unter der Burgruine Ehrenstein, die zusammen mit einem Fachwerkhäuschen am engen Felssporn klebt, stehen das ehrwürdige Klostergebäude und die spätgotische St.-Trinitatis-Kirche, in der wir eine prächtige, aus Eichenholz geschnitzte Barockkanzel entdecken. Hier weht uns der Atem vergangener Jahrhunderte entgegen, und zum Abschied lächelt uns der im Stein gehauene Mönch am Torbogen verschmitzt nach.

Die nachfolgende verblockte Stelle im Fluss ist eigentlich der Rest eines verfallenen Wehrs; bei niedrigem Wasserstand manövrieren wir unsere Boote vorsichtig zwischen den scharfkantigen Steinen hindurch. Nach Neustadt, wo wir am Parkplatz beim Schulzentrum eine hervorragende Einsatzstelle finden, flitzen wir am großen Campingplatz vorbei, kommen rechts über ein niedriges Wehr und blicken respektvoll auf die plötzlich auftauchende Autobahnbrücke der A 3, die wie ein altes römisches Aquädukt auf wuchtigen Betonpfeilern das grüne Wiedtal überspannt.

Es dauert nicht lange, dann schirmt das Flusstal nach der nächsten Biegung mit seinen Waldhängen die Lärmquelle ab, und wir hören nur noch das anheimelnde Plätschern des freudig springenden Flüsschens. Vielseitig zeigt sich das Tal: steile Prallhänge wechseln mit flachen Auwiesen, ruhig fließende Abschnitte werden von kleinen Naturstufen unterbrochen, leichte Schwallstrecken und ein paar scharfe Kurven sorgen für Sportlichkeit. Das Tal weitet sich, der Klosterhof mit seiner Kapelle ohne Turm schiebt sich links an uns vorbei, und nach der ersten Tagesetappe finden wir im Camping Roßbach freundliche Aufnahme.

Am folgenden Bretterwehr müssen wir die Boote links über die Wiese umtragen. Nach einer großen Schleife, in der die Wied das Schloss Walburg umläuft, liegt der über 1000 Jahre alte Ort Waldbreitbach vor uns. Am Wehr vor dem Ort bildet sich bei höherem Wasserstand ein gefährlicher Rücklauf, deshalb tragen wir unsere Boote um. Bei Niederbreitbach mündet der Fockenbach in die Wied. Sein Tal mit seltener Flora und Fauna steht unter Naturschutz.

In ausholenden Schleifen fließt die Wied nun durch das Tal und an mehreren Zeltplätzen vorbei. Dann taucht in einer Rechtskurve die einsame Laubachsmühle auf. Hier können wir unsere Kanus aus dem Wasser ziehen oder noch 2 km im aufgestauten Fluss bis zur Burganlage Altwied hinunterpaddeln und erst dort unsere Wanderfahrt beenden.

Einbooten an der Wied in parkähnlicher Landschaft.

Charakter, Tipps

Dieses teilweise flott dahinflie-
ßende Wanderflüsschen, im abwechslungsreichen, reizvollen Tal
eingebettet, wird meistens bis
Ende Mai und dann wieder im
Herbst (im Sommer auch nach
Regenperioden) mit Einern befahren; doch bei entsprechendem Wasserstand (Pegel Döttesfeld 75 cm) kommen auch
Kunststoff-Zweier, Kajaks oder
Kanadier ohne nennenswerte
Grundberührungen durch. Faltboote sind nicht zu empfehlen.
Anfänger, begleitet von erfahrenen Paddlern, werden sich auf
der Wied wohl fühlen, das Wasser ist überwiegend flach, die
Strömungsverhältnisse sind be-
rechenbar. Alle Wehre und Stufen, außer dem nicht immer ein-
gesetzten Bretterwehr in Rossbach und dem Hausener Wehr,
sind befahrbar, wir können aber
die Boote auch kurz umtragen.
Trotz mehrerer Campingplätze
und mancher Wochenendhäuschen ist es im Tal sehr ruhig, das
Wasser sauber. Der Fischreichtum lockt Angler an, auf die wir
Rücksicht nehmen. Pkw-Begleitung ist auf der gesamten Wanderstrecke möglich.

Zeltmöglichkeiten

Camping Oberlahr, Burglahr,
Neustadt, Koden, Anxbach, Roßbach, Niederbreitbach, Clemens-
hütte, Datzeroth, bei Laubachsmühle.

Sehenswertes

Oberlahr: Neugotische Pfarrkir-
che St. Antonius mit Taufstein
(13. Jh.), Lusthof.
Burglahr: Ehemalige Burg des
Grafen v. Isenburg (13. Jh.), Rei-
termühle, Kapelle (17. Jh.).
Peterslahr: Wallfahrtsort mit ro-
manischer Kirche St. Peter (12.
Jh.) mit Holzplastiken.
Asbach-Ehrenstein: Mittelalter-
liche Bauten, Burgruine (14. Jh.),
spätgotische Dreifaltigkeitskir-
che mit prächtiger Barockkanzel,
Kreuzherrenkloster.
Neustadt: Schöne Kirche, Ruine
Altenwied.
Waldbreitbach: Luftkurort, Kir-
che, Schloss Walburg, Kapelle, Öl-
mühle mit Museum, Luftkurort
Hausen – Franziskanerkloster.
Niederbreitbach: Luftkurort, alte
Pfarrkirche, Ruine Neuenburg
(12. Jh.).
Altwied: Spätgotische Pfarrkirche
(13. Jh.), Burgruine Altwied (12.
Jh.), zweibogige Steinbrücke.

Auto nachholen

Zwischen Oberlahr und Altwied
regelmäßige Busverbindungen.

Karten, Kanu-Literatur

Generalkarte 1:200000, Blatt 12;
ADAC Freizeitatlas Nordrhein-
Westfalen 1:100000. – Gewässerführer für Nordrhein-Westfalen.

⊋ 177 km

🕐 Ferienfahrt

Es ist sicher nicht übertrieben, die Lahn als einen der schönsten und gleichzeitig kanufreundlichsten Wanderflüsse Deutschlands zu bezeichnen. Vieles spricht dafür. Schon der reizvolle Landschaftswechsel zwischen breiten Flachbecken, wo der Fluss spielerisch in vielen Schlingen durch weite Wiesen und Felder zieht, und überwältigend schönen, lang gezogenen Engtalstrecken, in denen manchmal sanft gerundete, manchmal schroff abfallende, bewaldete Hänge bis an die Ufer reichen, nur wenig Platz für eine schmale Talaue lassend. Hier gibt es einsame Flussabschnitte, in denen nur unsere Paddelschläge die Ruhe des dahinfließenden Wassers stören; doch es finden sich auch Strecken, wo an Wochenenden Wasserskifahrer an unseren schaukelnden Kanus vorbeiflitzen und die Sonntagskapitäne ihre tuckernden Kabinenkreuzer den Strom hinaufsteuern.

Unzählige historische Kostbarkeiten säumen die Ufer der fast 250 km langen Lahn, die, von ihrer Quelle im südlichen Rothaargebirge wie eine silbern gewundene Schleife zwischen Westerwald und Taunus fließend, sich auf ihrem Weg bis zur Mündung bei Lahnstein am Rhein sehr viel Zeit lässt. Genauso viel Zeit sollte der Kanuwanderer haben, um den Liebreiz der vorbeiziehenden Landschaft auszukosten, um öfter aus dem Boot zu steigen, kleine Spaziergänge zu unternehmen und die vielen alten Orte, sehenswürdigen Burgen, Schlösser und andere Zeugen der deutschen Geschichte kennen zu lernen.

Vor den vielen Wehren, die wir in der Karte entdecken, brauchen wir uns nicht zu fürchten. Sie sind im oberen Flussabschnitt bis Gießen alle leicht zu umtragen, manche sogar mittels einer Bootsgasse befahrbar. Weiter flussabwärts müssen wir, mit Ausnahme von Wetzlar, die Boote überhaupt nicht mehr aus dem Wasser heben. Die mit Schleusen versehenen Wehre sind bis Limburg für manuelle »Selbstbedienung« eingerichtet, und werden danach (bis Lahnstein) von freundlichem Personal betreut. Wegen der geringen Strömung brauchen wir keine Bedenken zu haben. Zumindest bis Limburg fließt die Lahn erstaunlich flott

△ *Bewaldete Hänge und Burgsilhouetten umrahmen die Lahn.*

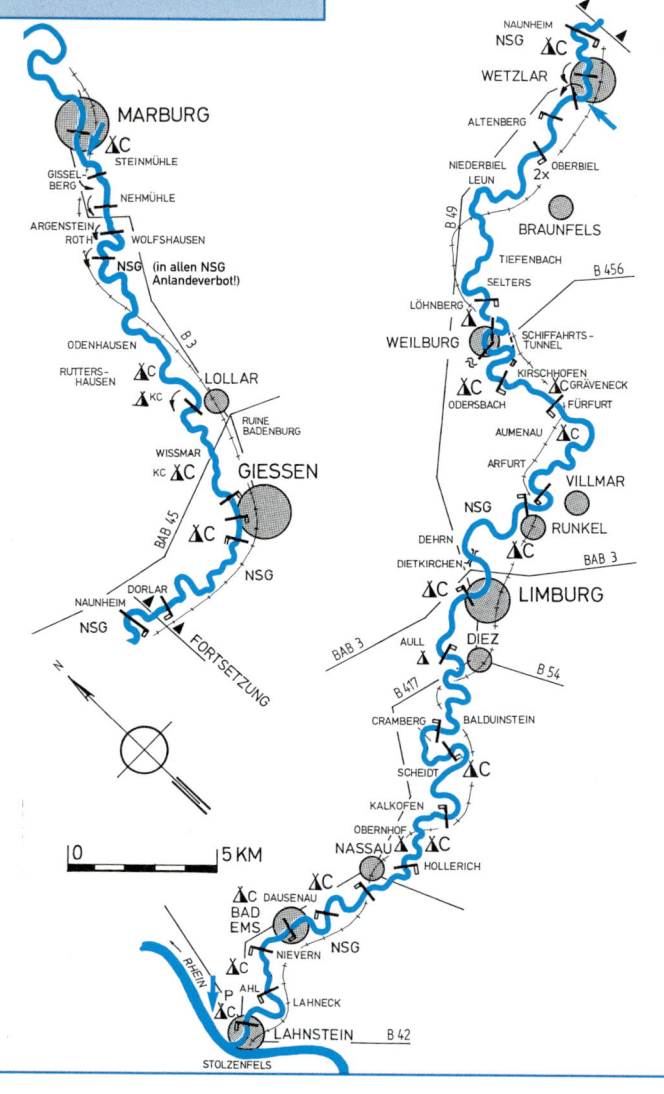

Anfahrt

BAB 3 Köln–Frankfurt, Ausfahrt Limburg; bzw. BAB 5 Homberg–Bad Hersfeld, Ausfahrt Alsfeld Ost; B 62 Cölbe, hier nach Marburg.

NAUNHEIM
NSG
WETZLAR

ALTENBERG

NIEDERBIEL
LEUN
OBERBIEL
2x

BRAUNFELS

B 49

TIEFENBACH
SELTERS
B 456

LÖHNBERG
WEILBURG
SCHIFFAHRTS-
TUNNEL

KIRSCHHOFEN
GRÄVENECK
ODERSBACH
FÜRFURT
AUMENAU
ARFURT
VILLMAR
NSG
RUNKEL
DEHRN
DIETKIRCHEN
BAB 3
LIMBURG
BAB 3
AULL
DIEZ
B 54
B 417
CRAMBERG
BALDUINSTEIN
SCHEIDT
KALKOFEN
OBERNHOF
NASSAU
HOLLERICH
DAUSENAU
BAD
EMS
NSG
NIEVERN
RHEIN
AHL
P
LAHNECK
LAHNSTEIN
B 42
STOLZENFELS

MARBURG
STEINMÜHLE
GISSEL-
BERG
NEHMÜHLE
ARGENSTEIN
ROTH
WOLFSHAUSEN
NSG (in allen NSG
Anlandeverbot!)
ODENHAUSEN
RUTTERS-
HAUSEN
LOLLAR
KC
RUINE
BADENBURG
WISSMAR
KC
GIESSEN
B 3
B 45
NSG
DORLAR
NAUNHEIM
NSG
FORTSETZUNG

N

0   5 KM

dahin. Anschließend müssen wir natürlich zulangen und, so weit wir nicht gerade »Kilometerfresser« sind, mit etwas kürzeren Tagesetappen rechnen.

Unsere Flusswanderung beginnt im »Tübingen des Nordens«, in der alten Universitätsstadt Marburg, wo wir eine günstige Einsatzstelle am Campingplatz hinter dem Städtischen Freibad finden (zu erreichen auf der B 3a, Abfahrt Marburg/Mitte). Eine Stadtbesichtigung lassen wir uns natürlich nicht entgehen und genießen nach dem Spaziergang durch die engen, steil ansteigenden Gassen vom Schloss hoch über der Stadt einen herrlichen Rundblick.

Bald darauf sitzen wir in den Kanus. Die Stadt bleibt zurück, wir unterfahren mehrere Straßenbrücken und finden schnell unseren gewohnten Paddelrhythmus. Links voraus naht die Kuppe des Frauenberges mit der mittelalterlichen Burgruine. Am Wehr der Steinmühle werden die Boote rechts kurz umtragen. Bis Gießen wiederholen wir insgesamt viermal diese Übung. Doch dazwischen gibt es immer wieder schöne Strecken mit zügig dahinziehendem Wasser. Bei niedrigem Wasserstand bilden sich in den Innenkurven Sandbänke, die zum Pausieren einladen. Schon entdecken wir etliche Campingplätze, so dass wir bei einer geruhsamen Ferienfahrt auch kurze Tagesstrecken zurücklegen können.

Eine weitere günstige Stelle für den Anfang einer Wanderfahrt ist der Zeltplatz des Ski- und Kanuclubs in Gießen, wo wir freundliche Auf-

nahme finden. In einer bequemen Tagesfahrt erreichen wir die ehemalige freie Reichsstadt Wetzlar. Auf dem Städtischen Campingplatz können wir unsere Zelte aufschlagen und abends den historischen Ortskern mit dem mächtigen Dom am Buttermarkt besichtigen. Am nächsten Tag folgt eine reizende Fahrt durch die gepflegte Parkanlage entlang der vorbeiziehenden Kulisse der hügelangebauten alten Häuser und des hochragenden Doms. Nach den Brücken kommen zwei kurz aufeinander folgende Wehre, beide mit Rollanlagen zum Übersetzen der Boote. Vorsicht bei Hochwasser: Der starke Rücklauf schließt dann die Nutzung der Rollanlagen aus. Nach einem letzten Blick auf den weithin sichtbaren Dom paddeln wir Altenberg entgegen. Links auf einem sanft gerundeten Bergrücken zeigt sich Schloss Braunfels. Ein Besuch dieses märchenhaft wirkenden Schlosses und des pittoresken Städtchens am Fuße seiner Mauern lohnt wirklich. Der beste Ausgangspunkt für diese Wanderung (4 km vom Fluss) ist die Anlegestelle am Bahnhof Braunfels.

Anschließend trägt uns die Lahn in weiten Bögen durch das »Leuner Becken«, dessen Mineralquellen Selters und Karlssprudel weltbekannt sind. Aus dem flachen Becken wird ein wirkliches Tal, bewaldete Hänge ragen hoch über den Fluss auf. Der kleine Ort Löhnberg zeigt uns seine schönen Fachwerkhäuser, und nach der nächsten Schleuse nähern wir uns einem der Höhepunkte unserer Lahnwanderung, dem Residenzstädtchen Weilburg, dessen barocke Schlossanlage hoch über einer engen Lahnschleife thront.

Mit Erlaubnis befestigen wir die Kanus beim Bootshaus des Weilburger Rudervereins, durchstreifen die herrlichen Gartenterrassen des Schlosses, bestaunen den üppig verzierten Neptunbrunnen am großen, streng geometrischen Marktplatz und sind überwältigt von den Ausmaßen der Grafenresidenz. Noch eine Attraktion hat Weilburg uns zu bieten: Deutschlands einzigen Schiffstunnel, ca. 200 m lang und mit einer Doppelschleuse am Ende. Es ist schon etwas unheimlich, in dieses dunkle Loch hineinzufahren; jedes Wort, jeder Paddelschlag wird von den Wänden um ein Vielfaches verstärkt. Wir sind froh, wenn sich krächzend das Schleusentor öffnet und der blaue Himmel über uns erscheint.

Wer das Städtchen im Boot umrunden will, kann dies tun. Beide Schrägwehre sind ohne große Schwierigkeiten rechts umtragbar, in Einern auch befahrbar.

Weiter flussabwärts folgt bis Runkel eine recht einsame, romantische Waldstrecke, der Fluss wird kaum von einer Straße berührt, nur die Bahnstrecke liegt irgendwo am Hang. Mehrere Campingplätze unterbrechen als farbige Tupfer das Grün der Ufer, und die Wehre mit ihren Schleusen empfinden wir als willkommene Unterbrechung der Fahrt, um uns die Beine zu vertreten.

In Villmar überspannt eine Marmorbrücke den Fluss, und linksufrig ragt unverhofft die hohe Felswand der Bodensteiner Lei. Runkel, eine wuchtige Burg mit zwei dunklen Wehrtürmen über der alten mehrbogigen Steinbrücke, folgt alsbald. Hoch am Bergkamm rechts gegenüber blickt stolz Schloss Schadeck auf den Fluss. Nach der Schleusenkammer nimmt uns eine recht flotte Strecke in Empfang; bei niedrigem Wasserstand müssen wir auf die in den Fluss ragenden Buhnen achten.

In Dehrn begegnen uns die ersten Motorboote; dem kleinen Hafen mit dem Kran am rechten Ufer unterm ehemaligen Schloss folgen ab jetzt bis zur Mündung viele andere. Die Strömung wird deutlich langsamer, und bald blicken wir mit angehaltenem Atem auf die eindrucksvolle Silhouette der Lubentiuskirche, einer Pfeilerbasilika aus dem 9. Jh., die auf einem einsamen Kalkfelsen unmittelbar über der Lahn aufragt. Nach einer Flussbiegung überspannen eine Autobahnbrücke und eine ICE-Brücke vor Limburg das Tal. Gleichzeitig zeigt sich das aus vielen Büchern und dem alten 500-DM-Schein bekannte Bild des siebentürmigen Limburger Doms, hoch auf einem mächtigen Felspfeiler gebaut und vom alten Schloss und von Fachwerkhäusern eng umgeben.

Rechtsufrig vor dem Wehr legen wir an und bauen die Zelte auf dem schön gelegenen Campingplatz auf. Einen gemütlichen Abend in der renovierten, vom Leben pulsierenden Altstadt sollten wir uns nicht entgehen lassen und, falls die Zeit noch reicht, einen halben Tag

*Die zahlreichen Schleusenkammern der Lahn sorgen für Verschnauf-
pausen.*

dranhängen, um den prächtigen Dom, die engen verwinkelten Gassen, alten Marktplätze und Fachwerkhäuser mit ihren reich verzierten Giebeln auch bei Tageslicht zu bewundern. Das Bild des vieltürmigen Doms und der achtbogigen Steinbrücke begleitet uns noch eine Weile nach Verlassen des Schleusenkanals, bis unsere Kanus in der ersten Flussschleife verschwinden.

Nach einer gemütlichen Fahrt durchs pfannenartige Limburger Becken, vorbei am barocken Schloss Oranienstein, zeigt sich links die sehenswerte Stadt Diez mit ihrer weit ins Land blickenden Schlossanlage und der Stiftskirche. Nach einer Linkskurve treten die Waldhänge wieder näher an die Lahn, und wir paddeln fast 20 km einsam durch ein wunderschönes, in mächtigen Schieferschichten tief eingesägtes Flusstal. Auch hier wieder ein kostbares Juwel in der nicht abreißenden Kette der Sehenswürdigkeiten: Balduinstein und das am Horizont hoch aufragende Schloss Schaumburg, dessen Turm uns bei gutem Wetter einen unvergesslichen Ausblick ins Nassauer Land bietet.

Nach der Cramberger Schleuse umrundet die Lahn in einer mächtigen Umlaufschleife den gleichnamigen Ort. Nach der nächsten Schleusenkammer folgt ein sehr enger Rechtsbogen. Wir müssen wegen der schmalen Fahrrinne auf den Motorbootverkehr aufpassen und dürfen zusätzlich den von links strömenden Ausfluss eines Turbinenkanals nicht übersehen. In Laurenburg endet der einsame Flussabschnitt, die B 417 (ab Nassau als

B 260) begleitet von jetzt an die Lahn bis zu ihrer Mündung.

Rechts am Hang glänzen die großen Abraumhalden der ehemaligen Silberbergwerke, links lugt die Ruine Brunnenburg hervor. Ein paar Kilometer nach dem Wehr in Kalkofen (Pegel mit automatischer Ansage, Tel. 0 64 39/1 94 29) überraschen uns in Obernhof die ersten Weinberge. Es empfiehlt sich, anzulegen, um in einer der gemütlichen Wirtschaften den hiesigen Wein zu probieren und danach noch eine kurze Wanderung zum Kloster Arnstein hoch über dem Fluss zu unternehmen.

Nach der Schleuse Hollerich folgt Nassau mit seinen Burgen und dem Schloss Stein. Das historische Dausenau liegt malerisch am rechten Ufer; die gut erhaltene Ringmauer versteckt den Schiefen Turm und die schönen Fachwerkhäuser. Hier finden wir auch das historische »Wirtshaus an der Lahn«.

Nach der Brücke zieht sich ein riesiges Campinggelände den Fluss entlang, und kurz hinter dem nächsten Wehr paddeln wir ins weltberühmte Heilbad Bad Ems ein. Auf kilometerlangen Promenaden spazieren die Kurgäste entlang der Lahn. Gepflegte Parkanlagen, Kurhäuser und vieles andere reizen uns zum Aufenthalt, der durch zwei Campingplätze und eine städtische Anlegestelle erleichtert wird. Flussabwärts wird es im Tal etwas lebendiger, der Motorbootverkehr nimmt zu. In einer Tagesfahrt erreichen wir bequem von Bad Ems unsere Endstation Lahnstein. An der Schleuse vor der Stadt ragt drohend über uns Burg Lahneck, die den ganzen Talabschluss beherrscht. Rechts an der Mündung finden wir mehrere geeignete Abbauplätze, wo wir im Angesicht des Schlosses Stolzenfels am gegenüberliegenden Ufer des Rheins unsere Boote zur Heimfahrt klar machen.

Charakter, Tipps

In einer ansprechenden, abwechslungsreichen Landschaft beschaulich fließender Ferienwanderfluss mit mäßig sauberem Wasser, von Marburg bis zur Mündung auf 180 km ganzjährig mit allen Bootstypen befahrbar. Vorsicht: Bei einem Wasserstand ab 360 cm Pegel Kalkofen ist eine Befahrung untersagt (Tel. 0 64 39/1 94 29)! Die relativ vielen Wehre bereiten nicht einmal dem Anfänger größere Schwierigkeiten. Im Flussabschnitt bis Gießen überwinden wir sie durch Bootsgassen oder problemloses Umtragen. Ab Dorlar bis Limburg sind sie mit manuell bedienbaren Schleusenanlagen versehen. Nach vorheriger Anmeldung beim Schleusenwärter per Handkurbel selbst zu betätigen; dabei auf die Anweisungen achten und nach dem Durchschleusen die Kammern wieder mit Wasser voll laufen lassen. Zeitaufwand für eine Schleusung ca. 20–30 Minuten. Wer mit Einern oder mit leichten Kunststoff-Zweiern ohne Gepäck paddelt, kann in diesem Abschnitt an allen Wehren umtragen. Manchmal genügt es, das Boot über die Wehrkrone zu ziehen. Ab Limburg flussabwärts sind die steilen Wehre nur noch durch elektrisch betriebene Schleusen zu überwinden. Bedienung durch Personal gebührenfrei; vom 1. 4.–31. 10. täglich von 10 bis 12 Uhr und von 12.30 bis 18.30 Uhr. Übrige Zeiten nach vorheriger Anmeldung über Tel. 06432/ 3060 oder 3090 (auf Signale achten, die ähnliche Bedeutung wie im Straßenverkehr haben: Rot = besetzt, Grün = freie Fahrt).

Der Motorbootverkehr hält sich auf der Lahn in angenehmen Grenzen; erlaubte Bootsgeschwindigkeit höchstens 12 km/h (ausgenommen Wasserskistrecken). An Wochentagen kaum Kabinenkreuzer; etwas lebhafter wird es im unteren Flussabschnitt an Wochenenden und Feiertagen, hier auch Personenschiffsverkehr.

Fast durchgehende Pkw-Begleitung ist möglich. Die vielen Campingplätze an den Lahnufern ermöglichen eine problemlose Wanderfahrt mit Boot und Zelt (zwei Wochen sollte man sich Zeit nehmen).

Befahrungsregelungen

Im NSG Nieverner Wehrt bei Bad Ems besteht Fahrverbot vom 15. 10.–31. 3., für mehrere NSG Anlegeverbot.

Zeltmöglichkeiten

Viele Campingplätze entlang der Lahn, hier die wichtigsten: Marburg – Städt. Campingplatz, Zeltplatz Marburger Kanufahrer, Ruttershausen, Badenburg – Wiesecker KC, Paddel-Club Wissmar, Gießen – Ski- und KC, Wetzlar, Biskirchen, Weilburg beim Ruderverein, Odersbach – Camping und Jugendherberge, Gräveneck, bei Arfurt – Zeltplatz des Eisenbahner-Sportvereins Limburg, Runkel, Limburg, Diez, bei Balduinstein – Paddlergilde Rupbach, Laurenburg, Obernhof, Langenau, Dausenau, Bad Ems, Fachbach, Wolfmühle, Lahnstein. An den Schleusen gibt es keine Zeltmöglichkeiten.

Sehenswertes

Marburg: Universitätsstadt (»Tübingen des Nordens«) – erste protestantische Universität, St.-Elisabeth-Kirche, St.-Michael-Kapelle, spätgotisches Rathaus, ehemalige Deutschordenssiedlung – Herrenhaus, Komturhaus, Kornhaus, Fachwerkhäuser, Marktbrunnen, Landgrafenschloss mit Rittersaal und Kapelle, Museen u.a.

Bellnhausen: Romanische Kirche – Odenhawen, neugotisches Schloss Friedelhausen, Staufenberg – Burg.

Gießen: Universitätsstadt, Brandplatz, Altes Schloss, Neues Schloss, Liebig-Museum, botanischer Garten, Stiftskirche in Schiffenberg, Röntgendenkmal u.v.a.

Wetzlar: Dom am Buttermarkt mit Dommuseum, Museum im Lottehaus (Goethe), Brunnen, alte Steinbrücke, Burgruine Hermannstein, Jerusalemhaus u. a.

Altenberg: Gotisches Kloster (Diakonissenheim).

Braunfels: Ca. 4 km vom Fluss entfernt, pittoreske alte Bergstadt mit Schloss der Grafen von Solms-Braunfels, NSG – Urwald.

Löhnberg: Schöne Fachwerkhäuser, Schlossruine, Selterssprudelquelle.

Weilburg: Mächtiges Residenzschloss mit Parkanlage und Orangerie, barocke Stadt, Rathaus, Marktplatz mit Neptunbrunnen, Bergbaumuseum, Wildpark mit Freilichtmuseum, im Sommer Schlosskonzerte, Schiffstunnel.

Villmar: Lahnbrücke aus Marmor, Bodensteiner Lei – Denkmal König Konrads I.

Runkel: Wuchtige Burg – Waffenmuseum, Schloss Schadeck.

Dietkirchen: Romanische Lubentiuskirche, in Dehrn Schloss.

Limburg: Siebentürmiger, spätromanischer Dom (Domschatz), malerische Altstadt mit ältestem Fachwerkhaus Deutschlands, Schloss, Stadtkirche, Bischofssitz, Steinbrücke u. a.

Diez: Schloss Oranienstein, Diezer Grafenschloss mit Museum, Stiftskirche, Stadtmauer, in der Nähe Fachinger Brunnen.

Balduinstein: Burgruine, Schloss Schaumburg im englisch-gotischen Stil.

Laurenburg: Burg, 2 km zur Klosterruine Brunnenburg.

Obernhof: Ausblick »Goethepunkt«, Kloster Arnstein mit romanischer Klosterkirche, Schloss Langenau – ehemalige Wasserburg.

Nassau: Burgruine, Denkmal des Freiherrn von Stein, Stammburg Nassau-Oranien, Schloss, Rathaus.

Dausenau: 1000-jährige Gerichtseiche, alte Ringmauer mit Toren, Rathaus, St.-Castor-Kirche, der »Schiefe Turm«.

Bad Ems: Kurhaus, Parkanlagen, warme Quellen.

Lahnstein: Burg Lahneck, romanische Johanniskirche neben römischem Burgus, Rathaus mit Weinbrunnen, Wenzelskapelle, »Wirtshaus an der Lahn«, gegenüber am Rhein Schloss Stolzenfels.

Auto nachholen

Zwischen Marburg und Lahnstein gute Verbindungen durch die Lahntalbahn.

Karten, Kanu-Literatur

Generalkarte 1:200 000, Blatt 11, 12 und 13; ADAC Freizeitatlas Hessen 1:100 000; amtliche Wassersportkarte der Lahn ca. 1:100 000, WSA Koblenz. – Deutsches Flusswanderbuch; WSA Koblenz, Merkblatt für Wassersportler.

🔁 34 bzw. 53 km

🕐 2- bzw. 3-Tage-Fahrt

Zu Füßen der mächtigen Grafenburg im Eifelstädtchen Blankenheim erblickt in einem kleinen Fachwerkhaus die Ahr als kräftige Brunnenquelle das Licht der Welt. Zuerst in vielen Mäandern pendelnd, durchfließt sie in südöstlicher Richtung ein breitsohliges Eifeltal. Bei Ahrdorf zwingt das harte Gestein des Mordhügels der jungen Ahr in einer großen Umlaufschleife eine Richtungsänderung auf. Ab hier springt sie quirlig mit beachtlichem Gefälle und vielen Windungen nach Nordosten, um beim Ort Schuld einen breiten Felsriegel der nördlichen Eifel zu durchstoßen. Die folgende etwas ruhigere Strecke im lieblichen Obstbaum- und Wiesental dauert nicht lange; schon bei Altenahr sägt sich das Flüsschen tief in die dunklen Tonschieferschichten zwischen Ahrgebirge und Eifel ein und lässt dabei ein eng gewundenes, von steilen Felswänden und Weinbergen umrahmtes Tal entstehen, das sich erst bei Walporzheim wieder öffnet, um der Ahr den Weg zur Mündung endgültig freizugeben. Eilig läuft der noch immer saubere Fluss am mittelalterlichen Stadtmauerring von Ahrweiler vorbei, bereichert Bad Neuenahr um eine Flusspromenade und berührt den mächtigen Basaltkegel der Landskrone, um sich in der Sinziger Bucht bei Bad Kripp südlich von Remagen nach einer abwechslungsreichen, 90 km langen Reise vom Rhein aufnehmen zu lassen. Wanderfahrer mit etwas Wildwassererfahrung setzen bei entsprechendem Wasserstand (Pegel an der Brücke Müsch 60 cm) ihre Boote in Müsch unterhalb der Trierbachmündung ein (Parkplatz gegenüber »Gasthaus zur Post«). In diesem Flussabschnitt müssen wir wegen der flinken Strömung nicht viel paddeln. Das folgende halb zerstörte und ein schräges Wehr sind bei diesem Wasserstand gut befahrbar.

Bald flitzen die Boote unter der Dorfbrücke von Antweiler durch, wo sich ein paar Meter flussabwärts eine noch günstigere Einsatzstelle, sogar mit Grill und genügend Parkmöglichkeiten, anbietet. Zwei weitere Wehre, die sich durch Rauschen von weitem melden, sind für sportliche Paddler kein Hindernis. Das Tal verengt sich

△ *Exotisch muten die steilen Terrassen der Weinberge an.*

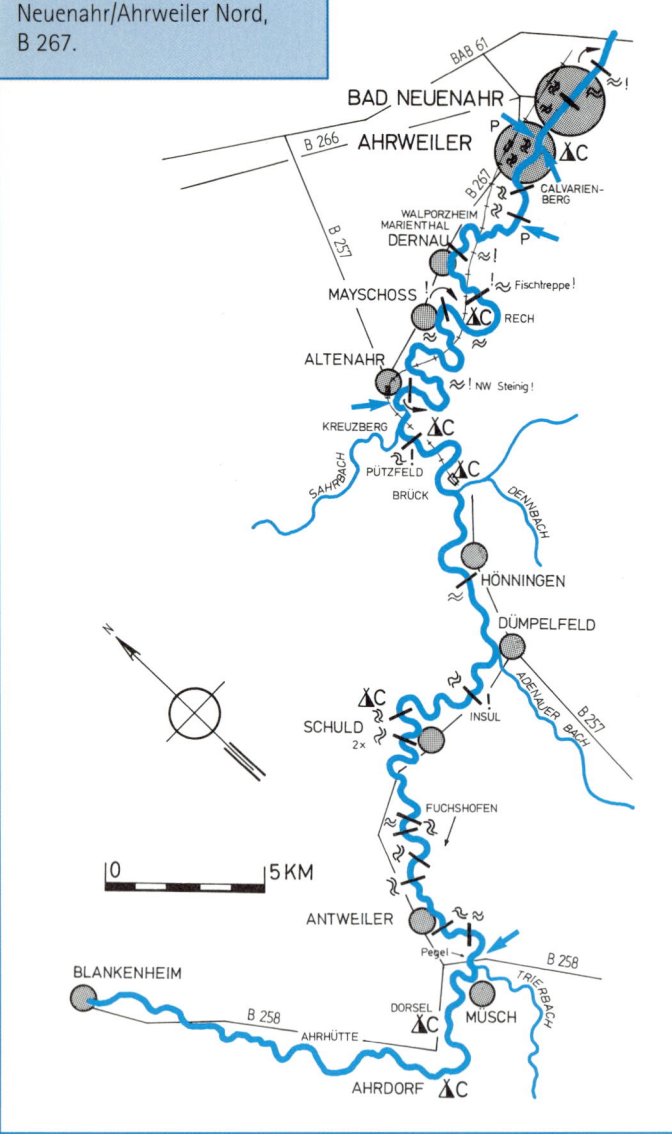

Anfahrt
BAB 61 AB-Kreuz Mecken-
heim, B 257 ins Ahrtal,
oder A 61 Ausfahrt Bad
Neuenahr/Ahrweiler Nord,
B 267.

BAB 61

BAD NEUENAHR

P

AHRWEILER

B 266

CALVARIEN-
BERG

B 267

WALPORZHEIM

MARIENTHAL

B 257

DERNAU

P

≈!

≈ Fischtreppe!

MAYSCHOSS !

RECH

ALTENAHR

≈! NW Steinig!

KREUZBERG

SAHRBACH

≈!

PÜTZFELD

BRÜCK

DENNBACH

HÖNNINGEN

≈

DÜMPELFELD

ADENAUER BACH

B 257

SCHULD
2x

INSUL

FUCHSHOFEN

ANTWEILER

≈ ≈

Pegel

B 258

BLANKENHEIM

TRIERBACH

DORSEL

MUSCH

B 258

AHRHÜTTE

AHRDORF

N

0   5 KM

Natur und Kultur liegen an der abwechslungsreichen Ahr dicht beieinander.

nun, Felsen blicken von den steilen, bewaldeten Hängen. Es folgen kleine Schwalle, niedrige Stufen und ein Schrägwehr.

Rechtsufrig zieht sich unter einer Felswand das lang gestreckte Fuchshofen hin. Nach der Straßenbrücke beim Laufenbacher Hof bekommt das Ahrwasser Verstärkung durch den linksufrig mündenden Dreisbach.

Der schön in einer Linksschleife liegende Campingplatz ca. 1 km vor Schuld ist ein idealer Ausgangspunkt für Wanderfahrten im Kajak bis in den Frühsommer oder nach ein paar Regentagen auch für sportliche Fahrer im Kanadier. Der alte Ort Schuld liegt eng eingebettet unter einem Umlaufsporn, umgeben von steilen Schiefer- und Trachytfelswänden; fast schluchtartig wirkt hier das enge Tal. Schnell zieht das klare Wasser der Ahr unsere Boote an der Freilichtbühne unter dem Schuldhardt vorbei. Das Tal wird heller; auf einer breiten, lieblichen Talaue liegt Insul, wo an warmen Wochenenden mit guter Thermik Drachenflieger vom nah gelegenen Fluggelände zu ihren waghalsigen Flügen über dem Ahrtal starten.

Am zweistufigen Wehr unterhalb der Brücke ist bei höherem Wasserstand Vorsicht geboten. Bald sehen wir vor uns Dümpelfeld, das mit seiner beherrschenden Kirche den Eingang zum Adenauer Tal bewacht. Unterhalb der Eisenbahnbrücke gesellt sich der wasserreiche Adenauer Bach zu uns; es folgt eine schnelle, regulierte Strecke. Die Stufe am Ortseingang von Hönningen ist glatt befahrbar. Nach dem Pützfelder Campingplatz zeigt sich rechts oben der steil aufragende Felsberg Ursling, um als Vorbote die tief eingesägten Flussschleifen zwischen Altenahr und Walporzheim anzukündigen. Links zieht langsam die schlossartige Kreuzberger Burg vorbei, und die ersten Weinberge an den steilen Felshängen prägen ab jetzt das Talbild.

In Altenahr, dem Mittelpunkt des Tals, lohnt es sich, die Boote aus dem Wasser zu ziehen, eine Pause einzulegen und zur Ruine der Burg Are hinaufzusteigen, um den phantastischen Blick auf die Flussschleifen zu genießen. Am Schrägwehr unterhalb Altenahr riskieren wir bei Mindestwasser keine Bootsschäden, deshalb tragen wir unsere Kajaks rechts um. Auf einer Länge von 7 km reiht sich nun im Flüsschen Schwall an Schwall; auch landschaftlich folgt ein Höhepunkt nach dem anderen: Teufelsley, Lochmühlerley, Guckley, Saffenburg, um nur einige zu nennen.

Am nächsten Wehr tragen wir um oder paddeln rechts die Fischtreppen hinunter (Boote bis 4,20 m). In flotter Fahrt erreichen wir die alte steinerne St.-Nepomuk-Brücke in Rech, und bewundern danach das in einem Weinbergkessel liegende Dorf Dernau. Bei Walporzheim sehen wir links das Felsgebilde »Bunte Kuh«; vielleicht legen wir unterhalb der Straßenbrücke bei »Onkel Jupp« an, um die Ahrfahrt mit einem zünftigen Forellenessen zu feiern. Es folgen zwei Naturstufen, dann leuchtet rechts am Hang der große Klosterkomplex Calvarienberg. Hier überwinden wir kurz nacheinander zwei befahrbare Schrägwehre und mehrere niedrige Grundschwellen.

Am großen Parkplatz bei der Stadtmauer in Ahrweiler geht die schöne, sportliche Fahrt zu Ende. Auf dem kanufreundlichen Campingplatz gegenüber können wir übernachten und im mittelalterlichen Städtchen einen netten Abend verbringen oder auch Bad Neuenahr einen Besuch abstatten.

Charakter, Tipps

Schnell fließendes Wanderflüsschen der nördlichen Eifel mit gutem Gefälle, sauberem Wasser, sportlich geprägt durch etliche spritzige Schwalle und befahrbare Wehre, geeignet für erfahrene Wanderfahrer.

Im Frühling während der Schneeschmelze führt die Ahr oft starkes Hochwasser, im Hochsommer ist sie als typischer Mittelgebirgsfluss eher wasserarm. In der übrigen Jahreszeit bei gutem Mittelwasser ab Müsch, besser ab Antweiler mit Einer-Kajaks gut befahrbar, bei Pegelstand Müsch 60 cm ab Schuld sogar mit wendigen Kanadier-Zweiern. Für Faltboote nicht zu empfehlen.

Zeltmöglichkeiten

Viele Campingplätze, überwiegend direkt an der Ahr, z. B.: Blankenheim, Ahrdorf-Jakobsmühle, Dorsel, Schuld, Ahrbrück, Kreuzberg, Gut Pützfeld – Europa Camping, Camping zur alten Mühle, Altenahr, Mayschloss – Zur Bergwiese, Rech, Ahrweiler.

Sehenswertes

Blankenheim: Burg, Stadttore, Fachwerkhäuser (16. Jh.), Pfarrkirche mit Kirchenschatz, Ahrquelle.
Schuld: Romanische Pfarrkirche, schöne Eifelhäuser.
Dümpelfeld: Zweischiffige Hallenkirche St. Cyriak.
Ahrbrück: Kesselinger Tal, Wacholderschutzgebiet.
Altenahr: Burgmannenhaus, romanische Basilika, Burgruine Are, in Kreuzberg Burg, Ringmauer, Kapelle.
Mayschoß: Ruine Saffenburg, Pfarrkirche mit Marmorgrabmal der Gräfin Katharina, Weingut Lochmühle, Weinkeller.
Rech: Steinerne Nepomukbrücke.
Dernau: Saalkirche mit schöner Innenausstattung, ehemaliges Kloster Marienthal.
Bad Neuenahr – Ahrweiler: Ahrweiler: Stadtmauerring mit mächtigen Toren, St.-Laurentius-Kirche, Rokoko-Pfarrhaus, Rathaus, viele Fachwerkhäuser, Kloster Calvarienberg u. v. a., Weinberge.
Bad Neuenahr: Willibrorduskirche, Beethovenhaus, Spielkasino, Kurhaus, Kurpark, Ruine Neuenahr, Landskrone mit herrlicher Aussicht u. a.

Auto nachholen

Zwischen Brück und Ahrweiler gute Bahnverbindung. Ansonsten einige akzeptable Busverbindungen.

Karten, Kanu-Literatur

Generalkarte 1:200 000, Blatt 12; ADAC Freizeitatlas Nordrhein-Westfalen 1:100 000. – Deutsches Flusswanderbuch; Gewässerführer für Nordrhein-Westfalen.

Von ihrer Quelle im Losheimer Wald an der belgischen Grenze durchfließt die Kyll, durch ihren Fischreichtum schon den Römern bekannt, in einer Nord-Süd-Senke fast die ganze Eifel, um nach mehr als 140 km Flusslänge nicht weit von Trier bei Ehrang die Mosel zu erreichen. Der landschaftlich schönste und für uns Kanufahrer auch lohnendste Teil ist der wildromantische Flussabschnitt zwischen Gerolstein und Kordel. Hier gräbt sich die Kyll abwechselnd tief in die Buntsandstein- und Muschelkalkschichten ein und sucht in vielen Schleifen, immer wieder auf steile Wald- und Felshänge prallend, unbeirrt ihren Weg zur Mosel. Bei gutem Wasserstand setzen Wildwasserfahrer schon in Jünkerath ihre wendigen Einer ein. Für Wanderfahrer ist der Fluss ab Gerolstein zu empfehlen, wo wir an der Stadtbrücke der B 410 eine schöne Einbootstelle finden; ein großer Parkplatz ermöglicht das Abstellen der Fahrzeuge. Das talbeherrschende, in Dolomitfels umgewandelte Korallenriff bleibt rechts hoch über uns zurück, wenn die flotte Strömung die Boote mitnimmt. Dann ein paar hundert Meter regulierter Fluss, ein sanfter Linksbogen, und wir peilen die südliche Richtung an, der Sonne und den glitzernden Wellen entgegen. Vor Lissingen, wo es ein malerisches Doppelschloss zu bewundern gibt, taucht das erste der vielen

⮂ 72 km

🕐 3-Tage-Fahrt

Wehre auf. Wie die anderen ist es bei mittlerem Wasserstand mit Vorsicht rechts zu befahren. Die Talsohle ist jetzt noch breit und flach; unsere Boote werden in vielen Bögen zwischen bewachsenen Ufern davontragen. In einer Schleife nehmen wir von links den Michelbach auf, und bevor wir in Birresborn das nächste Wehr erreichen, schiebt sich der erloschene Vulkan Kalem vorbei.
In Mürlenbach lohnt es sich, anzuhalten; hier steht eine der ältesten Burgen des Rheinlands. Danach läuft die Kyll fast gerade, die schnelle Strömung wird am Steilwehr unterhalb von Densborn unterbrochen. Wir tragen um und erreichen spätnachmittags den kleinen Ort St. Thomas, wo sich nach der Eisenbahnbrücke rechtsufrig neben dem Kinderspielplatz

△ *Die Bertradaburg in Mürlenbach grüßt den Kanuten auf der Kyll.*

Anfahrt
BAB 48 Koblenz–Trier, Ausfahrt Daun/Mehren, B 421 nach Daun, B 410 nach Gerolstein.

FORTSETZUNG

MÜRLENBACH

DENSBORN

B 257

USCH

ZENDSCHEID

ST. JOHANN

St. THOMAS

Baumhindernisse

MALBERG

TAUBENBERG

OBERE MÜHLE

A 60

KYLLBURG

C

BADERN

B 51

ERDORF

B 257

METTERICHER MÜHLE

DUDELDORF

B 50

HÜTTINGEN

BITBURG

LAYMÜHLE

SPEICHERMÜHLE

SPEICHER

B 51

N

LOOSKYLLER-MÜHLE

HEINZKYLLER-

AUW

WELLKYLL MÜHLE

DAUFENBACH

DEIMLINGER MÜHLE

KYLL

0   5 KM

B 422   KORDEL

BURG RAMSTEIN STAU

150m

EHRANG

MOSEL

WOLFSMÜHLE

PELM

B 410

GEROLSTEIN

P

LISSINGEN

NSG VULKAN KALEM

MICHELBACH

BIRRESBORN

Baustelle

FORTSETZUNG

MÜRLENBACH

eine günstige Anlegestelle befindet. Zwischen Wald und Auwiesen geht es weiter, kurze und längere Schwalle wechseln mit ruhigen Abschnitten, bis vor Kyllburg der Fluss in eine enge Fels- und Waldschlucht eingezwängt wird. Die etwas verblockte, sehr sportliche Strecke endet aber ruhig auslaufend unter zwei Brücken in Kyllburg, dem reizenden Luftkurort, der sich auf einer schmalen, an drei Seiten von der Kyll umflossenen Bergzunge angesiedelt hat. Linksufrig nach dem Wehr liegt direkt am Fluss ein Campingplatz, der einen lohnenden Aufenthalt ermöglicht. Viele schöne Baulichkeiten aus dem Mittelalter sind im Ort erhalten geblieben.

Am nächsten Morgen hüpfen unsere Boote über mehrere kleine Stufen, die wahrscheinlich von Badegästen errichtet wurden. Rechts nach der Schleife zeigt sich noch einmal die kleine Bergstadt, und vor uns taucht unverhofft und hell leuchtend das im 18. Jh. umgebaute Schloss Malberg auf. Unter dem Schloss bewältigen wir noch ein Schrägwehr; am besten legen wir links nach der Brücke an, denn hier bietet sich eine »Kulturwanderung« an. Das mächtige, italienisch anmutende Schloss mit seiner barocken Gartenterrasse ist auch als Hotel eine Sehenswürdigkeit.

Anschließend zieht uns die Kyll in eine einsame Waldschlucht. In mehreren Schleifen umrundet der Fluss den Höhenzug des Taubenbergs. In diesem engen Tal hat nicht einmal eine Straße Platz gefunden, nur die Fließemermühle

unterbricht die Einsamkeit. Vor Erdorf befahren wir noch ein Wehr, und nach der Straßenbrücke links finden wir eine schöne Raststelle mit einer einladenden Holzbank unter drei Birken.

Felsufer begleiten uns auf der folgenden Strecke, der Fluss bricht wieder tief in den Muschelkalk ein; rechts der Metterlicher Mühle rieselt ein Schleierfall herunter, ein paar Felsblöcke liegen im Flussbett, doch zum Ausweichen gibt es genug Platz. Nach Hüttingen dreht die Kyll ein paar Kilometer nach Osten, eine breitere Talaue öffnet sich, der Fluss beruhigt sich kurz. Der Wald verschlingt uns, und mehrere Schwalle erfordern unsere Aufmerksamkeit.

Bewaldete Bergrücken ziehen vorüber, hoch oben zeigt sich die Stadt Speicher. Es folgen längere ruhige Abschnitte vor Wehren; bei niedrigem Wasserstand ziehen wir bei den Mühlen die Boote kurz über bemooste Steine. Nach Daufenbach, unterhalb der Deimlinger Mühle, überrascht uns die Landschaft noch einmal mit einer bunten, rot-weiß gestreiften Sandsteinwand, die den Fluss in eine scharfe Linkskehre mit Schwallen zwingt. Danach begrüßt uns die gotische Kirche von Kordel. Wir finden links vor der Brücke die abgestellten Autos und beenden die reizvolle Fahrt. Einen Abstecher zur Burgruine Ramstein sollten wir aber doch noch unternehmen.

▷ *Auf der Kyll wechseln ruhige Passagen mit schneller Strömung.*

Charakter, Tipps

Wanderflüsschen mit sportlichem Charakter, für dessen Befahrung wir eine Portion Bootsbeherrschung und Erfahrung brauchen. Die schnelle Strömung, der Wechsel von ruhigen Passagen mit sportlich anspruchsvollen Abschnitten, mehrere Naturstufen, das saubere Wasser und die landschaftlichen Reize eines tief eingeschnittenen, einsamen Tales machen aus der Kyllbefahrung ein Erlebnis. Bei nicht zu langen Trockenperioden weit in den Frühsommer, nach Regentagen auch später gut befahrbar. Bei Pegelstand in Densborn ab 80 cm setzen wir auch die Kunststoff-Zweier in Gerolstein ins Wasser, ansonsten sind die leichten und wendigen Einer vorzuziehen. Wegen des steinigen Grundes und der relativ vielen Wehre für Faltboote nicht zu empfehlen. Viele Wehre sind bei mittlerem Wasserstand für Kunststoffboote befahrbar; am Steilwehr unterhalb Densborn müssen wir immer umtragen. In den letzten Jahren ist es auf der Kyll zu einer Häufung von Baumhindernissen gekommen. Vorsicht bei Wasserständen über 100 cm am Pegel Densborn.

Zeltmöglichkeiten

Camping Kyllburg und Kordel.

Sehenswertes

Gerolstein: Altertumsmuseum, Ruine Löwenburg, Dolomiten-felstürme, Höhle Buchenloch, Ruine Gerhardstein, Erlöserkirche, Kasselburg bei Pelm mit Adler- und Wolfspark.
Lissingen: Malerische Doppelburg.
Mürlenbach: Bertradaburg, eine der ältesten Burgen im Rheinland.
St. Thomas: Zisterzienserkirche, Abtei.
Kyllburg: Stiftskirche, Mariensäule, Burgruine, Schloss Malberg u. a.
Bitburg: Schloss, Liebfrauenkirche, Bierbrunnen, im Juli Folkloretreffen, Museum.
Auw: Kirche mit Holzschnitzereien.
Kordel: Gotische Kirche, Burgruine Ramstein.
Ehrang: Stadtmauer, römische Göttersteine.
Trier: Älteste Stadt Deutschlands, Porta Nigra, Dom, Basilika, u. v. a. Kirchen, Amphitheater, Römerbrücke, Ruine der Kaiserthermen, ehemaliges kurfürstliches Schloss, Hauptmarkt mit Brunnen, Museen, Theater u. v. a.

Auto nachholen

Die DB begleitet die Kyll zwischen Gerolstein und Kordel mit stündlichen Verbindungen und zahlreichen Bahnhöfen.

Karten, Kanu-Literatur

Generalkarte 1:200000, Blatt 12 und 15; ADAC Freizeitatlas Rheinland-Pfalz 1:100000. – Gewässerführer für Nordrhein-Westfalen; Kanuführer für Südwestdeutschland.

Unweit der deutsch-belgischen Grenze in der nördlichen Eifel entspringt am Westhang des Losheimer Waldes die Our, die als echter »Grenzgänger« mehrmals zwischen Belgien, Luxemburg und Deutschland wechselt und in ihrem Unterlauf die bundesdeutsche Grenze bildet. Auf ihrem fast 100 km langen Lauf sägt sie sich ein tiefes, windungsreiches und recht einsames Tal in das bewaldete Gebirge des Deutsch-Luxemburgischen Naturparks. Für ein Kavernenkraftwerk zu einem langen See aufgestaut, windet sich die Our in einer vollkommenen Schleife um die alte Ortschaft Bivels, fließt unterhalb der hohen Staumauer flott an der stolzen, das ganze Tal beherrschenden Burg Vianden vorbei und mündet bei Wallendorf als linker Zufluss in die Sauer.

Als typischer Mittelgebirgsfluss führt die Our im Sommer nur wenig Wasser, doch bei Steinebrück oder Steffeshausen können wir meist bis Mitte Mai einsetzen. Bei geringerem Wasserstand verkürzen wir die Strecke und starten an der Grenzbrücke in Dasburg.

Für unsere Wanderfahrt finden wir im Angesicht der wuchtigen Steffeshausener Kirche eine sehr gute Einbootstelle an der neuen Straßenbrücke. Von links mündet die quirlige Ulf. Über niedrige Stufen geht es gleich flott los in eine schluchtartige Verengung mit schrägen Felsrippen im Flusslauf.

60 km

3-Tage-Fahrt

Bald hüpfen unsere Kajaks an dem schmucken Kirchturm von Weveler vorbei.

An der alten Sandsteinbrücke in Stupbach lockt ein gemütliches Wirtshaus in der ehemaligen Mühle zum Verweilen. Das schräge Wehr ist in der Mitte gut befahrbar. Danach bietet das Flüsschen auch ruhige Abschnitte. Wunderschöne Waldkulissen schieben sich nacheinander an uns vorbei. An der Welchenhausener Grenzbrücke finden wir rechtsufrig eine schöne Raststelle. Das Tal wird jetzt sehr eng und felsig bis Ouren. Um das kleine Städtchen erweitert es sich zu einem Kessel, dessen Waldhänge die Ortschaft umschließen. Das Wehr am Zeltplatz ist in der Mitte befahrbar. Nach der dreibogigen Steinbrücke umrunden wir die Kirchen von Ouren. Schäumend springt das Wasser über größere

△ *Schafft es Waldemar? – Am Wehrdurchbruch in Gemünd.*

Anfahrt

BAB 1 Köln–Blankenheim, Ausfahrt Blankenheim, B 51 nach Prüm, BAB 60 zum Grenzübergang Steinebrück, oder BAB 48 Koblenz–Trier, Ausfahrt Wittlich, B 50 nach Bittburg, BAB 60 zum Grenzübergang Steinebrück oder über Stupbach nach Steffeshausen.

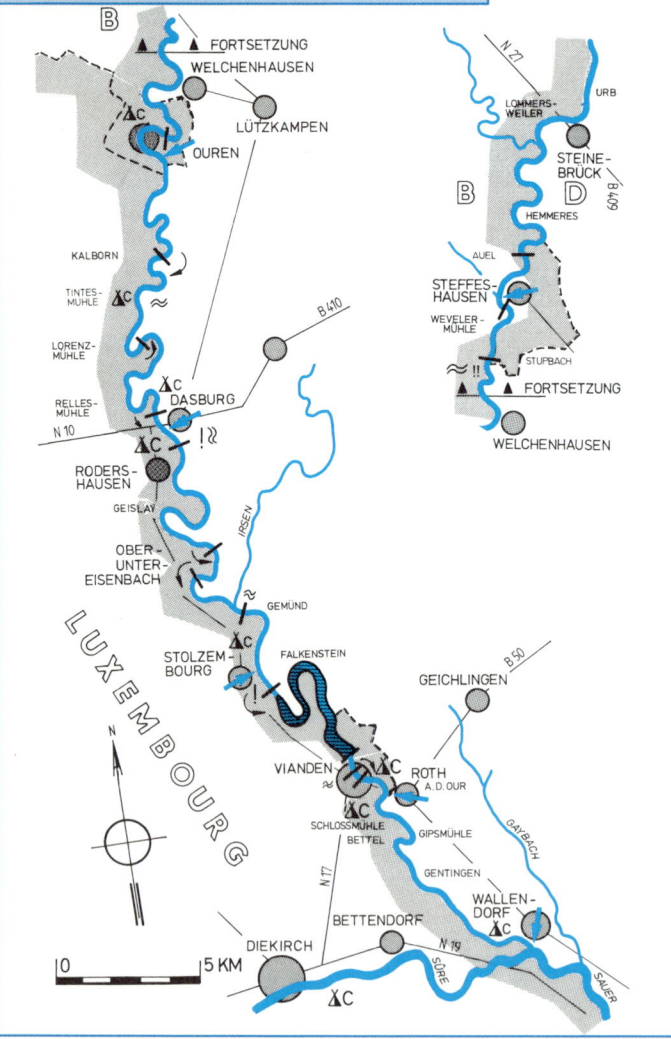

Felsblöcke und -rippen zur Brücke an der Ortsausfahrt, wo wir eine sehr schöne Einbootstelle entdecken. Völlig einsam, ohne Wegbegleitung, zwängt sich das Flüsschen nun durch das felsige, bewaldete Tal; am Steilwehr tragen wir rechts um. Nur die niedrige Kalborner Brücke unterbricht die Einsamkeit.

An der Tintesmühle liegt rechtsufrig ein schöner kleiner Campingplatz, und in der tiefen Waldschlucht zwischen steil ansteigenden Hängen verstecken sich die Ruinen der ehemaligen Lorenzmühle. Eine längere ruhige Stelle signalisiert das schräg-steile Hochwehr der Rellesmühle, das wir leicht rechts umgehen können, doch es ist auch verführerisch, die Schräge hinunterzurutschen (nicht rechts, Steine im Unterwasser!). Nach einer leichten Linkskurve zeigt sich die Zeltwiese an der Mühle und nach wenigen hundert Metern die Brücke von Dasburg. Am Rodershausener Campingplatz können wir die Tagesetappe beenden und abends zur Ruine Dasburg hinaufspazieren, um von dort den herrlichen Blick in das Ourtal zu genießen.

Morgens gleiten unsere Kajaks über leichte Schwalle zum Holzsteg an der Dörnauetsmühle. Die flotte Strömung zieht uns in die enge Schleife beim Kohnenhof. Mehrere harmlose, aber spritzige Stufen leiten uns am Campingplatz von Mousel vorbei, und in Obereisenbach schieben wir die Boote über das schräge Wehr. Am 500 m flussabwärts liegenden zweiten Wehr

sowie am verfallenen Wehr vor der Gemünder Zollbrücke fahren wir glatt durch die Mitte.

Danach verschwinden wir in einer engen Schlucht, dunkle Felsen ragen bis ans Wasser. Jetzt beruhigt sich die Our und läuft fast gerade in den Stausee herein. In der kleinen Gemeinde Stolzembourg ziehen wir die Boote rechts über Treppchen vor der Brücke an Land und tragen sie auf das linke Flussufer hinüber. Die nächsten Kilometer führen uns durch den fjordähnlichen See, dessen bewaldete, teils felsige Hänge fast 200 m hoch aus dem Wasser steigen. Als große blaue Schleife umschlingt der Viandener Stausee den engen Landsporn mit der alten Ortschaft Bivels. Bald spannt sich hoch über uns die Straßenbrücke, und rechts am Hang klebt die leuchtende St.-Rochus-Kapelle.

Wir gelangen zur grauen Staumauer, vor der wir die Boote links über eine Rampe zur Straße hinauf-

△ *Blühende Hänge und Wiesen begleiten uns bei Dasburg.*

tragen, um mit dem Bootswagen zur Einsatzstelle zu rollen. Eine Weiterfahrt unterhalb der Staumauer ist abhängig von der Wasserabgabe des Kraftwerks; in einem nicht zu trockenen Jahr können wir bis in den Vorsommer mit ausreichendem Wasserstand rechnen. Nun warten auf uns noch zwei Schrägwehre; beide sind mit Kajaks befahrbar, die Kanadier können wir leicht umtragen. Nach Vianden, wo wir eine Besichtigungspause einlegen, erreichen wir das liebliche Roth.

An der ehemaligen Gipsmühle vorüber zwingen uns scharfe Kurven zum bedächtigen Manövrieren; manche Felsrippe lässt das Wasser höher aufschäumen. Das Tal weitet sich, und wir paddeln an der weißen Kapelle von Ammeldingen vorbei. Bei Hoesdorf wird es wieder enger, der letzte Steilhang begleitet uns rechts mit im Frühling prachtvoll blühenden Obstbäumen unter die mehrbogige Steinbrücke von Wallendorf, die ein paar hundert Meter vor der Our-Einmündung in die Sauer liegt.

Wir können unsere Fahrt in Wallendorf beenden oder auf der flott fließenden Sauer noch am selben Tag Echternach erreichen.

Charakter, Tipps

Sportlicher, schnell fließender Wanderfluss mit sehr sauberem Wasser, bis in den Vorsommer befahrbar. Viele Stromschnellen, enge Durchfahrten sowie befahrbare Schrägwehre verlangen eine gute Bootsbeherrschung; Einer-Kajaks oder wendige Kanadier sind hier am Platze.
Landschaftlich äußerst lohnend.

Befahrungsregelungen

Abschnitt bis Dasburg ganzjährig. Dasburg – Roth a. d. Our: 1. 10.–31. 3. erlaubt, sonst Antrag über DKV an luxemburgische Regierung erforderlich (Tel. 0203/9975931); Roth a. d. O. – Wallendorf 1. 4.–30. 9. Einzelfahrten erlaubt (keine Vereinsveranstaltungen oder Gruppenfahrten), 1. 10. bis 31. 3. keine Beschränkung.

Zeltmöglichkeiten

Ouren, Tintesmühle, Dasburg, Roderhausen, Untereisenbach, Vianden, Wallendorf u.a.

Sehenswertes

Ouren (Belgien): St.-Petri-Kirche.
Dasburg: Burgruine, Kirche.
Vianden (Luxemburg): Burgruine, Altstadt, Kavernenkraftwerk.

Auto nachholen

Keine akzeptablen Verbindungen durch Bus und Bahn, aber gut ausgebaues Radwegenetz.

Karten, Kanu-Literatur

Generalkarte 1:200000, Blatt 12; ADAC Freizeitatlas Rheinland-Pfalz 1:100000. – Gewässerführer für Nordrhein-Westfalen; Kanuführer für Südwestdeutschland.

🔁 40 km

🕐 2-Tage-Fahrt

Als Dreiländerfluss fließt die Sauer von ihrer Quelle in den belgischen Ardennen durch einsame, reizvolle Wald- und Wiesentäler über Luxemburg zur bundesdeutschen Grenze. Von links nimmt sie hier die saubere Our auf und windet sich in weit ausholenden Schleifen durch den herrlichen Deutsch-Luxemburgischen Naturpark. An der mächtigen romanischen Klosteranlage von Echternach vorbeifließend und gestärkt durch die links einmündende Prüm, bricht die Sauer in südlicher Richtung durch den letzten Bergriegel der Eifel und erreicht westlich von Konz die Mosel.

Wenn wir nicht schon mit dem Kanu von der Our angepaddelt kommen oder die Sauer bereits ab Ettelbrück im Luxemburgischen befahren, beginnen wir unsere Grenzflusstour im südlich wirkenden Wallendorf, etwa am Campinggelände, wo die Our in die Sauer mündet, oder an der Grenzbrücke. Nach wenigen hundert Metern erwartet uns ein Wehr, das wir problemlos rechts durch die Floßgasse befahren; ein spritziger, langer Schwall lässt die Boote auf hohen Wellen schaukeln. Danach beruhigt sich der Fluss, doch die zügige Strömung zieht uns rasch durch die großen Schleifen zwischen bewaldeten Bergrücken.

Beidseitig begleiten Straßen den Fluss, auch der Sauertal-Radwanderweg schlängelt sich entlang.

Unten am Wasser hört man fast nichts vom hektischen Wochenend-Autoverkehr. An der fünfbogigen Steinbrücke in Dillingerbrück steigen wir aus den Booten, um die nur wenige Schritte vom Fluss entfernte Tränenley anzuschauen: ein Fels mit einer kleinen Höhle, über die ein feiner Schleierwasserfall herunterrieselt. Auch hier ist, wie in Wallendorf, ein großer Campingplatz. Wegen Zeltmöglichkeiten brauchen wir uns im Sauertal keine Sorgen zu machen; so viele schöne Plätze findet man selten.

In der großen Südschleife unterm felsigen Kassel verengen Steilwände das Flussbett; mancher Felsblock stürzte hier vor vielen Jahren ins Wasser. Links grüßt uns die Burg von Bollendorf. Der Burgherr hat seine Greifvogelzuchtstation der Öffentlichkeit zugänglich gemacht. Manchmal sitzt auf der

△ *Beidseitig drängen kleine Siedlungen an die Sauerufer.*

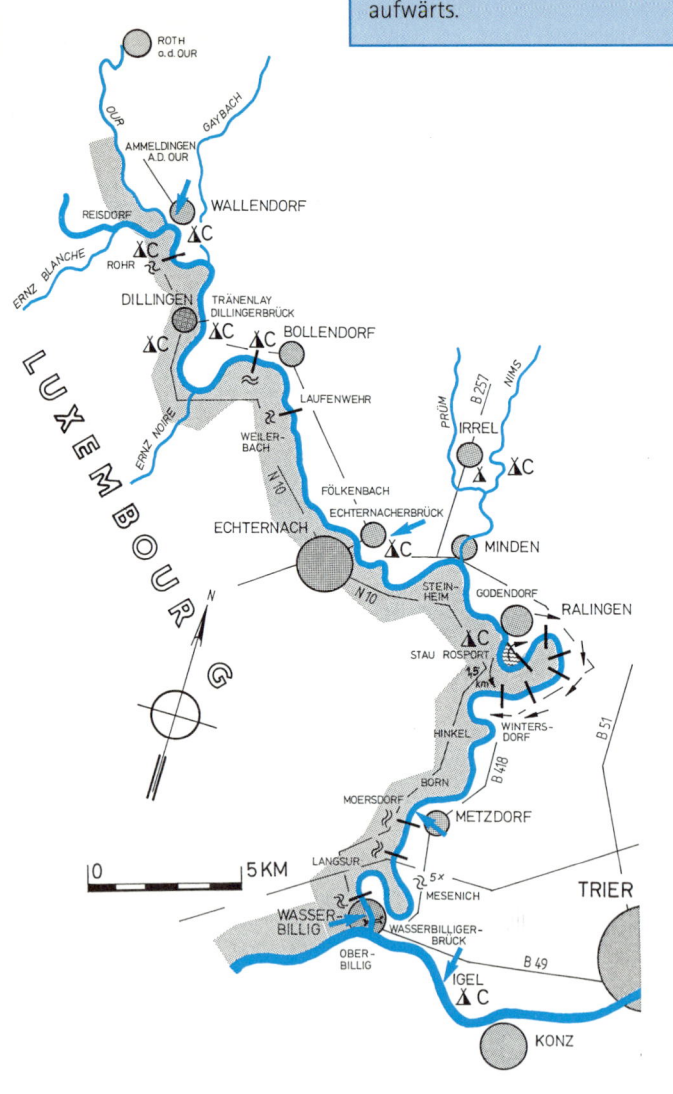

Anfahrt
Von Süden BAB 62 oder von Koblenz BAB 48 nach Trier, B 49 zum Grenzübergang Wasserbillig, B 418 fluss-aufwärts.

ROTH a.d. OUR

OUR
GAYBACH

AMMELDINGEN A.D. OUR

REISDORF
ERNZ BLANCHE
ROHR

WALLENDORF

DILLINGEN

TRÄNENLAY
DILLINGERBRÜCK

BOLLENDORF

ERNZ NOIRE

LAUFENWEHR

WEILER-BACH

FÖLKENBACH

ECHTERNACHERBRÜCK

ECHTERNACH

PRÜM
B 257
NIMS

IRREL

MINDEN

STEIN-HEIM

GODENDORF

RALINGEN

STAU ROSPORT

1,5 km

HINKEL

WINTERS-DORF

B 51

BORN

B 418

MOERSDORF

METZDORF

LANGSUR

5x

MESENICH

WASSER-BILLIG

WASSERBILLIGER-BRÜCK

TRIER

OBER-BILLIG

B 49

IGEL

KONZ

L U X E M B O U R G

N

|0   5 KM

Umtragen der Boote auf einem der Höckerwehre in der Ralinger Schleife.

Stützmauer ein paar Meter über dem Fluss ein junger Adler, der mit Neugier das Treiben am Wasser verfolgt.

Das Laufenwehr umpaddeln wir rechts, und bald sehen wir vor uns die Türme des Echternacher Klosters. Die Parkpromenade mit dem schönen Pavillon zieht vorbei. In der späten Nachmittagssonne leuchtet uns nach einer scharfen Rechtskurve die alte Sandsteinbrücke entgegen. Flussabwärts liegt linksufrig in Echternacherbrück der weitläufige Campingplatz, wo wir unsere Zelte aufschlagen. Abends spazieren wir über die schmucke Zollbrücke in das reizvolle Echternach. Die engen, gepflasterten Gassen, die eindrucksvoll beleuchtete romanische Basilika, das alte Rathaus und der ausgedehnte Klosterkomplex vermitteln uns einen Stimmungshauch aus vergangenen Jahrhunderten.

Mit guter Strömung geht es am nächsten Morgen weiter flussabwärts. Lange begleiten uns noch die Klostertürme, obgleich auch die Bergkuppen an Höhe gewinnen. In Minden nehmen wir die klare Prüm auf. An der »blauen Brücke« liegt der nächste Campingplatz. Vorbei an der schönen Kirche von Steinheim nähern wir uns dem Stau Rosport bei Ralingen. Um Kollisionen mit den oft rücksichtslos fahrenden Motorbooten zu vermeiden, wurde hier eine Befahrungsregelung vereinbart. Der Stau ist nur kurz, nach 1 km legen wir links an der Bootsrampe der ca. 6 m hohen Staumauer an, um die Kanus umzutragen.

Langsam ziehen wir durch die stromlose Ralinger Schleife. Durch die Wasserableitung hat der Fluss viel Schwung verloren. Auch die Gewässergüte lässt zu wünschen übrig. An den fünf Ausgleichswehren, von denen jedes in der Mitte von einer Fischtreppe und im übrigen Bereich mit kantigen Steinhöckern versehen ist, müssen wir die Boote über das Wehr ziehen. Danach kehrt von rechts das vom Kraftwerk abgeleitete Wasser wieder zurück, die Sauer gewinnt erneut an Strömung. Über kleine Schwalle, an verstreuten Bauernhöfen und Dörfern vorbei, durchpaddeln wir die weit ausholenden Schleifen des Flusses, der sich hier tief in das Gebirge eingesägt hat. Nach der 1987 eingeweihten Holz-

bogenbrücke in Metzdorf sorgt ein langer, hüpfender Schwall in der rechten Hälfte des aufgelassenen Moersdorfer Wehrs für eine sportliche Note. In schwindelnder Höhe überspannt die Autobahnbrücke das Sauertal. Es folgt noch die wunderschöne, doppelte Halsschleife von Langsur; hier springen die Kanus über mehrere zerfallene Stufen und geschleifte Wehre.
Dann beenden wir in Wasserbillig, rechtsufrig vor der Brücke, unsere Wanderung auf der Sauer. Natürlich ist eine Weiterfahrt auf der Mosel bis zur 2000 Jahre alten, sehenswerten Stadt Trier möglich.

Charakter, Tipps
Ab Wallendorf ganzjährig befahrbar. Alle Kanutypen. Wasser überwiegend sauber. Pkw-Begleitung auf der ganzen Strecke möglich.

Befahrungsregelungen
Abschnitt Wallendorf – Wasserbillig 16. 7.–30. 9. nur Einzelfahrten erlaubt; übrige Jahreszeit frei. Stau Rosport: 1. 5.–14. 6. und 1. 9.–31. 10. Fahrverbot. 1. 11.–30. 4. keine Beschränkung; 15. 6.–31. 8. Befahrungsverbot von 9–12 und 17.30–22.00 Uhr. Umgehen des Staus mit Bootswagen empfohlen (ca. 1,5 km).

Zeltmöglichkeiten
Wallendorf, Dillingen, Bollendorferbrück, Echternacherbrück, Ralingen u.v.a.

Sehenswertes
Echternach: Romanische Basilika, mächtige Klosteranlage, Grab des Hl. Willibrordus, gotisches Rathaus.

Auto nachholen
Das Nachholen der Pkws wird durch gute Busverbindungen auf der luxemburgischen Seite erleichtert.

Karten, Kanu-Literatur
Generalkarte 1:200000, Blatt 15; ADAC Freizeitatlas Rheinland-Pfalz 1:100000. – Deutsches Flusswanderbuch; Kanuführer für Südwestdeutschland.

Entdecken Sie die schönsten Flüsse im Nordwesten – Auf Wiedersehen beim Kanufahren.

Anhang

Weiterführende Literatur

Allgemeine Informationen

HB Bildatlas: Ostsee–Holsteinische Schweiz, Ostfriesland, Zwischen Elbe und Weser, Holstein–Herzogtum Lauenburg, Lüneburger Heide, Niederrhein, Weserbergland, Hamburg, Sauerland, Harz, Eifel, Luxemburg
Merian: Münsterland, Niederrhein, Lüneburger Heide, Sauerland, Ruhrgebiet, Werraland

Karten, Flusswanderführer

Generalkarte 1:200000, Mairs Geographischer Verlag,
Amtliche Karten der Landesvermessungsämter 1:25000, 1:50000,
ADAC Freizeitatlas 1:100000,
Wassersport-Wanderkarten Deutschland West **und** Deutschland Nordwest 1:450000 mit Detailkarten, Jübermann Verlag, Uelzen
Deutsches Flusswanderbuch, Deutscher Kanu-Verband 1998
Kanuwanderbuch für Nordwestdeutschland, Hamburger Kanu-Verband 2000
Gewässerführer für Nordrhein-Westfalen, Kanuverband Nordrhein-Westfalen 1998
DKV-Kanuführer für Südwestdeutschland, Deutscher Kanu-Verband 2000

Die Lahn – Führer für Wasserwanderer, H. V. Meckel 1998
Kanuwandern in Europa: Ostfriesland, Tour-Verlag, Haina
Kanuwandern im Weser-Ems-Gebiet, Ostfriesl., Oldenburger Land, Emsland, Osnabrücker Land, Pollner-Verlag, Oberschleißheim

Kanu-Literatur

Altenhofer: Der Haderkahn – Geschichte des Faltbootes, Pollner-Verlag, Oberschleißheim 1989
Half: Kanuwandern in Ostfriesland, Syro-Verlagsbuchhandlung, Gleichen 1989
Mason/Gatz/Engel: Die Kunst des Kanufahrens – der Canadier, Verlag Busse und Seewald, Herford 1987
von Stritzky/de Pree: Paddel-Handbuch, BLV, München 1995
Teigeler: Kanuwandern in Schleswig-Holstein und Hamburg, Pollner-Verlag, Oberschleißheim 1994
Schriften des Deutschen Kanu-Verbands e. V.: Kanu-Sport; Amtliches Organ des DKV – monatlich
DKV Kanusport-Programm (Jahresprogramm – jährlich)
Kanumagazin – (zweimonatlich)
Gerlach: Der Kajak, Busse und Seewald, Herford 1996
Gerlach: Richtig Kanufahren, BLV, München 2001

Pegeldienst

Zu wissen, wie viel Wasser den Fluss hinunterfließt, interessiert bei der Fahrtenplanung jeden Kanuten. Reicht der Wasserstand, um mit dem Boot ohne größere Grundberührungen ans Ziel zu kommen? Das will nicht nur der Faltbootfahrer wissen, der die kostbare Haut seines Kajaks und die Kleinlebewesen auf dem Grund schonen will. Ist Hochwasser zu erwarten? In diesem Fall mutiert manches bei Normalwasser problemlos zu befahrende Wehr durch einen starken Rücksog zur tödlichen Falle. Information über den Wasserstand ist angesagt.

Derzeit existiert ein Pegeldienst des Kanu-Verbandes NRW, der einen großen Teil der hier beschriebenen (kleineren) Flüsse im Raum NRW, Hessen und angrenzenden Gewässern in Rheinland-Pfalz und Niedersachsen abdeckt. Mit diesem Dienst kann die Befahrbarkeit von über 60 Kleinflüssen überprüft werden, und das sehr kostengünstig:

Telefon: 02 03 / 7 38 16 51
Faxabruf: 02 03 / 7 29 08 30
Internet:
www.kanu-nrw.de

Die Pegelstände werden dienstags und freitags um 12.00 Uhr aktualisiert und können täglich abgerufen werden. In der Regel kann man sich an diesen Messwerten auch an den folgenden Tagen orientieren, wobei jedoch die zwischenzeitlich eingetretenen Niederschläge einerseits und der schnelle Wasserabfluss bei Kleinflüssen andererseits berücksichtigt werden müssen.

Kanu-Infos

Die Kanusport-Verbände und -Fachfirmen verteilen eine Menge kostenloser Informationen. Alle freuen sich übrigens über ein frankiertes, adressiertes Rückkuvert, falls Sie gedruckte Infos anfordern.

Deutscher Kanu-Verband (DKV)

Bertaallee 8
47055 Duisburg
Tel.: 02 03/99 75 90 0
Fax: 02 03/99 75 96 0
Internet: www.kanu.de
E-Mail: Service@kanu.de

Der DKV hält umfangreiches Infomaterial bereit. Das Angebot reicht von kostenlosen Broschüren über Sicherheit im Kanusport bis hin zum Versand von Kanu-Führern und faszinierenden Kanu-Kalendern. Die Bücher Mac Gregors sind als Kanu-Klassiker ebenso zu haben. Monatlich erscheint die Zeitschrift »Kanu-Sport« mit Tourentipps und aktuellen Infos. Für das wirklich riesige Angebot des DKV fordern Sie am besten das komplette Verlagsprogramm an.

Prijon-Kajaks

Innlände 6
83022 Rosenheim
Tel.: 0 80 31/3 03 70
Fax.: 0 80 31/1 53 74
Internet: www.prijon.com
E-Mail: prijon-gmbh@t-online.de

Toni Prijon ist der weltweit führende Hersteller von Kajaks. In seinem Katalog enthalten: Alles was man rund ums Kanufahren so braucht und wissen muss. Wenn Sie die Kajaks einmal testen möchten, dann rufen Sie an, faxen oder schreiben Sie. Ein Testcenter ist sicher in Ihrer Nähe!

Gatz-Kanadier

Berg.-Gladbacher-Straße 787
51069 Köln (Delbrück)
Tel.: 02 21 / 68 23 00
Fax: 02 21 / 6 80 52 31
Internet: www.Gatz-Kanus.de
E-Mail:
Gatz.Kanus@gatz-kanus.de

Der Name Gatz ist Symbol für sorg-
fältige Arbeit und formschöne Kanadier. Im Katalog erfahren Sie
alles über die Welt des Kanuwan-
derns im Kanadier. Auch Gatz stellt
Ihnen gerne nach Vereinbarung ein
Testboot zur Verfügung oder nennt
Ihnen eine Vertretung in Ihrer
Nähe.

Erläuterung der Symbole

⊇ Gesamtlänge der Wanderung

🕐 Dauer der Wanderung

—❙❙— Wehr, Staumauer

≈ —❙— Befahrbares Wehr

⌢ —❙— ✗ Wehr mit Umtragestelle (auch Rampe mit Rollwagen)

—E— Wehr mit Bootsschleuse Wehr mit Bootsgasse

—❘E❘— Wichtige Brücke

≈ ——— Stromschnelle, Schwall

! !!! ——— Vorsicht Gefahr

⊢—❙—❙—❙→ Kanal

—┼—⊟—┼— Eisenbahnstrecke

◯ Ortschaft

$\frac{A}{B}$ E Autobahn, Europastraße Bundesstraße, Fernstraße

⬤ See, ruhiges Gewässer

▲ . ▲KC Zeltplatz, Kanu-Club

▲C Campingplatz

➡ Einsetzstelle, Aussetzstelle

P   R Parkplatz, Rast-/ Grillstelle